한 번에 합격, 자격증은 이기적

이렇게 기막힌 적중률

 함께 공부하고 특별한 혜택까지! 이기적 스터디 카페	 구독자 약 15만 명, 전강 무료! 이기적 유튜브

오직 스터디 카페 멤버에게만
주어지는 특별 혜택!

이기적 스터디 카페

이기적 스터디 카페

 합격을 위한 기적 같은 선물
또기적 합격자료집

 혼자 공부하기 외롭다면?
온라인 스터디 참여

 모든 궁금증 바로 해결!
전문가와 1:1 질문답변

 1년 내내 진행되는
이기적 365 이벤트

 도서 증정 & 상품까지!
우수 서평단 도전

 간편하게 한눈에
시험 일정 확인

합격까지 모든 순간 이기적과 함께!

이기적 365 EVENT

QR코드를 찍어 이벤트에 참여하고 푸짐한 선물 받아가세요!

1. 기출문제 복원하기

이기적 책으로 공부하고 시험을 봤다면 7일 내로 문제를 제보해 주세요!

2. 합격 후기 작성하기

당신만의 특별한 합격 스토리와 노하우를 전해 주세요!

3. 온라인 서점 리뷰 남기기

온라인 서점에서 책을 구매하고 평점과 리뷰를 남겨 주세요!

4. 정오표 이벤트 참여하기

더 완벽한 이기적이 될 수 있게 수험서의 오류를 제보해 주세요!

※ 이벤트별 혜택은 변경될 수 있으므로 자세한 내용은 해당 QR을 참고해 주세요.

기적의 적중률, 여러분의 참여로 완성됩니다
기출 복원 EVENT

전원 지급

영진닷컴 쇼핑몰 30,000원

네이버페이 포인트 쿠폰 최대 20,000원

기출 복원하기 ▶

1. 이기적 수험서로 공부하고 시험에 응시했다면 누구나 참여 가능
2. 응시일로부터 7일 이내 복원 문제만 인정(수험표 첨부 필수!)
3. 중복, 누락, 허위 문제는 당첨 대상에서 제외

※ 이벤트별 혜택은 변경될 수 있으므로 자세한 내용은 해당 QR을 참고해 주세요.

도서 인증하면 고퀄리티 강의가 따라온다!
100% 무료 강의

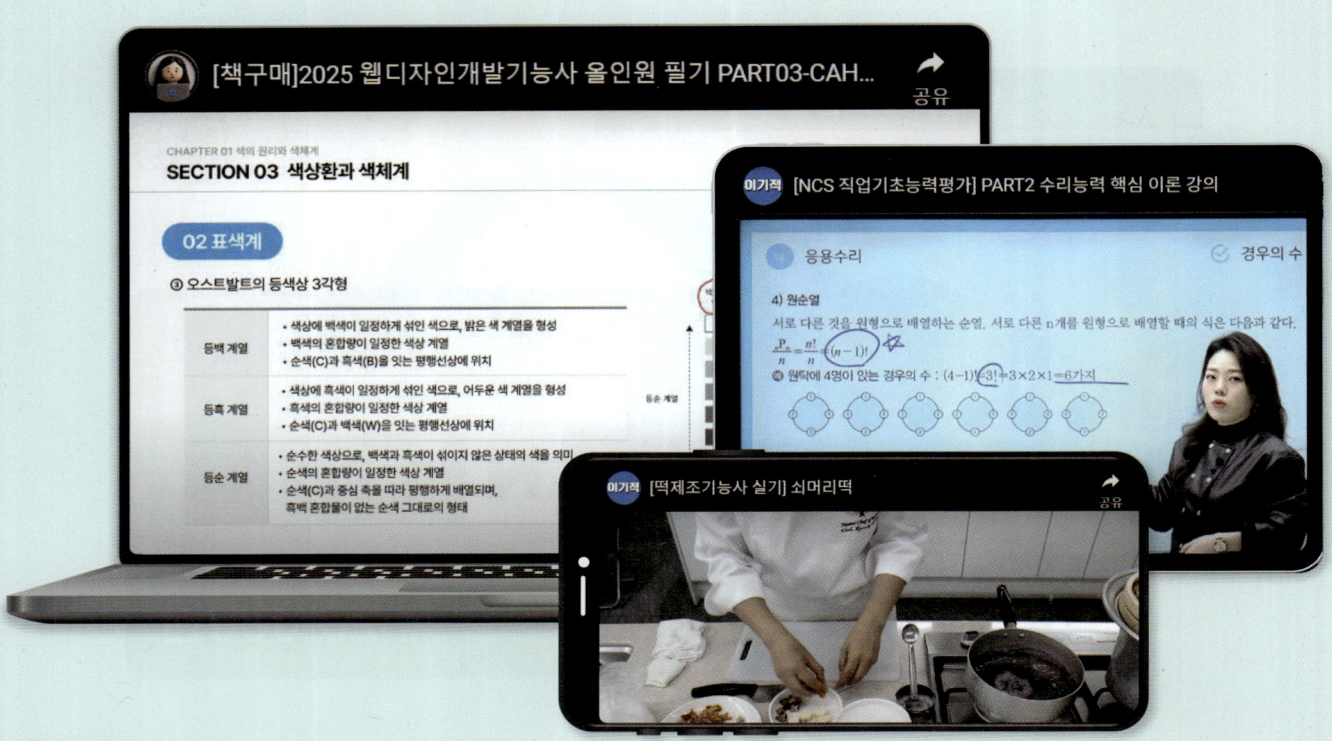

이용방법

STEP 1	STEP 2	STEP 3	STEP 4
		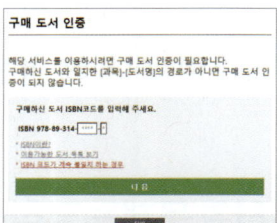	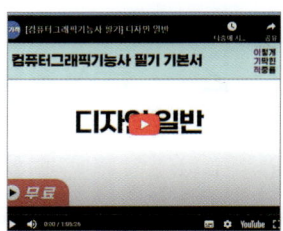
이기적 홈페이지 (https://license.youngjin.com/) 접속	무료 동영상 게시판에서 도서와 동일한 메뉴 선택	책 바코드 아래의 ISBN 코드와 도서 인증 정답 입력	이기적 수험서와 동영상 강의로 학습 효율 UP!

※ 도서별 동영상 제공 범위는 상이하며, 도서 내 차례에서 확인할 수 있습니다.

◀ 이기적 홈페이지 바로가기

영진닷컴 이기적

합격을 위해 모두 드려요.
이기적 합격 솔루션!
이기적이 여러분을 위해 준비했어요

저자가 직접 알려주는, 무료 동영상 강의

자격증 독학 어렵지 않아요. 혼자 공부하지 마세요.
어려운 문제 풀이는 선생님과 함께 해요.

무엇이든 물어보세요, 1:1 질문답변

공부하다 궁금한 게 생기셨나요? 무엇이든 물어보세요.
금방 답해 드릴게요.

마지막까지 이기적과 함께, 핵심이론 PDF

시험장에서 많이 떨리실 거예요.
마지막으로 가장 많이 출제되었던 핵심 개념을 정리해 보세요.

더 많은 문제를 원한다면, 시험대비 모의고사

더 많은 문제를 풀고 싶으신가요?
이기적이 준비한 모의고사로 연습하고 최종 합격까지!

※ 〈2026 이기적 컴퓨터활용능력 2급 실기 기출문제집〉을 구매하고 인증한 회원에게만 드리는 자료입니다.

◀ 모든 혜택 한 번에 보기

정오표 바로가기 ▶

또, 드릴게요! 이기적이 준비한 선물

또기적 합격자료집

1. **시험에 관한 A to Z 합격 비법서**
   책에 다 담지 못한 혜택은 또기적 합격자료집에서 확인

2. **편리하고 똑똑한 디지털 자료**
   PC · 태블릿 · 스마트폰으로 언제든 열람하고 필요한 부분만 출력 가능

3. **초보자, 독학러 필수 신청**
   혼자서도 충분한 학습 플랜과 수험생 맞춤 구성으로 한 번에 합격

※ 도서 구매 시 추가로 증정되는 PDF용 자료이며 실제 도서가 아닙니다.

◀ 또기적 합격자료집 받으러 가기

이렇게
기막힌
적중률

컴퓨터활용능력
2급 실기 기출문제집

"이" 한 권으로 합격의 "기적"을 경험하세요!

차례

▶ 표시된 부분은 동영상 강의가 제공됩니다. 이기적 수험서 사이트(license.youngjin.com)에 접속하여 시청하세요.
▶ 본 도서에서 제공하는 동영상은 1판 1쇄 기준 2년간 유효합니다. 단, 출제기준안에 따라 동영상 내용은 변경될 수 있습니다.

이 책의 구성	7
시험의 모든 것	8
회별 숨은 기능 찾기	10
자동 채점 서비스	12
실습 파일 사용 방법	14
Q&A	15

기출문제 따라하기 ▶

기출문제 따라하기	18

실전 모의고사 ▶

실전 모의고사 01회	32
실전 모의고사 02회	44
실전 모의고사 03회	55
실전 모의고사 04회	66
실전 모의고사 05회	77
실전 모의고사 06회	89
실전 모의고사 07회	101
실전 모의고사 08회	111
실전 모의고사 09회	122
실전 모의고사 10회	134
실전 모의고사 11회	146
실전 모의고사 12회	156
실전 모의고사 13회	167
실전 모의고사 14회	177
실전 모의고사 15회	189

또기적 합격자료집

시험대비 모의고사 01~02회	PDF
핵심 이론	PDF

참여 방법
'이기적 스터디 카페' 검색 → 이기적 스터디 카페(cafe.naver.com/yjbooks) 접속 → '구매 인증 PDF 증정' 게시판 → 구매 인증 → 메일로 자료 받기

이 책의 구성

STEP 01 '기출문제 따라하기'로 출제 기준 익히기

STEP 02 '실전 모의고사 15회분'으로 충분히 연습하기

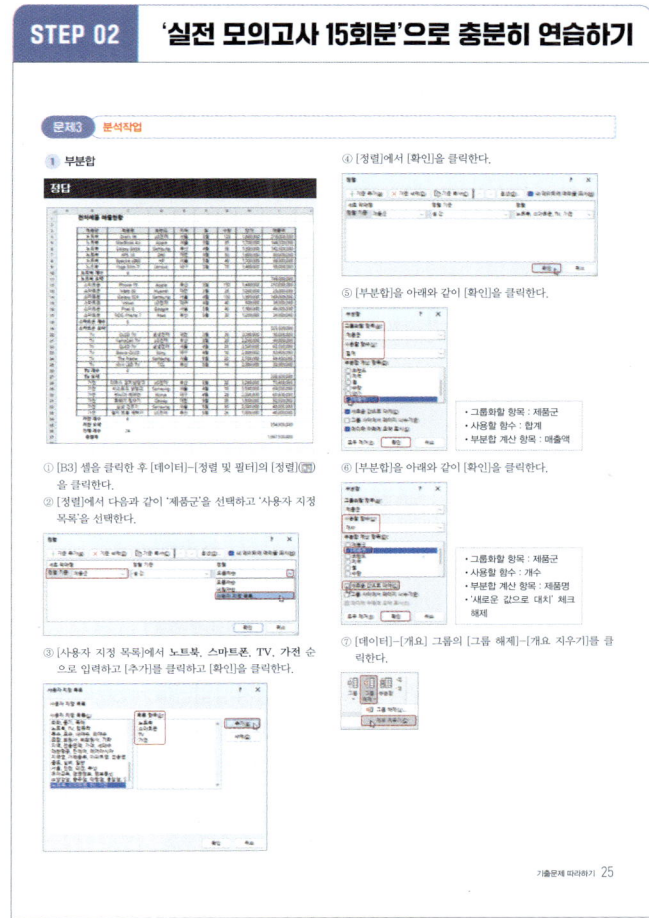

❶ 출제 기준을 반영
❷ QR 코드로 동영상 강의 바로 접속 가능
❸ 작업 과정을 따라하며 출제 유형 파악
❹ 보충 학습을 위한 기적의 TIP 제시

❺ 다양한 유형의 문제 제공
❻ 자동 채점 서비스로 틀린 부분 확인
❼ 문제를 따라하며 실력 점검

또기적 합격자료집

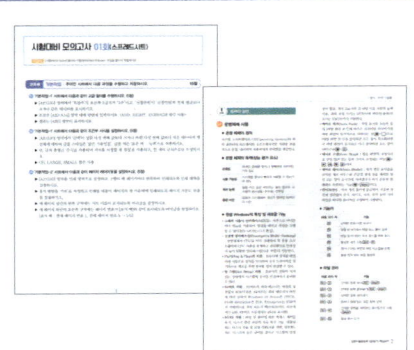

PDF 파일 시험대비 모의고사 01~02회

문제를 더 풀고 싶으신가요?
이기적이 준비한 모의고사로 연습하고 최종 합격하세요.

PDF 파일 핵심 이론

시험장에서 많이 떨리실 거예요.
마지막으로 가장 많이 출제되었던 핵심 개념을 정리해 보세요.

[참여 방법] '이기적 스터디 카페' 검색 → 이기적 스터디 카페(cafe.naver.com/yjbooks) 접속 → '구매 인증 PDF 증정' 게시판 → 구매 인증 → 메일로 자료 받기

시험의 모든 것

▶ 컴퓨터활용능력 자격검정

- 사무자동화의 필수 프로그램인 스프레드시트(SpreadSheet), 데이터베이스(Database) 활용능력을 평가하는 국가기술자격 시험
- 시험에 사용되는 MS 오피스 프로그램 버전은 1급 시험 준비 시 MS 오피스 LTSC Professional plus 2021 버전이 필요하지만, 스프레드시트 과목만 있는 2급만 준비할 경우에는 MS 오피스 LTSC Standard 2021 버전을 구매하여도 문제 없음

▶ 응시 절차 안내

STEP 01 응시 자격 조건

- 필기 시험 : 제한 없음
- 실기 시험 : 필기 합격자(단, 필기 시험 합격 후 2년 이내 있는 실기 시험 응시 가능)

STEP 02 필기 원서 접수하기

- 원서 접수 : 대한상공회의소 자격평가사업단(license.korcham.net)에서 접수
- 상시 검정 : 매주 시행, 시험장 조회 후 원하는 날짜와 시간에 응시(21년부터 상시 검정만 시행)
- 검정 수수료 : 20,500원(인터넷 접수 시 수수료 1,200원이 가산되며, 계좌 이체 및 신용카드 결제 가능)

STEP 03 필기 시험 응시하기

- 준비물 : 신분증과 수험표
- 시험 시간 : 1급 60분, 2급 40분
- 시험 방식 : 컴퓨터로만 진행되는 CBT(Computer Based Test) 형식
- 합격 기준 : 각 과목 100점 만점에 과목당 40점 이상, 전체 평균 60점 이상

STEP 04 필기 합격 확인하기

- 대한상공회의소 자격평가사업단(license.korcham.net)에서 발표
- 시험일 다음날 오전 10시 발표

STEP 05 실기 원서 접수하기

- 원서 접수 : 대한상공회의소 자격평가사업단(license.korcham.net)에서 접수
- 상시 검정 : 매주 시행, 시험장 조회 후 원하는 날짜와 시간에 응시(21년부터 상시 검정만 시행)
- 검정 수수료 : 25,000원(인터넷 접수 시 수수료 1,200원이 가산되며, 계좌 이체 및 신용카드 결제 가능)

STEP 06 실기 시험 응시하기

- 준비물 : 신분증과 수험표
- 시험 시간 : 실기 1급 90분, 2급 40분
- 시험 방식 : 컴퓨터 작업형
- 합격 기준 : 100점 만점에 70점 이상(1급은 두 과목 모두 70점 이상)

STEP 07 실기 합격 확인하기

- 대한상공회의소 자격평가사업단(license.korcham.net)에서 발표
- 응시한 주를 제외하고 2주 뒤 금요일 오전 10시 발표

STEP 08 자격증 신청하기

- 휴대할 수 있는 카드 형태의 자격증 발급
- 취득(합격)확인서를 필요로 하는 경우 취득(합격)확인서 발급

형태	• 휴대하기 편한 카드 형태의 자격증 • 신청자에 한해 자격증 발급
신청 절차	인터넷(license.korcham.net)을 통해서만 자격증 발급 신청 가능
수수료	• 인터넷 접수 수수료 : 3,100원 • 우편 발송 요금 : 3,000원
수령 방법	방문 수령은 진행하지 않으며, 우편 등기배송으로만 수령할 수 있음
신청 접수 기간	자격증 신청 기간은 따로 없으며 신청 후 10~15일 후 수령 가능

※ 시험에 관한 내용은 시행처 사정에 따라 변경될 수 있으니 자세한 사항은 대한상공회의소 홈페이지(license.korcham.net)에서 확인하시기 바랍니다.

회별 숨은 기능 찾기

▶ 기출문제 따라하기

	기본작업	계산작업	분석작업	기타작업
기출 문제 따라 하기	1번: 자료입력 2번: 서식 지정 3번: 고급 필터	1번: DCOUNT/& 2번: MID/SEARCH 3번: WORKDAY/VLOOKUP 4번: IFS/LEFT 5번: SWITCH	1번: 부분합 2번: 통합	1번: 매크로 2번: 차트

▶ 실전 모의고사

	기본작업	계산작업	분석작업	기타작업
1회	1번: 자료입력 2번: 서식 지정 3번: 텍스트 나누기	1번: INDEX/MATCH/LARGE 2번: IF/MONTH 3번: HLOOKUP/LEFT/& 4번: HOUR/MINUTE/IF 5번: SWITCH/IFERROR/ WEEKDAY	1번: 부분합 2번: 시나리오	1번: 매크로 2번: 차트
2회	1번: 자료입력 2번: 서식 지정 3번: 조건부 서식	1번: DSUM 2번: ROUNDUP/AVERAGEIF 3번: IF/MAX/MIN 4번: UPPERE/PROPER/& 5번: HLOOKUP/AVERAGE	1번: 부분합 2번: 목표값 찾기	1번: 매크로 2번: 차트
3회	1번: 자료입력 2번: 서식 지정 3번: 텍스트 나누기	1번: COUNTIFS/AVERAGE/& 2번: DAVERAGE/ROUND 3번: PROPER/DAY/& 4번: IF/LARGE 5번: VLOOKUP/MOD	1번: 데이터 표 2번: 부분합	1번: 매크로 2번: 차트
4회	1번: 자료입력 2번: 서식 지정 3번: 조건부 서식	1번: IF/RIGHT 2번: COUNTIFS/& 3번: IF/RANK.EQ 4번: VLOOKUP/LEFT/ RIGHT/& 5번: DAVERAGE	1번: 시나리오 2번: 데이터 표	1번: 매크로 2번: 차트
5회	1번: 자료입력 2번: 서식 지정 3번: 조건부 서식	1번: CHOOSE/LEFT 2번: IF/AND/OR 3번: IFERROR/HLOOKUP 4번: COUNTIFS/& 5번: IF/RANK.EQ	1번: 시나리오 2번: 부분합	1번: 매크로 2번: 차트
6회	1번: 자료입력 2번: 서식 지정 3번: 조건부 서식	1번: IFERROR/CHOOSE/MID 2번: HLOOKUP 3번: IF/AND/AVERAGE 4번: COUNTIF 5번: IF/RANK.EQ	1번: 피벗 테이블 2번: 부분합	1번: 매크로 2번: 차트
7회	1번: 자료입력 2번: 서식 지정 3번: 고급 필터	1번: VLOOKUP/LEFT 2번: WORKDAY 3번: IF 4번: MID/SEARCH 5번: TRUNC/AVERAGEIF/&	1번: 데이터 통합 2번: 시나리오	1번: 매크로 2번: 차트

회				
8회	1번: 자료입력 2번: 서식 지정 3번: 고급 필터	1번: IFERROR/CHOOSE/RANK.EQ 2번: HLOOKUP/MID/& 3번: INDEX/MATCH/MAX 4번: IF/STDEV.S 5번: IF/MOD/MID	1번: 피벗 테이블 2번: 데이터 통합	1번: 매크로 2번: 차트
9회	1번: 자료입력 2번: 서식 지정 3번: 조건부 서식	1번: UPPER/PROPER/& 2번: VLOOKUP/LARGE 3번: IF/RANK.EQ 4번: VLOOKUP/AVERAGEIF 5번: AVERAGEIF	1번: 피벗 테이블 2번: 데이터 통합	1번: 매크로 2번: 차트
10회	1번: 자료입력 2번: 서식 지정 3번: 고급 필터	1번: IF/LEFT 2번: IF/RANK.EQ 3번: COUNTIFS/& 4번: DSUM 5번: HLOOKUP/RANK.EQ	1번: 부분합 2번: 데이터 표	1번: 매크로 2번: 차트
11회	1번: 자료입력 2번: 서식 지정 3번: 외부 데이터 가져오기	1번: DATE/MID 2번: IF/AND/OR 3번: IFERROR/HLOOKUP 4번: COUNTIFS 5번: IF/RANK.EQ	1번: 데이터 통합 2번: 시나리오	1번: 매크로 2번: 차트
12회	1번: 매크로 2번: 차트	1번: COUNTIFS/& 2번: IF/SMALL 3번: VLOOKUP/VALUE/LEFT 4번: DAYS/TODAY 5번: IF/SUM	1번: 시나리오 2번: 피벗 테이블	1번: 매크로 2번: 차트
13회	1번: 자료입력 2번: 서식 지정 3번: 고급 필터	1번: COUNTIFS 2번: IF/MID/MOD 3번: CHOOSE/COUNTA 4번: UPPER/MONTH/& 5번: SUMIFS/&	1번: 피벗 테이블 2번: 데이터 표	1번: 매크로 2번: 차트
14회	1번: 자료입력 2번: 서식 지정 3번: 외부 데이터 가져오기	1번: IF/RANK.EQ 2번: YEAR/TODAY/LEFT 3번: COUNTIFS 4번: HLOOKUP/LEFT 5번: DCOUNTA/&	1번: 시나리오 2번: 부분합	1번: 매크로 2번: 차트
15회	1번: 자료입력 2번: 서식 지정 3번: 조건부 서식	1번: IF/YEAR/TODAY/& 2번: ROUND/STDEV.S 3번: SUMIF/COUNTIF 4번: DCOUNT/& 5번: VLOOKUP/MID	1번: 피벗 테이블 2번: 부분합	1번: 매크로 2번: 차트

자동 채점 서비스

01 PC 설치 용

1. 다운로드받은 '채점프로그램.exe' 파일에서 마우스 오른쪽 버튼을 클릭한 후 [관리자 권한으로 실행]을 선택합니다.

2. 설치 대화상자에서 [다음], [설치시작]을 클릭하여 설치를 완료합니다.

3. [시작]-[모든 프로그램]-[영진닷컴]-[26컴활2급(기출) 채점프로그램]을 선택합니다.

4. '정답파일선택'에서 회차를 선택, '작성파일선택'에서 [찾기]를 클릭하여 사용자가 작성한 파일을 가져옵니다. [채점시작]을 클릭하여 채점합니다.

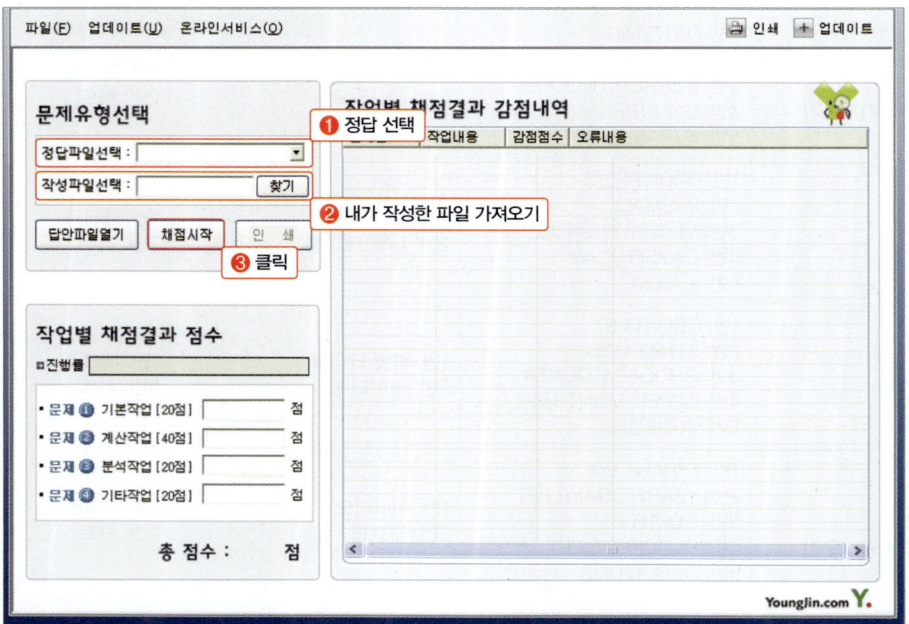

※ PC 버전 채점 프로그램 주의사항
- 채점 프로그램은 일부 결과가 정확하지 않을 수 있으니 참고용으로 사용해주세요. 이럴 땐 정답 파일을 열어 비교해보시기 바랍니다.
- 컴퓨터 환경에 따라 채점 프로그램 아이콘을 더블클릭했을 때 설치 및 실행이 안 될 수도 있습니다. 이런 경우 채점 프로그램 아이콘에서 마우스 오른쪽 버튼을 눌러 [관리자 권한으로 실행]을 클릭하세요.
- 자동 채점 프로그램을 사용하려면 windows 프로그램 및 MS Office 정품이 설치되어 있어야 합니다. 정품이 아닐 경우 설치 및 실행 시 에러가 발생할 수 있습니다.
- 업데이트가 있을 경우, 인터넷이 연결되어 있지 않은 컴퓨터는 채점 프로그램이 업데이트되지 않습니다.

02 웹 용

1. 인터넷 검색 창에 http://www.comlicense.co.kr/ 또는 이기적컴활.com을 입력하여 사이트에 접속합니다.

2. '년도선택: 2026', '교재선택: 이기적 컴퓨터활용능력 2급 기출문제집'을 선택한 후 [교재 선택 완료] 버튼을 클릭합니다.

3. '회차선택'에서 정답 파일을 선택, '작성파일선택'에서 [찾아보기] 버튼을 클릭하여 수험자가 작성한 파일을 가져온 후, [채점시작]을 버튼을 클릭합니다.

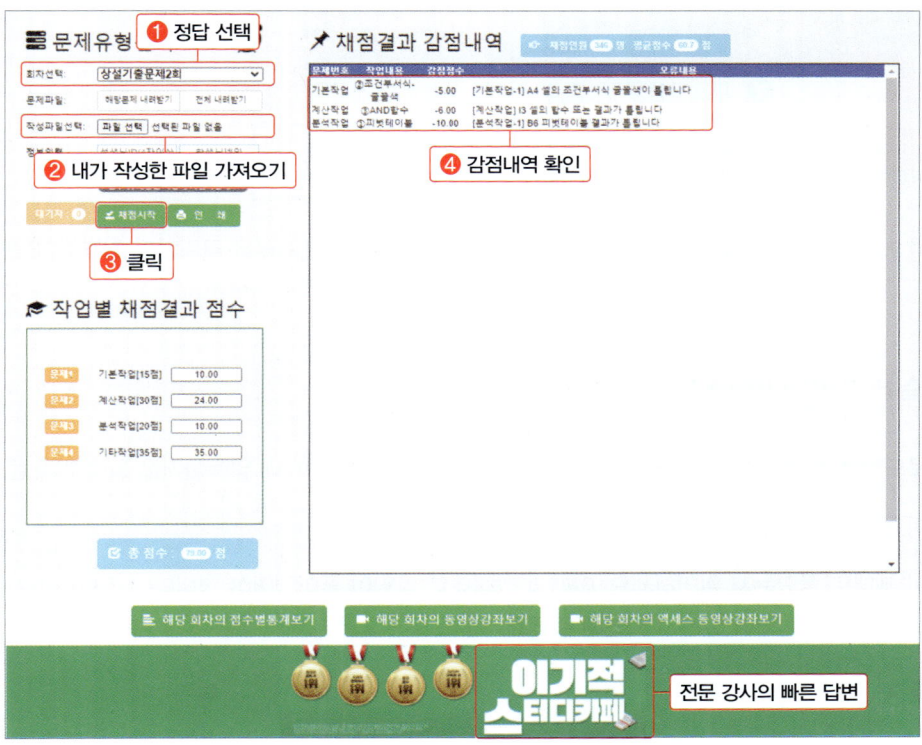

※ 웹 사이트 채점 프로그램 주의사항
- 채점 프로그램은 일부 결과가 정확하지 않을 수 있으니 참고용으로 사용해주세요. 이럴 땐 정답 파일을 열어 비교해보시기 바랍니다.
- 인터넷이 연결되어 있지 않은 컴퓨터는 웹 사이트 채점을 이용할 수 없습니다.
- 개인 인터넷 속도, 수험생의 접속자 수에 따라 채점 속도가 다를 수 있습니다.
- 본 도서에서 제공하는 웹 채점 서비스는 1판 1쇄 기준 2년간 유효합니다.

실습 파일 사용 방법

01 실습 파일 다운로드하기

1. 이기적 영진닷컴 홈페이지(license.youngjin.com)에 접속하세요.
2. [자료실]-[컴퓨터활용능력] 게시판으로 들어가세요.

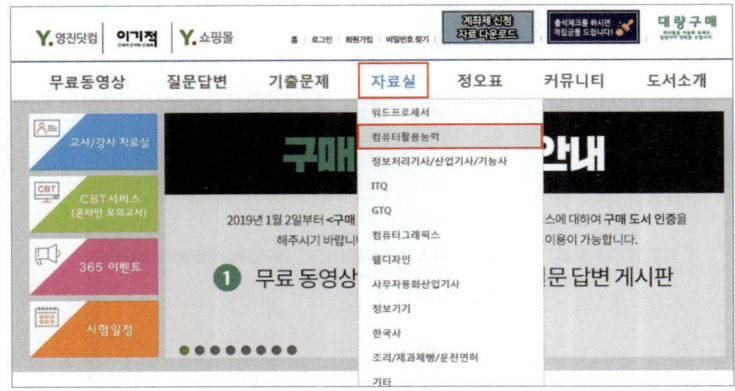

3. '[8011] 2026년 컴퓨터활용능력 2급 실기 기출문제집_부록 자료' 게시글을 클릭하여 첨부파일을 다운로드하세요.

02 실습 파일 사용하기

1. 다운로드받은 '8011' 압축 파일에서 마우스 오른쪽 버튼을 눌러 '8011'에 압축풀기를 눌러 압축을 풀어주세요.
2. 압축이 완전히 풀린 후에 '8011' 폴더를 더블 클릭하세요.
3. 압축이 제대로 풀렸는지 확인하세요. 아래의 그림대로 파일이 들어있어야 합니다. 그림의 파일과 다르다면 압축 프로그램이 제대로 설치되어 있는지 확인해 주세요.

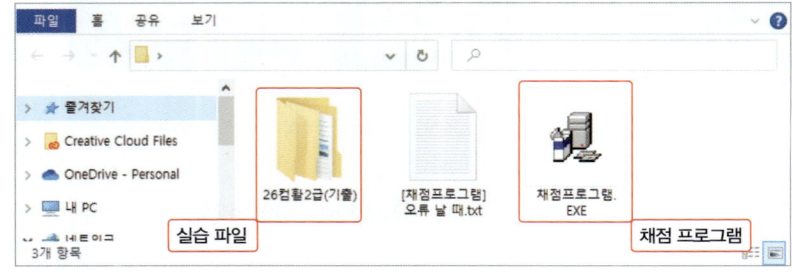

Q&A

Q MS Office 업데이트로 인해 [데이터] 탭의 [데이터 가져오기]–[기타 원본에서]–[Microsoft Query에서] 메뉴가 보이지 않을 때 어떻게 해야 하나요?

A [파일]–[옵션]을 클릭하여 [데이터]의 'Microsoft Query에서(레거시)'를 체크하고 [확인]을 클릭합니다. [데이터]–[데이터 가져오기 및 변환] 그룹에서 [데이터 가져오기]–[레거시 마법사]–[Microsoft Query에서(레거시)] 메뉴를 이용하세요.
※ [데이터 가져오기]–[레거시 마법사]–[Microsoft Query에서(레거시)]와 [데이터 가져오기]–[기타 원본에서]–[Microsoft Query에서]의 기능이 동일합니다. 실제 시험장에서는 교재처럼 작성하면 되므로, 따로 '레거시' 메뉴를 설정하지 않도록 주의하여 주세요.

Q 색상이나 차트 등에 마우스를 올렸을 때 이름이나 설명이 표시되지 않는 경우는 어떻게 해야 하나요?

A [Excel 옵션]–[일반] 탭에서 '실시간 미리보기 사용'에 체크, 화면 설명 스타일을 '화면 설명에 기능 설명 표시'를 선택하세요.

Q 매크로가 실행되지 않는데 어떻게 해야 하나요?

A [파일] 탭의 [옵션]을 선택합니다. [Excel 옵션]에서 [보안센터]–[보안센터 설정]을 클릭하여 '매크로 설정'에서 'VBA 매크로 사용(권장 안 함. 위험한 코드가 시행될 수 있음)'에 체크해주세요.

Q 함수 입력 시 도움을 주는 스크린 팁이 보이게 하려면 어떻게 하나요?

A [파일]–[옵션]–[고급]–[표시]에 '함수 화면 설명 표시'에 체크해주세요

Q 컴퓨터활용능력 실기시험의 과목과 합격하기 위해 필요한 점수는 몇 점인가요?

A 컴퓨터활용능력 2급 실기 시험의 경우에는 '스프레드시트 실무' 한 과목이며 70점 이상 득점하면 합격입니다. 1급 실기 시험은 '스프레드시트 실무'와 '데이터베이스 실무'의 두 과목으로 구성되어 있으며 각 과목당 70점 이상 득점해야 합격할 수 있습니다.

Q 셀에 서식을 지정하거나 함수를 입력하고 나니 값이 '####'으로 되었습니다. 어떻게 하나요?

A 문제에서 별도의 지시사항이 없으면 그대로 두거나, 해당 열의 너비를 조정하여 데이터가 보이게 해도 됩니다.

Q 컴퓨터활용능력 실기시험에서 사용하는 프로그램의 버전은 어떻게 되나요?

A 2024년 1월부터 시행되는 시험은 Microsoft Office LTSC Professional Plus 2021으로 응시할 수 있습니다.

기출문제 따라하기

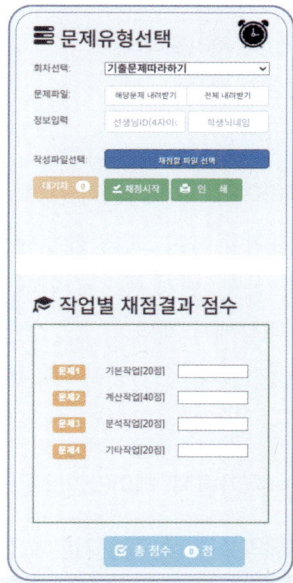

자동 채점 서비스(웹 용)

① comlicense.co.kr 접속
② '도서' 확인 후, [채점하기] 클릭
③ '회차'와 '채점할 파일' 선택
④ [채점시작] 클릭

기출문제 따라하기

 합격강의

작업파일: '26컴활2급(기출)₩기출문제따라하기'에서 '기출문제따라하기' 파일을 열어 작업하세요.

프로그램명	제한시간	풀이시간
EXCEL 2021	40분	분

수험번호 :

성　　명 :

유의사항

- 인적 사항 누락 및 잘못 작성으로 인한 불이익은 수험자 책임으로 합니다.

- 화면에 암호 입력창이 나타나면 아래의 암호를 입력하여야 합니다.
  ○ 암호: 6752$2

- 작성된 답안은 주어진 경로 및 파일명을 변경하지 마시고 그대로 저장해야 합니다. 이를 준수하지 않으면 실격 처리됩니다.
  ○ 답안 파일명의 예: C:₩OA₩수험번호8자리.xlsm

- 외부데이터 위치: C:₩OA₩파일명

- 별도의 지시사항이 없는 경우, 다음과 같이 처리 시 실격 처리됩니다.
  ○ 제시된 시트 및 개체의 순서나 이름을 임의로 변경한 경우
  ○ 제시된 시트 및 개체를 임의로 추가 또는 삭제한 경우

- 답안은 반드시 문제에서 지시 또는 요구한 셀에 입력하여야 하며 다음과 같이 처리 시 채점 대상에서 제외됩니다.
  ○ 제시된 함수가 있을 경우 제시된 함수만을 사용하여야 하며 그 외 함수사용시 채점대상에서 제외
  ○ 수험자가 임의로 지시하지 않은 셀의 이동, 수정, 삭제, 변경 등으로 인해 셀의 위치 및 내용이 변경된 경우 해당 작업에 영향을 미치는 관련문제 모두 채점 대상에서 제외
  ○ 도형 및 차트의 개체가 중첩되어 있거나 동일한 계산결과 시트가 복수로 존재할 경우 해당 개체나 시트는 채점 대상에서 제외

- 수식 작성 시 제시된 문제 파일의 데이터는 변경 가능한(가변적) 데이터임을 감안하여 문제 풀이를 하시오.

- 별도의 지시사항이 없는 경우, 주어진 각 시트 및 개체의 설정값 또는 기본 설정값 (Default)으로 처리하시오.

- 저장 시간은 별도로 주어지지 않으므로 제한된 시간 내에 저장을 완료해야 하며, 제한 시간 내에 저장이 되지 않은 경우에는 실격 처리됩니다.

- 출제된 문제의 용어는 MS Office LTSC Professional Plus 2021 기준으로 작성되어 있습니다.

대 한 상 공 회 의 소

문제1 기본작업(20점) 주어진 시트에서 다음 과정을 수행하고 저장하시오.

1 '기본작업-1' 시트에 다음의 자료를 주어진 대로 입력하시오. (5점)

	A	B	C	D	E	F
1	상용 및 오픈소스 AI 모델 리스트					
2						
3	모델명	주요용도	출시년도	학습방식	적용분야	상태
4	PaLM 2	언어모델	2023	지도학습	자연어처리	운용중
5	Command R+	대규모 요약	2024	지도학습	문서요약	운용중
6	Yi-34B	언어모델	2024	지도학습	텍스트 생성	오픈소스
7	Qwen 2.5	언어모델	2024	지도학습	대화형 AI	운용중
8	Claude 3	대화형 AI	2024	지도학습	고급챗봇	운용중
9	SOLAR 10.7B	언어모델	2024	지도학습	한글특화 LLM	운용중
10	Haiku	초경량 LLM	2024	지도학습	모바일/임베디드	운용중
11	Grok	대화형 AI	2023	지도학습	SNS 특화 챗봇	운용중
12	Pythia 12B	언어모델	2023	지도학습	자연어처리 연구	오픈소스
13	Mixtral 8x7B	혼합형 모델	2024	지도학습	고성능 LLM	오픈소스
14						

2 '기본작업-2' 시트에 대하여 다음의 지시사항을 처리하시오. (각 2점)

① [B1:L1] 영역은 '병합하고 가운데 맞춤', 글꼴은 '새굴림', 글꼴 크기는 '18', 글꼴 색은 '진한 파랑', 글꼴 스타일 '굵게'로 지정하고, 행 높이는 27로 설정하시오.
② [B4:B11], [B12:B17] 영역은 '병합하고 가운데 맞춤'을 지정하고, [B3:L3] 영역은 셀 스타일 '보통'을 적용하고, '가로 가운데 맞춤'으로 적용하시오.
③ [E4:F17] 영역은 사용자 지정 서식을 이용하여 소수 이하 한자리와 숫자 뒤에 'm'을 [표시 예]와 같이 표시하시오.[표시 예: 205.0 → 205.0m]
④ [C4:C17] 영역의 이름을 '시설명'으로 정의하시오.
⑤ [B3:L17] 영역에 '모든 테두리(⊞)'를 적용한 후 '굵은 바깥쪽 테두리(☐)'를 적용하여 표시하시오.

3 '기본작업-3' 시트에서 다음의 지시사항을 처리하시오. (5점)

'최신 AI 모델 및 적용분야 데이터베이스' 표에서 출시년도가 '2024'이고 학습방식이 '지도학습'인 데이터를 고급 필터를 사용하여 검색하시오.

▶ 고급 필터 조건 범위는 [A20:B21]에 알맞게 입력하시오.
▶ 고급 필터 결과는 '모델명', '개발사', '주요용도', '출시년도', '적용분야'만 순서대로 표시하시오.
▶ 고급 필터 결과는 동일한 시트의 [A23] 셀에서 시작하시오.

문제2 계산작업(40점) '계산작업' 시트에서 다음 과정을 수행하고 저장하시오.

1 [표1]에서 학과가 '전자과'이고 성별이 '여'인 인원수를 [D13] 셀에 [표시 예]와 같이 표시하시오. (8점)

▶ DCOUNT 함수와 & 연산자 사용 [표시 예 : 3명]

2 [표2]에서 출판사정보(H3:H7)의 각 셀에 있는 괄호 안의 글자를 추출하여 [I3:I7] 영역에 표시하시오. (8점)

▶ MID, SEARCH 함수 사용

3 [표3]에서 배송유형[C16:C23]을 이용하여 배송유형표[A25:B28]를 참조하여 해당 소요일수를 찾아 주문일[B16:B23]에 소요일수(평일) 기준으로 더한 도착일[D16:D23]을 계산하여 표시하시오. (8점)

▶ WORKDAY, VLOOKUP 함수 사용

4 [표4]에서 사원번호[F14:F21]의 앞 두 글자를 기준으로 부서명을 [I14:I21] 영역에 표시하시오. (8점)

▶ 앞 두 글자가 SA 이면 영업, TB이면 총무, PU이면 구매, RC이면 개발, 그 외는 기타로 표시
▶ IFS, LEFT 함수 사용

5 [표5]에서 대출건수[G25:G32]와 연체건수[H25:H32]를 이용하여 반납률[I25:I32]를 계산하시오. (8점)

▶ 반납률이 0.7 이하일 경우 '관리', 그 외는 반납률을 계산하여 표시
▶ 반납률 = 1-연체건수/대출건수
▶ SWITCH 함수

문제3 분석작업(20점) 주어진 시트에서 다음 과정을 수행하고 저장하시오.

1 '분석작업-1' 시트에 대하여 다음의 지시사항을 처리하시오. (10점)

[부분합] 기능을 이용하여 '전자제품 매출현황' 표에 〈그림〉과 같이 제품군별로 '매출액'의 합계를 계산 후 '제품명'의 개수를 계산하시오.
  ▶ '제품군'을 기준으로 노트북-스마트폰-TV-가전 순으로 정렬하시오.
  ▶ 합계(요약)과 개수는 위에 명시된 순서대로 처리하시오.
  ▶ [그룹 해제]-[개요 지우기]를 적용하시오.

2 '분석작업-2' 시트에 대하여 다음의 지시사항을 처리하시오. (10점).

데이터 도구 [통합] 기능을 이용하여 [표1], [표2], [표3]에 대한 '차종', '일일요금', '대여일수', '총매출'의 합계를 [표4]의 [F3:I8] 영역에 계산하시오.

문제4 기타작업(20점) 주어진 시트에서 다음 과정을 수행하고 저장하시오.

1 '매크로작업' 시트의 [표]에서 다음과 같은 기능을 수행하는 매크로를 현재 통합 문서에 작성하고 실행하시오. (각 5점)

① [E4:E13] 영역에 총시청시간(만시간)을 계산하는 매크로를 생성하여 실행하시오.
- ▶ 매크로 이름 : 총시청시간
- ▶ 총시청시간 = 월별시청시간 × 시청자수
- ▶ [개발 도구]-[컨트롤]-[삽입]-[양식 컨트롤]의 '단추(□)'를 동일 시트의 [G3:H4] 영역에 생성하고, 텍스트를 '총시청시간'으로 입력한 후 단추를 클릭할 때 '총시청시간' 매크로가 실행되도록 설정하시오.

② [A3:E3] 영역에 셀 스타일은 '녹색, 강조색6'을 적용하고, '가로 가운데 맞춤'을 지정하는 매크로를 생성하여 실행하시오.
- ▶ 매크로 이름 : 셀스타일
- ▶ [삽입]-[일러스트레이션]-[도형]-[기본 도형]의 '사다리꼴(△)'을 동일 시트의 [G6:H7] 영역에 생성하고, 텍스트를 '셀스타일'로 입력한 후 도형을 클릭할 때 '셀스타일' 매크로가 실행되도록 설정하시오.

※ 셀 포인터의 위치에 상관없이 현재 통합문서에서 매크로가 실행되어야 정답으로 인정됨

2 '차트작업' 시트의 차트를 지시사항에 따라 아래 그림과 같이 수정하시오. (각 2점)

※ 차트는 반드시 문제에서 제공한 차트를 사용하여야 하며, 신규로 작성 시 0점 처리됨

① 차트 종류를 '누적 세로 막대형'으로 변경하고, '5점 평균' 계열은 제외되도록 데이터 범위를 수정하시오.
② 차트 제목은 '차트 위'로 지정한 후 [B1] 셀과 연동하고 글꼴 크기를 14로 지정하시오.
③ 범례는 오른쪽에 배치되도록 하고, 데이터 계열 간격 너비를 100%로 설정하시오.
④ '매우 불만족' 계열에 '농어업' 항목에만 데이터 레이블을 추가하고, 데이터 레이블 도형은 '사각형 : 둥근 모서리'로 설정하시오.
⑤ 차트 영역의 테두리에는 '둥근 모서리'를 설정하고, 너비는 '1pt'로 설정하시오.

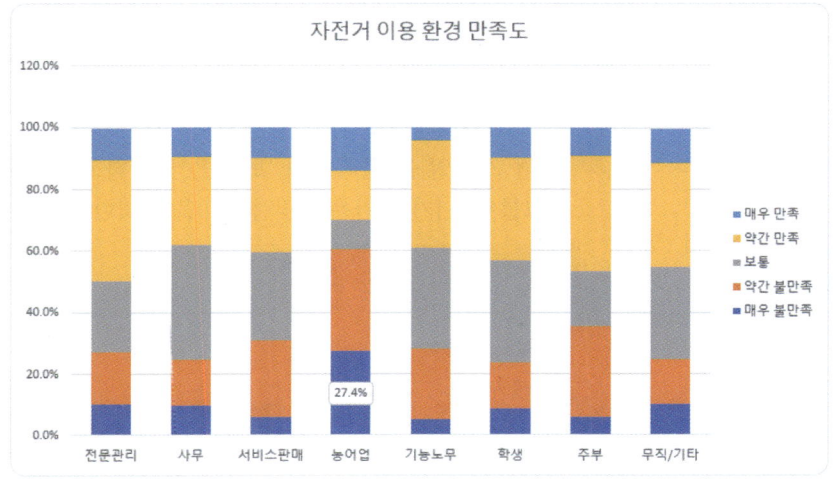

정답 & 해설 기출문제 따라하기

문제1 기본작업

1 자료 입력

정답

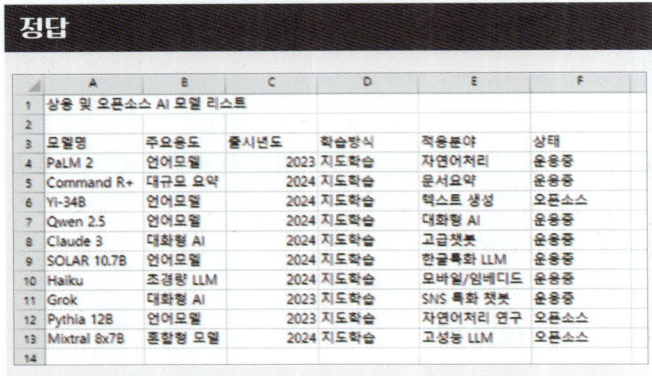

[A3:F13] 셀까지 문제를 보고 오타 없이 작성한다.

2 서식 지정

정답

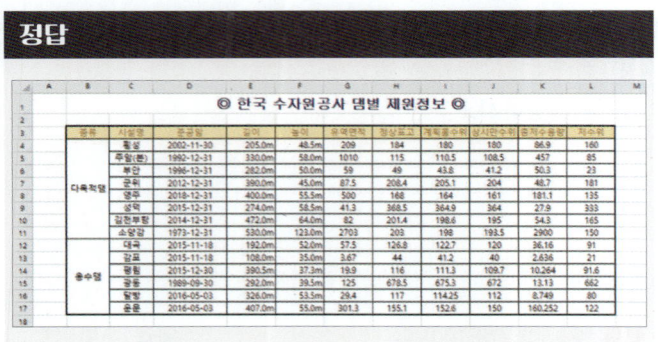

① [B1:L1] 영역을 범위 지정한 후 [홈]-[맞춤] 그룹에서 [병합하고 가운데 맞춤](🔳)을 클릭하고, 글꼴은 '새굴림', 크기는 '18', 글꼴 스타일은 '굵게', 글꼴 색은 '표준 색 - 진한 파랑'을 선택한다.

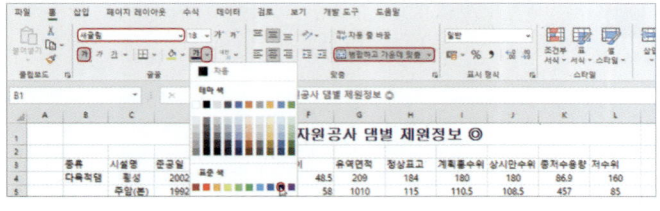

② 1행 머리글을 클릭한 후 마우스 오른쪽 버튼을 눌러 [행 높이]를 클릭하여 27을 입력하고 [확인]을 클릭한다.

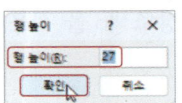

③ [B4:B11], [B12:B17] 영역을 Ctrl 을 누르며 범위 지정한 후 [홈]-[맞춤] 그룹에서 [병합하고 가운데 맞춤](🔳)을 클릭한다.

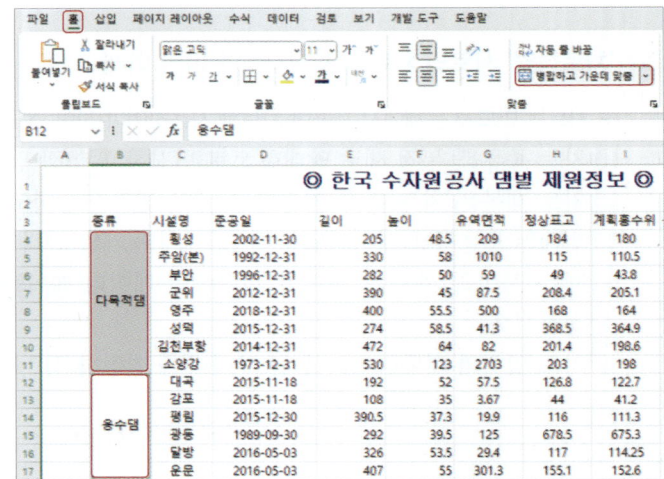

④ [B3:L3] 영역을 범위 지정한 후 [홈]-[스타일] 그룹의 [셀 스타일]을 클릭하여 '보통'을 선택하고, [홈]-[맞춤] 그룹에서 [가로 가운데 맞춤](🔳)을 클릭한다.

⑤ [E4:F17] 영역을 범위 지정한 후 Ctrl+1을 눌러 [표시 형식] 탭의 '사용자 지정'에 0.0"m"을 입력하고 [확인]을 클릭한다.

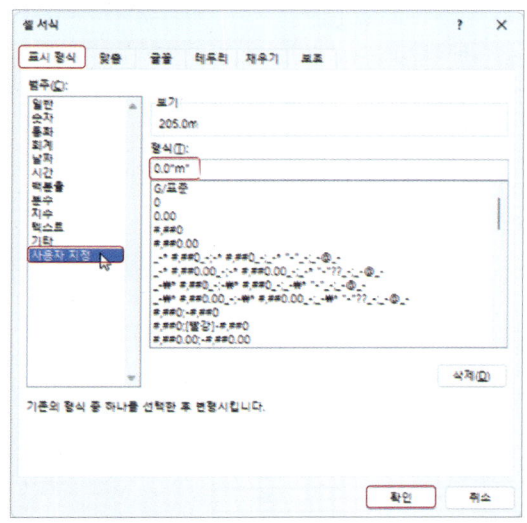

⑥ [C4:C17] 영역을 범위 지정한 후 '이름 상자'에 **시설명**을 입력하고 Enter를 누른다.

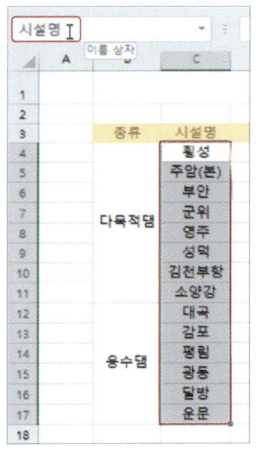

⑦ [B3:L17] 영역을 범위 지정한 후 [홈]-[글꼴] 그룹에서 [테두리](⊞▾) 도구의 [모든 테두리](⊞)를 클릭한 후 [테두리](⊞▾) 도구의 [굵은 바깥쪽 테두리](▢)를 클릭한다.

3 고급 필터

정답

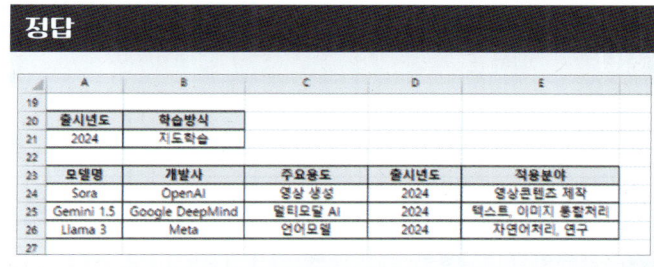

① [A20:B21] 영역에 다음과 같이 조건을 입력하고 [A23:E23] 영역에 추출할 필드명을 복사하여 붙여넣기를 한다.

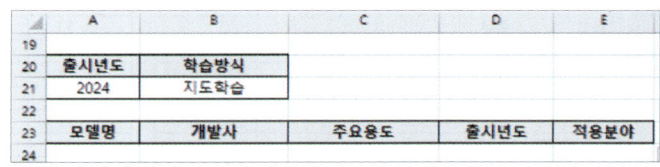

② [고급 필터]에서 다음과 같이 지정하고 [확인]을 클릭한다.

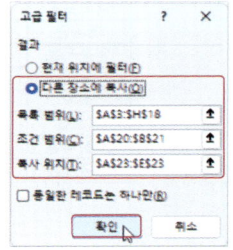

- 결과 : '다른 장소에 복사'
- 목록 범위 : [A3:H18]
- 조건 범위 : [A20:B21]
- 복사 위치 : [A23:E23]

문제2 계산작업

정답

	A	B	C	D	E	F	G	H	I	J
1	[표1]	학과현황				[표2]	출판사			
2	이름	학과	성별	나이		도서명	저자	출판사정보	출판사	
3	강소영	전자과	여	24		해리포터	J.K. 롤링	(문학수첩)2000년 1월 출간	문학수첩	
4	이소영	기계과	여	21		작은 아씨들	루이자 메이 올컷	(민음사)1995년 3월 출간	민음사	
5	현승수	전자과	남	25		데미안	헤르만 헤세	(열린책들)2018년 9월 출간	열린책들	
6	나하나	경영과	여	23		동물농장	조지 오웰	(펭귄클래식)2003년 11월 출간	펭귄클래식	
7	장하나	경영과	여	19		연금술사	파울로 코엘료	(문학동네)2011년 2월 출간	문학동네	
8	김정남	기계과	남	21						
9	이문성	경영과	남	26						
10	문혜성	전자과	여	21						
11										
12				인원수		[표4]	사원 현황			
13				2명		사원번호	성명	주민등록번호	부서명	
14	[표3]	주문				SA-23	배순용	950208-1******	영업	
15	주문번호	주문일	배송유형	도착일		TB-34	이길순	030504-4******	총무	
16	ORD001	2026-04-22(수)	일반	2026-04-27		RC-11	하길주	960209-2******	개발	
17	ORD002	2026-04-24(금)	빠른	2026-04-27		YB-44	이선호	040904-3******	기타	
18	ORD003	2026-04-25(토)	예약	2026-05-01		PU-22	강성수	011014-3******	구매	
19	ORD004	2026-04-25(토)	일반	2026-04-29		AA-32	김보견	941017-2******	기타	
20	ORD005	2026-04-25(토)	빠른	2026-04-27		TB-13	천수만	880409-1******	총무	
21	ORD006	2026-04-28(화)	일반	2026-05-01		SA-21	이성수	031124-4******	영업	
22	ORD007	2026-04-29(수)	일반	2026-05-04						
23	ORD008	2026-04-30(목)	빠른	2026-05-01		[표5]	도서관 대출			
24						도서명	대출건수	연체건수	반납률	
25	배송유형	소요일수				해리포터	120	5	96%	
26	일반	3				데미안	90	2	98%	
27	빠른	1				인공지능	50	10	80%	
28	예약	5				논어	23	15	관리	
29						소학	14	2	86%	
30						포토샵	41	5	88%	
31						ITQ 엑셀	63	13	79%	
32						한글2020	42	15	관리	
33										

1 인원수[D13]

[D13] 셀에 =DCOUNT(A2:D10,D2,B2:C3)&"명"을 입력한다.

2 출판사[I3:I7]

[I3] 셀에 =MID(H3,SEARCH("(",H3)+1,SEARCH(")",H3)-2)를 입력하고 [I7] 셀까지 수식을 복사한다.

3 도착일[D16:D23]

[D16] 셀에 =WORKDAY(B16,VLOOKUP(C16,$A$26:$B$28,2,0))를 입력하고 [D23] 셀까지 수식을 복사한다.

4 부서명[I14:I21]

[I14] 셀에 =IFS(LEFT(F14,2)="SA","영업",LEFT(F14,2)="TB","총무",LEFT(F14,2)="PU","구매",LEFT(F14,2)="RC","개발",TRUE,"기타")를 입력하고 [I21] 셀까지 수식을 복사한다.

5 반납률[I25:I32]

[I25] 셀에 =SWITCH((1-(H25/G25)<=0.7)*1, 1, "관리", 0, 1-(H25/G25))를 입력하고 [I32] 셀까지 수식을 복사한다.

함수 설명

❶ 1-(H25/G25) : 1-[H25]/[G25]를 계산

❷ ❶<=0.7 : ❶의 값이 0.7 이하이면 TRUE값을 반환(TRUE는 숫자 1)

❸ ❷*1 : ❷의 값이 1이면 1*1은 1, ❷의 값이 FALSE(0)이면 0*1은 0

=SWITCH(❸, 1, "관리", 0, ❶) : ❸의 계산식의 결과가 1이면 '관리', 0이면 ❶의 값을 표시

기적의 TIP

=SWITCH(1-H25/G25<=0.7,TRUE,"관리",FALSE,1-H25/G25)로 작성해도 결과는 동일하다.

문제3 분석작업

1 부분합

정답

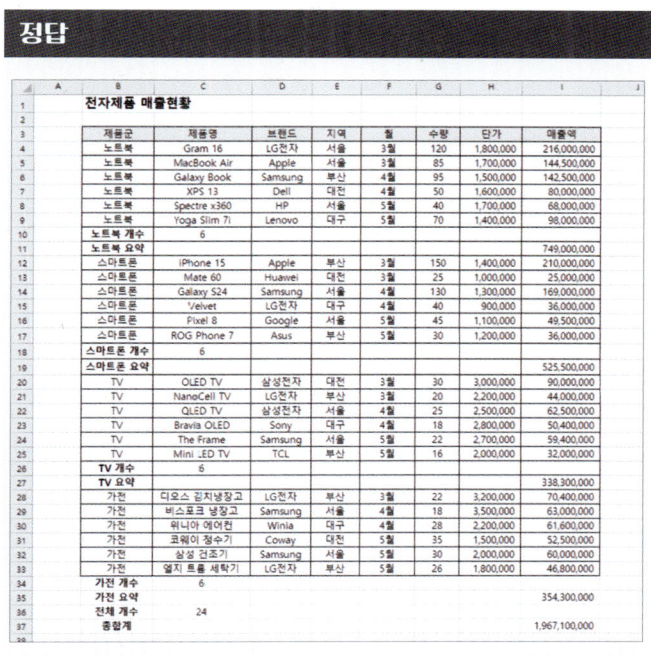

① [B3] 셀을 클릭한 후 [데이터]-[정렬 및 필터]의 [정렬](📊)을 클릭한다.

② [정렬]에서 다음과 같이 '제품군'을 선택하고 '사용자 지정 목록'을 선택한다.

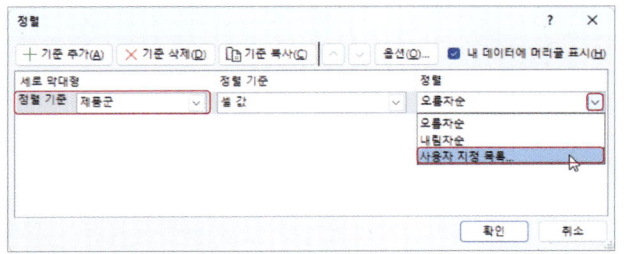

③ [사용자 지정 목록]에서 **노트북, 스마트폰, TV, 가전** 순으로 입력하고 [추가]를 클릭하고 [확인]을 클릭한다.

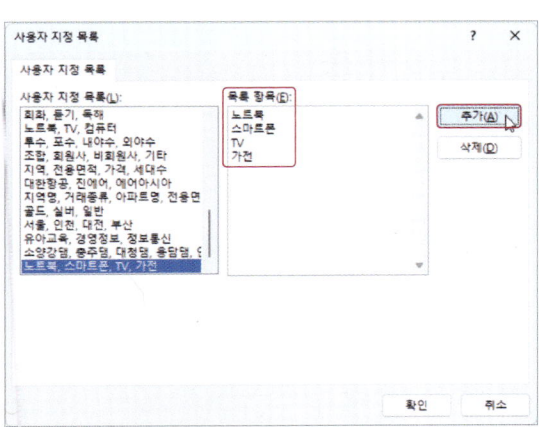

④ [정렬]에서 [확인]을 클릭한다.

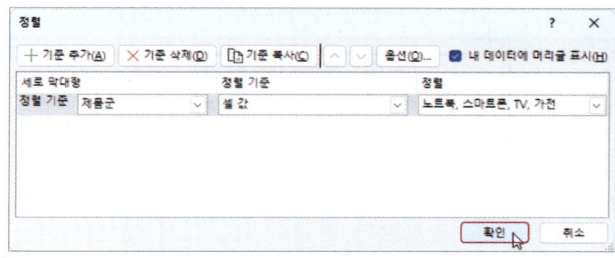

⑤ [부분합]을 아래와 같이 [확인]을 클릭한다.

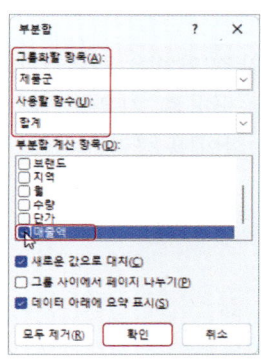

- 그룹화할 항목 : 제품군
- 사용할 함수 : 합계
- 부분합 계산 항목 : 매출액

⑥ [부분합]을 아래와 같이 [확인]을 클릭한다.

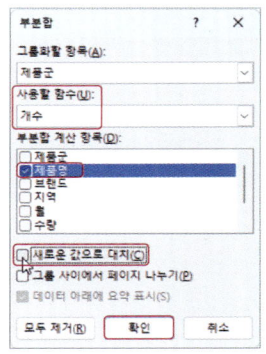

- 그룹화할 항목 : 제품군
- 사용할 함수 : 개수
- 부분합 계산 항목 : 제품명
- '새로운 값으로 대치' 체크 해제

⑦ [데이터]-[개요] 그룹의 [그룹 해제]-[개요 지우기]를 클릭한다.

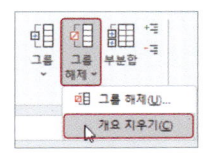

2 데이터 통합

정답

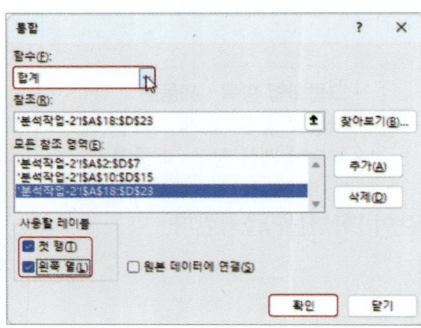

① [F3:I8] 영역을 범위 지정한 후 [데이터]-[데이터 도구] 그룹의 [통합](📋)을 클릭한다.

② [통합]에서 '함수'는 '합계', '모든 참조 영역'은 [A2:D7], [A10:D15], [A18:D23] 영역을 추가한 후 '사용할 레이블'은 '첫 행', '왼쪽 열'을 체크하고 [확인]을 클릭한다.

문제4 기타작업

1 매크로

정답

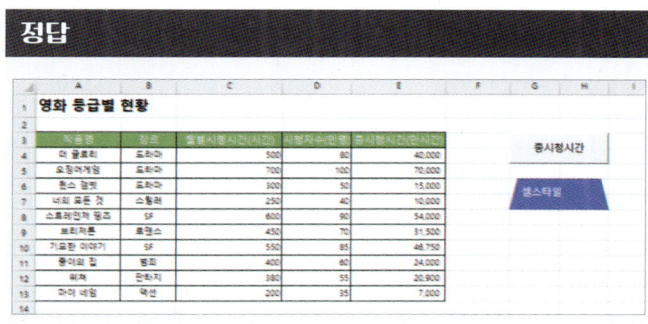

① [개발 도구]-[컨트롤] 그룹의 [삽입]-[단추(양식 컨트롤)](□)을 클릭한다.

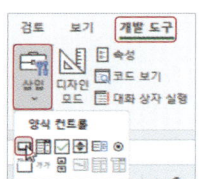

② 마우스 포인터가 '+'로 바뀌면 [G3:H4] 영역에 드래그한다.

③ [매크로 지정]의 '매크로 이름'에 **총시청시간**을 입력하고 [기록]을 클릭한다.

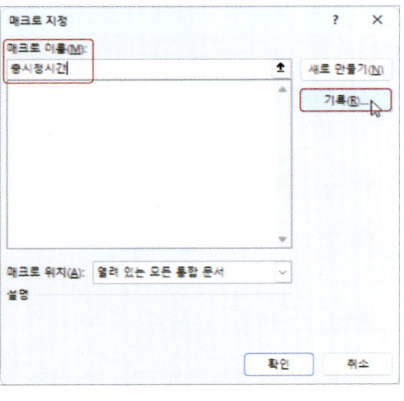

④ [매크로 기록]에 자동으로 '총시청시간'으로 매크로 이름이 표시되면 [확인]을 클릭한다.

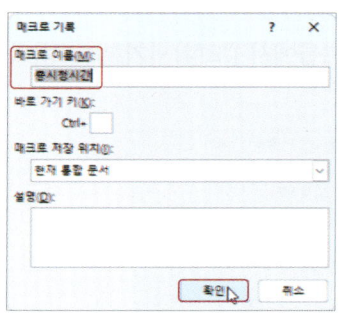

⑤ [F4] 셀에 =C4*D4를 입력하고 [F13] 셀까지 수식을 복사한다.

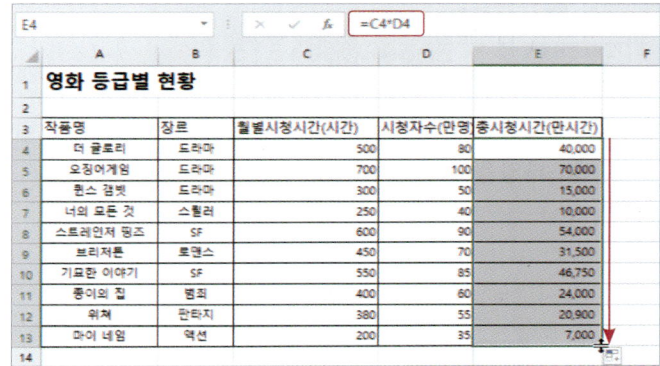

⑥ 임의의 셀을 클릭한 후 매크로 기록을 종료하기 위해 [개발 도구]-[코드] 그룹의 [기록 중지](□)를 클릭한다.

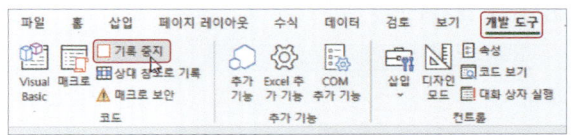

⑦ 단추에 텍스트를 수정하기 위해서 단추에서 마우스 오른쪽 버튼을 눌러 [텍스트 편집]을 클릭한다.

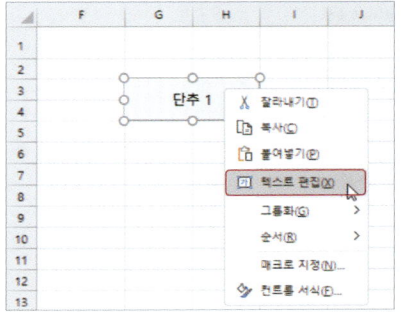

⑧ 단추에 입력된 '단추 1'을 지우고 **총시청시간**을 입력한다.

⑫ [매크로 지정]에 **셀스타일**을 입력하고 [기록]을 클릭한다.

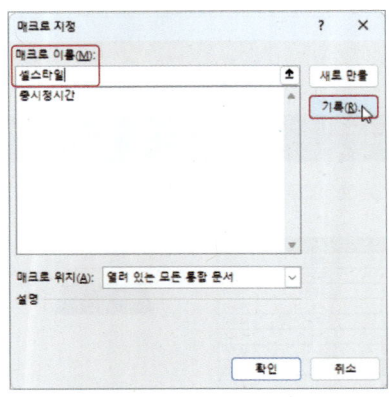

⑨ [삽입]-[일러스트레이션] 그룹에서 [도형]-[기본 도형]의 '사다리꼴'(△)을 클릭한다.

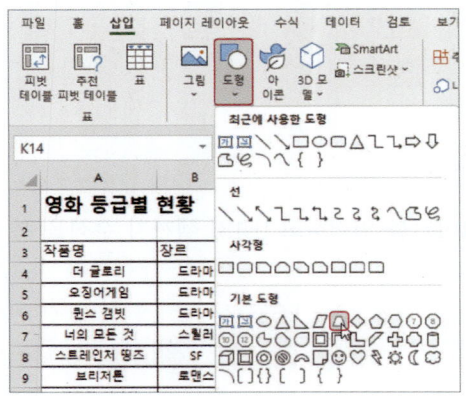

⑬ [매크로 기록]에 자동으로 '셀스타일'로 매크로 이름이 표시되면 [확인]을 클릭한다.

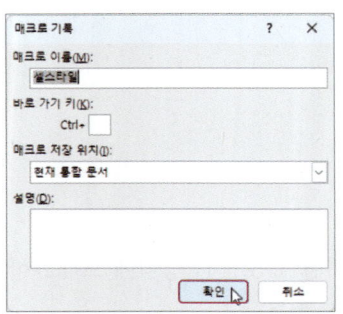

⑩ 마우스 포인터가 '+'로 바뀌면 [G6:H7] 영역에 드래그한 후 **셀스타일**을 입력한다.

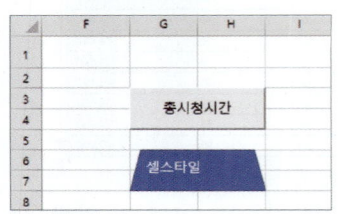

⑪ '사다리꼴'(△) 도형에서 마우스 오른쪽 버튼을 눌러 [매크로 지정]을 클릭한다.

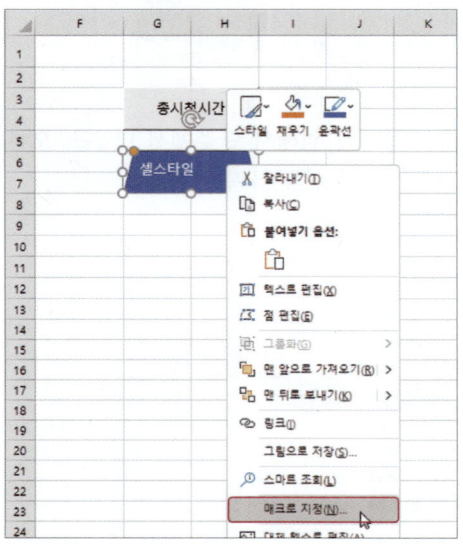

⑭ [A3:E3] 영역을 범위 지정한 후 [홈]-[스타일] 그룹의 [셀 스타일]에서 '녹색, 강조색 6'을 선택하고, [A3:E3] 영역을 범위 지정한 후 [홈]-[맞춤] 그룹에서 [가로 가운데 맞춤](≡)을 클릭한다.

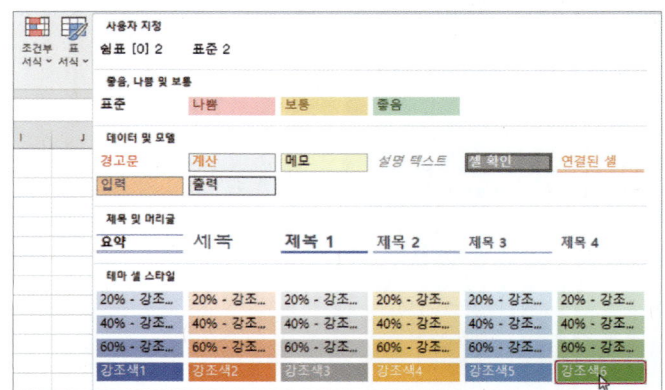

⑮ 임의의 셀을 클릭한 후 매크로 기록을 종료하기 위해 [개발 도구]-[코드] 그룹의 [기록 중지](□)를 클릭한다.

2 차트

정답

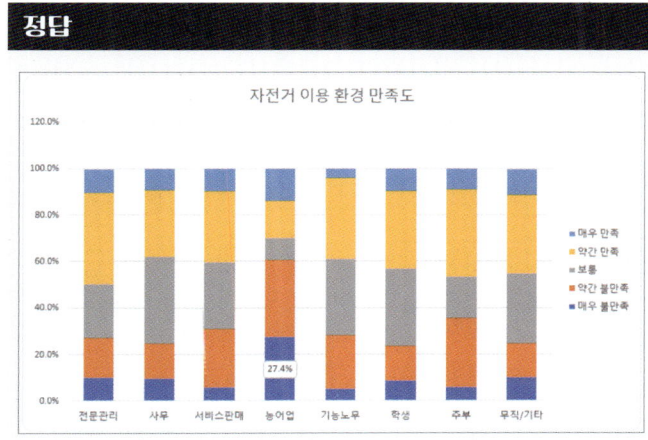

① 차트에서 마우스 오른쪽 버튼을 눌러 [차트 종류 변경]을 클릭한 후 '세로 막대형'의 '누적 세로 막대형'을 선택하고 [확인]을 클릭한다.

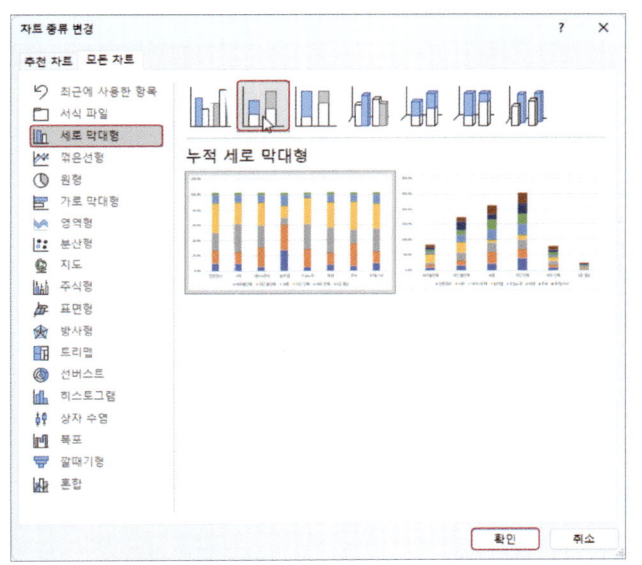

② '5점 평균'을 선택한 후 Delete 를 눌러 삭제한다.

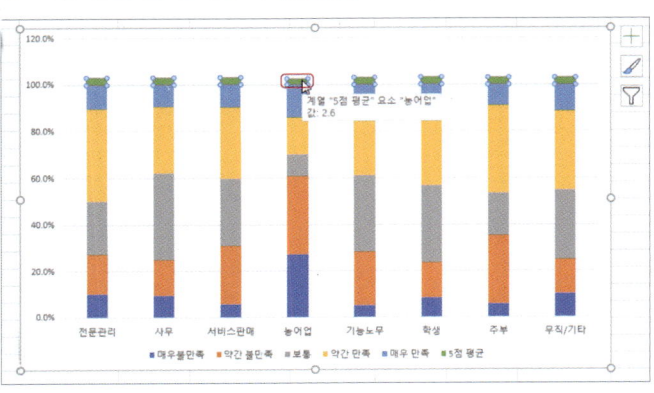

③ [차트 요소](+)-[차트 제목]을 선택한다.

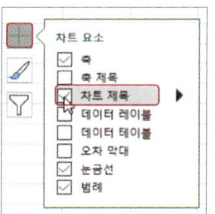

④ '차트 제목'을 선택한 후 수식 입력줄에 =를 입력하고 [B1] 셀을 클릭한 후 Enter 를 누른다.

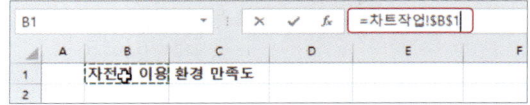

⑤ '차트 제목'을 선택한 후 [홈]-[글꼴] 그룹에서 글꼴 크기는 '14'를 선택한다.

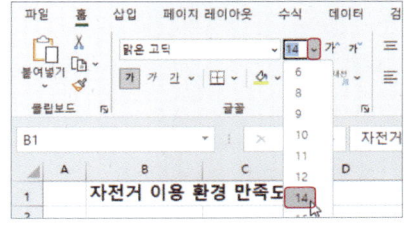

⑥ [차트 요소](+)-[범례]-[오른쪽]을 선택한다.
⑦ 데이터 계열을 선택한 후 마우스 오른쪽 버튼을 눌러 [데이터 계열 서식]을 클릭한 후 '계열 옵션'에서 간격 너비를 100을 입력한다.

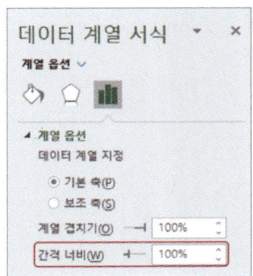

⑧ '매우 불만족' 계열을 선택하고 '농어업' 요소를 천천히 2번 클릭한 후 마우스 오른쪽 버튼을 눌러 [데이터 레이블 추가]를 클릭한다.

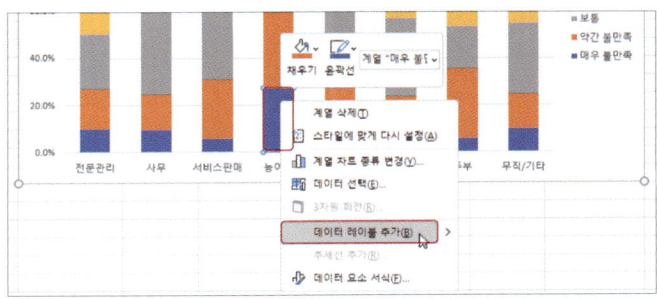

⑨ 데이터 레이블을 선택한 후 마우스 오른쪽 버튼을 눌러 [데이터 레이블 도형 변경]을 클릭하여 '사각형 : 둥근 모서리'를 선택한다.

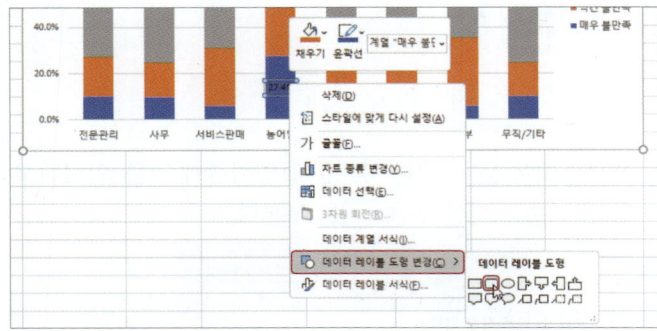

⑩ 차트 영역을 선택한 후 [차트 영역 서식]의 [채우기 및 선]에서 테두리 너비를 1pt, '둥근 모서리'를 체크한다.

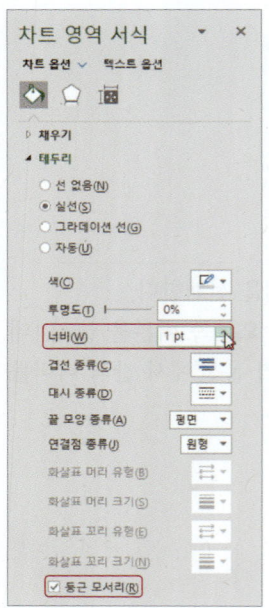

실전 모의고사

CONTENTS

- 실전 모의고사 01회
- 실전 모의고사 02회
- 실전 모의고사 03회
- 실전 모의고사 04회
- 실전 모의고사 05회
- 실전 모의고사 06회
- 실전 모의고사 07회
- 실전 모의고사 08회
- 실전 모의고사 09회
- 실전 모의고사 10회
- 실전 모의고사 11회
- 실전 모의고사 12회
- 실전 모의고사 13회
- 실전 모의고사 14회
- 실전 모의고사 15회

실전 모의고사 01회

작업파일 : '26컴활2급(기출)₩실전모의고사'에서 '실전모의고사1회' 파일을 열어 작업하세요.

문제1 기본작업(20점) 주어진 시트에서 다음 과정을 수행하고 저장하시오.

1 '기본작업-1' 시트에 다음의 자료를 주어진 대로 입력하시오. (5점)

	A	B	C	D	E	F
1	반도체 장비					
2						
3	장비코드	장비명	수입국	제조일	가격	분류
4	SE-A12345	웨이퍼 스캐너	일본	2020-10-01	50,000,000	Lithography
5	SE-N67890	증착장비	독일	2019-05-09	30,000,000	Deposition
6	SE-T11223	식각장비	미국	2021-04-01	40,000,000	Etching
7	SE-S44556	노광장비	네덜란드	2018-05-10	60,000,000	Lithography
8	SE-T78901	이온 주입기	프랑스	2022-10-01	70,000,000	Ion Implantation
9	SE-U22334	화학 기계 연마 장비	스위스	2020-11-05	45,000,000	CMP
10						

2 '기본작업-2' 시트에 대하여 다음의 지시사항을 처리하시오. (각 2점)

① [B1:G1] 영역은 '선택 영역의 가운데로', 셀 스타일은 '제목 1'로 지정하고 1행의 행 높이를 27로 설정하시오.
② [B4:B6], [B7:B9], [B10:B12], [B13:B16] 영역은 '병합하고 가운데 맞춤'을 지정하고, [B3:G3] 영역은 '가로 가운데 맞춤', 셀 스타일은 '녹색, 강조색6'으로 지정하시오.
③ [C3] 셀 '환자'를 '患者'로 한자 변환하고, [E4:E16] 영역은 날짜와 요일을 [표시 예]와 같이 표시하시오. [표시 예: 06-09(월)]
④ [F9] 셀에 'X-ray 촬영'이라는 메모를 텍스트에 맞춰 자동으로 크기가 조절되도록 삽입하고 항상 표시되도록 하시오.
⑤ [B3:G16] 영역에 '모든 테두리'(⊞)를 적용한 후 '굵은 바깥쪽 테두리'(□)를 적용하여 표시하시오.

3 '기본작업-3' 시트에 대하여 다음의 지시사항을 처리하시오. (5점)

[B4:B21] 영역의 데이터를 텍스트 나누기를 실행하여 나타내시오.
▶ 데이터는 쉼표(,)와 슬래시(/)로 구분되어 있음
▶ '항목' 열은 제외할 것

문제 2 계산작업(40점) '계산작업' 시트에서 다음 과정을 수행하고 저장하시오.

1 [표1]에서 평가점수[C3:C9]가 가장 높은 고등학교[A3:A9]를 찾아 [C10] 셀에 표시하시오. (8점)

▶ INDEX, MATCH, LARGE 함수 사용

2 [표2]에서 입사일에서 월만 추출하여 [I3:I9] 영역에 표시하시오. (8점)

▶ 1월~6월까지는 '정규직 입사', 9월은 '계약직 입사' 그 외는 공백으로 표시하시오.
▶ IF, MONTH 함수 사용

3 [표3]에서 기준표 [G13:I14]를 참조하여 동별 공동관리비를 구한 후 금액을 계산하여 [D14:D21] 영역에 표시하시오. (8점)

▶ 관리비는 코드 왼쪽의 한글자와 '동'을 연결하여 참조
▶ 금액 = 공동관리비 + 전기료 외
▶ HLOOKUP, LEFT 함수와 & 연산자 사용

4 [표4]에서 종료시간[C25:C31]에서 시작시간[B25:B31]을 뺀 이용시간[D25:D31]를 [표시 예]와 같이 표시하시오. (8점)

▶ 종료시간에서 시작시간을 뺀 시간 단위에서 30분을 초과한 경우 한 시간을 더하여 뒤에 '시간'을 붙여 표시
 [표시 예 : 2시간]
▶ HOUR, MINUTE, IF 함수와 연산자 사용

5 [표5]에서 시험일을 이용하여 요일[H25:H32] 영역에 표시하시오. (8점)

▶ 시험일이 월요일부터 금요일일 경우 평일, 토요일, 일요일일 경우 주말로 표시
▶ WEEKDAY 함수는 일요일은 1로 반환하는 타입 이용
▶ SWITCH, IFERROR, WEEKDAY 함수 사용

문제3 분석작업(20점) 주어진 시트에서 다음 과정을 수행하고 저장하시오.

1 '분석작업-1' 시트에 대하여 다음의 지시사항을 처리하시오. (10점)

[부분합] 기능을 이용하여 '학년별 모의고사' 표에 〈그림〉과 같이 학년별 '국어', '수학', '영어'의 평균을 계산한 후 최대값을 계산하시오.

▶ 정렬은 '학년'을 기준으로 오름차순으로 처리하시오.
▶ 평균과 최대값은 위에 명시된 순서대로 처리하시오.
▶ 개요 번호가 표시되지 않도록 개요 지우기를 하고, 표 서식은 '녹색, 표 스타일 보통 7'로 적용하시오.

	A	B	C	D	E	F	G	H	I	J	K
1											
2		학년별 모의고사									
3											
4		학년	성명	선택과목	국어	수학	영어	선택1	선택2	합계	
5		1	박준수	과탐	91	68	79	48	39	325	
6		1	신재호	과탐	84	74	88	40	30	316	
7		1	이동수	과탐	69	70	69	30	23	261	
8		1	전준영	과탐	74	69	62	46	45	296	
9		1 최대			91	74	88				
10		1 평균			79.5	70.25	74.5				
11		2	김승일	사탐	42	32	39	32	47	192	
12		2	김현식	사탐	46	54	45	40	32	217	
13		2	박상수	사탐	98	88	92	34	32	344	
14		2	최동명	사탐	55	45	62	34	44	240	
15		2	황효진	과탐	68	57	40	36	28	229	
16		2 최대			98	88	92				
17		2 평균			61.8	55.2	55.6				
18		3	강수호	직탐	67	55	54	35	47	258	
19		3	김호철	직탐	75	65	36	30	26	232	
20		3	이명우	직탐	65	67	68	30	23	253	
21		3	이승훈	사탐	85	86	75	48	36	330	
22		3	조승구	직탐	57	62	58	32	23	232	
23		3	조인호	직탐	77	78	78	35	22	290	
24		3 최대			85	86	78				
25		3 평균			71	68.83333	61.5				
26		전체 최대값			98	88	92				
27		전체 평균			70.2	64.66667	63				
28											

2 '분석작업-2' 시트에 대하여 다음의 지시사항을 처리하시오. (10점)

'상공마트 행사 상품' 표에서 '할인율[B16]' 셀이 다음과 같이 변동되는 경우 '총합계[H13]' 셀의 변동 시나리오를 작성하시오.

▶ [B16] 셀의 이름은 '할인율', [H13] 셀의 이름은 '총합계'로 정의하시오.
▶ 시나리오1 : 시나리오 이름은 '10% 인하', 할인율 10%씩 인상된 값으로 설정하시오.
▶ 시나리오2 : 시나리오 이름은 '15% 인하', 할인율 15%씩 인상된 값으로 설정하시오.
▶ 위 두 시나리오에 의한 '시나리오 요약' 시트는 '분석작업-2' 시트의 바로 뒤에 위치시키시오.
※ 시나리오 요약 보고서 작성 시 정답과 일치하여야 하며, 오자로 인한 부분 점수는 인정하지 않음

문제4 기타작업(20점) 주어진 시트에서 다음 과정을 수행하고 저장하시오.

1 '기타작업-1' 시트에서 다음과 같은 기능을 수행하는 매크로를 현재 통합 문서에 작성하고 실행하시오. (각 5점)

① 차이[E5:E16] 영역에 차이를 계산하는 매크로를 생성하여 실행하시오.
  ▶ 차이 = 2025-2024
  ▶ 매크로 이름 : 계산하기
  ▶ [도형]-[기본 도형]의 '육각형'(⬡)을 동일 시트의 [G4:H5] 영역에 생성한 후, 텍스트를 '계산하기'로 입력하고, 도형을 클릭할 때 '계산하기' 매크로가 실행되도록 설정하시오.

② [E5:E16] 영역은 표시 형식을 숫자, 소수 자릿수는 '1', 음수일 경우 '- 빨강색'으로 표시되게 매크로를 생성하여 실행하시오.
  ▶ [표시 예 : -50.4]
  ▶ 매크로 이름 : 서식지정
  ▶ [도형]-[기본 도형]의 '사각형: 빗면'(▱)을 동일 시트의 [G7:H8] 영역에 생성한 후, 텍스트를 '서식지정'으로 입력하고, 도형을 클릭할 때 '서식지정' 매크로가 실행되도록 설정하시오.

※ 셀 포인터의 위치에 상관없이 현재 통합문서에서 매크로가 실행되어야 정답으로 인정됨

2 '기타작업-2' 시트의 차트를 지시사항에 따라 아래 그림과 같이 수정하시오. (각 2점)

※ 차트는 반드시 문제에서 제공한 차트를 사용하여야 하며, 신규로 작성 시 0점 처리됨
① 차트의 종류는 '3차원 묶은 세로 막대형'으로 변경하고, 세로 막대 모양은 '원통형'으로 변경하시오.
② 차트 제목은 '차트 위'로 지정한 후 [B2] 셀과 연동되도록 설정하고, 범례는 위쪽에 표시하시오.
③ 공동주택 계열의 1월 요소만 데이터 레이블의 '값'으로 설정하고, 세로 값(축)의 최소값 '200', '최대값'은 '1600'으로 설정하시오.
④ 축 제목을 '기본 세로'로 '(단위 : 톤)'을 입력하고 텍스트 방향을 '세로'로 변경하시오.
⑤ 차트 영역 서식은 도형 스타일 '색 윤곽선 - 녹색, 강조 6'으로 설정하고, '둥근 모서리'로 지정하시오.

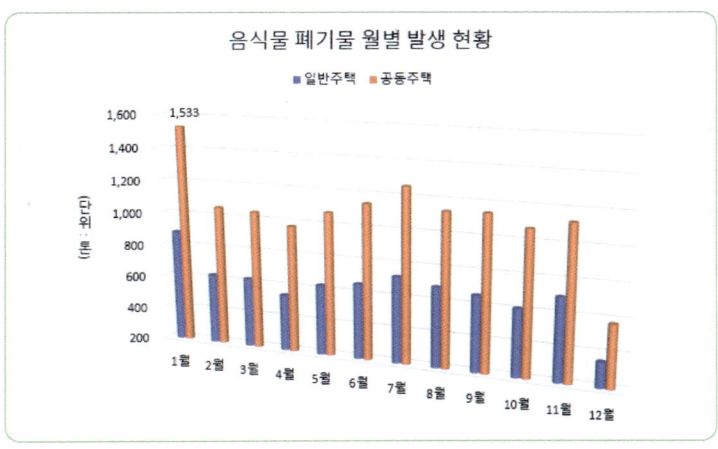

정답 & 해설 실전 모의고사 01회

문제1 기본작업

1 자료 입력

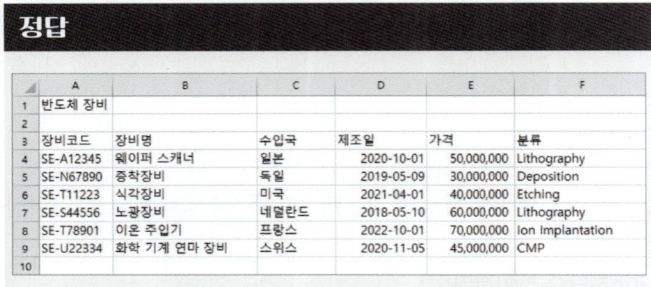

[A3:F9] 셀까지 문제를 보고 오타 없이 작성한다.

2 서식 지정

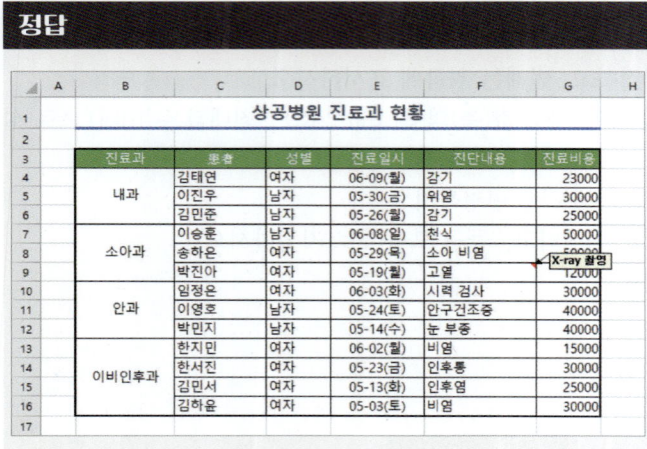

① [B1:G1] 영역을 범위 지정한 후 Ctrl+1을 눌러 [맞춤] 탭에서 '가로'의 '선택 영역의 가운데로'를 선택하고 [확인]을 클릭한다.

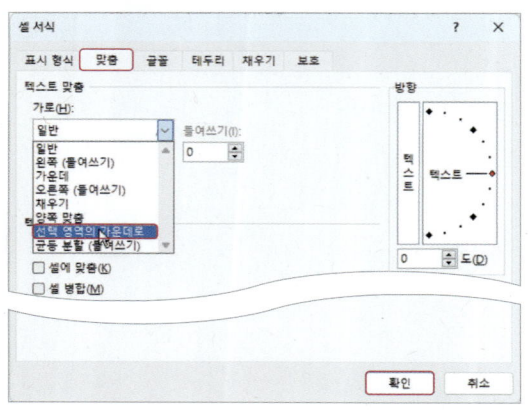

② [B1:G1] 영역이 범위 지정된 상태에서 [홈]-[스타일] 그룹의 [셀 스타일]을 클릭하여 '제목 1'을 선택한다.
③ 1행 머리글에서 마우스 오른쪽 버튼을 눌러 [행 높이]를 클릭하여 27을 입력한다.
④ [B4:B6], [B7:B9], [B10:B12], [B13:B16] 영역을 범위 지정한 후 [홈]-[맞춤] 그룹에서 [병합하고 가운데 맞춤](圉)을 클릭한다.
⑤ [B3:G3] 영역을 범위 지정한 후 [홈]-[맞춤] 그룹에서 [가운데 맞춤](≡)을 클릭한다.
⑥ [홈]-[스타일] 그룹의 [셀 스타일]을 클릭하여 '녹색, 강조색6'을 선택한다.
⑦ [C3] 셀의 '환자'를 범위 지정한 후 키보드의 [한자]를 눌러 한자 '患者'를 선택하고 [변환]을 클릭한다.

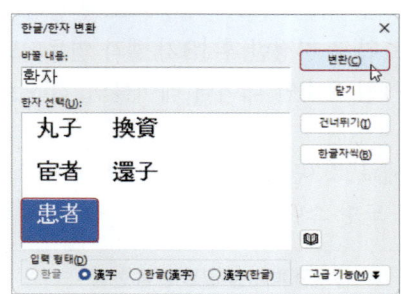

⑧ [E4:E16] 영역을 범위 지정한 후 Ctrl+1을 눌러 '사용자 지정'에 mm-dd(aaa)를 입력하고 [확인]을 클릭한다.

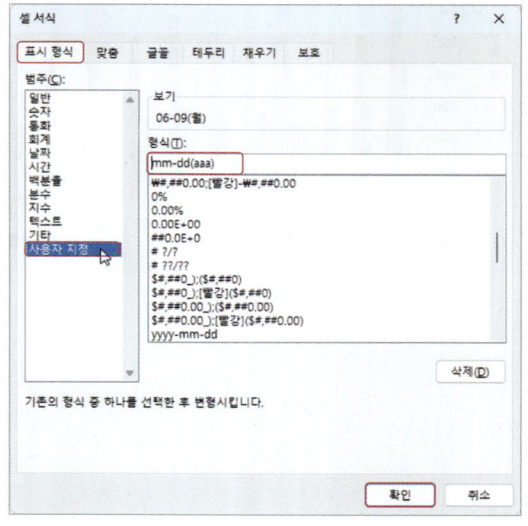

⑨ [F9] 셀에서 마우스 오른쪽 버튼을 눌러 [메모 표시/숨기기]를 클릭한 후 기존 사용자 이름을 지우고 **X-ray 촬영**을 입력한다.

⑩ [F9] 셀에서 마우스 오른쪽 버튼을 눌러 [메모 표시/숨기기]를 클릭하고, 메모의 경계라인에서 마우스 오른쪽 버튼을 눌러 [메모 서식]을 클릭한 후 [맞춤] 탭에서 '자동 크기'를 체크하고 [확인]을 클릭한다.

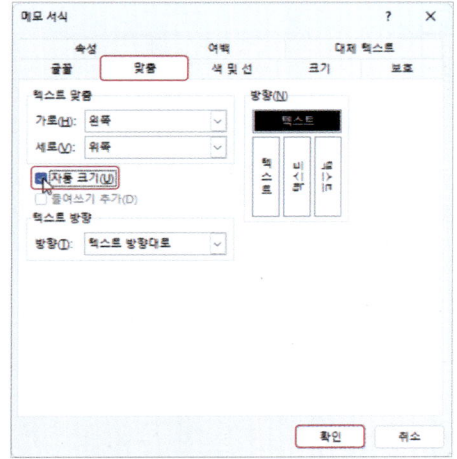

⑪ [B3:G16] 영역을 범위 지정한 후 [홈]-[글꼴] 그룹에서 [테두리](⊞⋁) 도구의 [모든 테두리](⊞)를 클릭한 후 [굵은 바깥쪽 테두리](□)를 클릭한다.

3 텍스트 나누기

정답

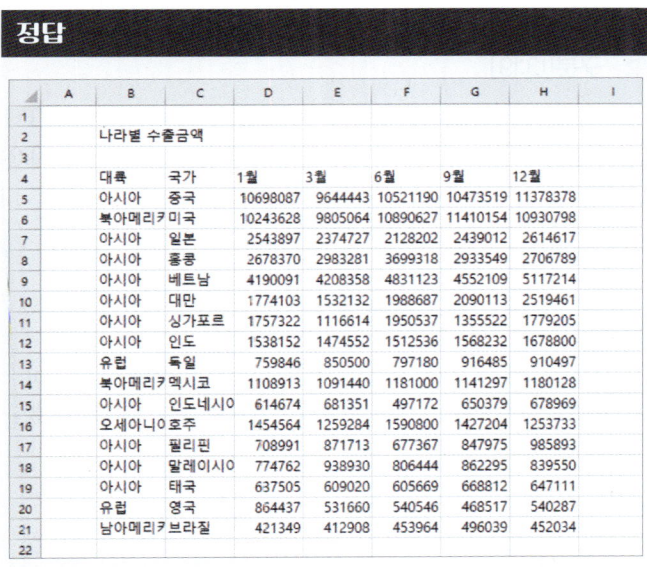

① [B4:B21] 영역을 범위 지정한 후 [데이터]-[데이터 도구] 그룹에서 [텍스트 나누기](🗐)를 클릭한다.

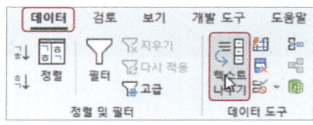

② [텍스트 마법사 – 3단계 중 1단계]에서 '구분 기호로 분리됨'을 선택하고 [다음]을 클릭한다.

③ [텍스트 마법사 – 3단계 중 2단계]에서 '쉼표'와 '기타'를 선택하고 /를 입력하고 [다음]을 클릭한다.

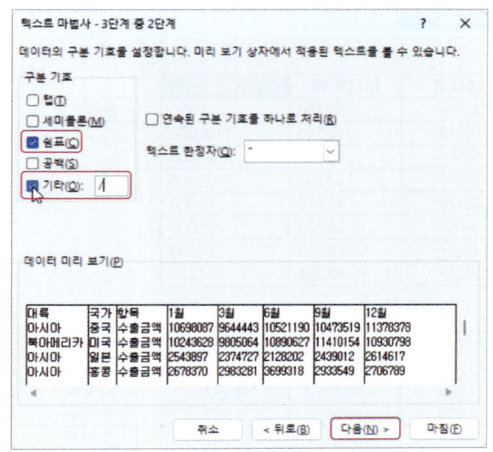

④ [텍스트 마법사 – 3단계 중 3단계]에서 '항목'을 선택한 후 '열 가져오지 않음'을 선택하고 [마침]을 클릭한다.

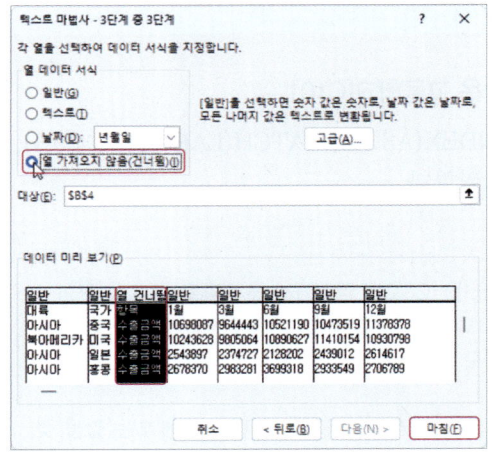

문제2 계산작업

정답

	A	B	C	D	E	F	G	H	I	J
1	[표1]					[표2]				
2	고등학교	설립년도	평가점수	지역		성명	지역	입사일	구분	
3	주광	2001-01-05	90	포항		김미정	안성	2026-05-03	정규직 입사	
4	동백	2002-02-04	80	대구		서진수	안양	2026-07-07		
5	범광	1990-10-01	75	서울		박주영	산본	2026-09-17	계약직 입사	
6	산시	1989-05-10	80	광주		원영현	평촌	2026-04-14	정규직 입사	
7	천인	1988-10-30	95	인천		오선영	광주	2026-11-05		
8	제마	1985-05-06	78	제주		최은미	천안	2026-09-24	계약직 입사	
9	전대	1985-03-04	98	대전		박진회	천안	2026-10-28		
10	평가점수 높은 고등학교		전대							
11										
12	[표3]									
13	코드	세대명	전기료 외	금액			A동	B동	C동	
14	A101	김철수	98,100	228,900		공동관리비	130,800	145,800	165,000	
15	A102	이영희	78,200	209,000						
16	B201	박영수	72,000	217,800						
17	B202	최민지	57,200	203,000						
18	C301	홍길동	48,600	213,600						
19	C302	유재석	38,000	203,000						
20	C303	오상진	69,000	234,000						
21	C304	곽진수	49,200	214,200						
22										
23	[표4]					[표5]				
24	고객번호	시작시간	종료시간	이용시간		이름	시험일	요일		
25	06-6519	12:00	13:05	1시간		김철수	2026-08-01	주말		
26	15-2466	13:05	16:10	3시간		이영희	2026-07-28	평일		
27	08-9938	11:15	16:20	5시간		박영수	2026-07-25	주말		
28	05-7592	9:40	13:00	3시간		최민지	2026-08-03	평일		
29	06-2762	10:05	12:00	2시간		홍길동	2026-08-10	평일		
30	07-3111	13:10	17:40	4시간		유재석	2026-08-06	평일		
31	08-5626	14:30	16:00	1시간		오상진	2026-03-01	주말		
32						곽진수	2026-03-02	평일		

1 평가점수 높은 고등학교[C10]

[C10] 셀에 =INDEX(A3:A9,MATCH(LARGE(C3:C9,1),C3:C9,0))를 입력한다.

함수 설명

❶ LARGE(C3:C9,1) : [C3:C9] 영역에서 첫 번째로 큰 값을 구함
❷ MATCH(❶,C3:C9,0) : ❶ 값을 [C3:C9] 영역에서 몇 번째 위치 하는지를 숫자로 반환

=INDEX(A3:A9,❷) : [A3:A9] 영역에서 ❷ 번째 행에 있는 값을 찾아서 표시

2 구분[I3:I9]

[I3] 셀에 =IF(MONTH(H3)<=6,"정규직 입사",IF(MONTH(H3)=9,"계약직 입사",""))를 입력하고 [I9] 셀까지 수식을 복사한다.

함수 설명

❶ MONTH(H3) : [H3] 셀에서 월을 추출함

=IF(❶<=6,"정규직 입사",IF(❶=9,"계약직 입사","")) : ❶의 값이 6이하이면 '정규직 입사', ❶의 값이 9이면 '계약직 입사', 그 외는 공백으로 표시

3 금액[D14:D21]

[D14] 셀에 =HLOOKUP(LEFT(A14,1)&"동",$G$13:$I$14,2,0)+C14를 입력하고 [D21] 셀까지 수식을 복사한다.

> **함수 설명**
>
> ① LEFT(A14,1) : [A14] 셀에서 왼쪽에서 시작하여 1글자를 추출함
> ② HLOOKUP(①&"동",$G$13:$I$14,2,0) : ①에 동을 붙여서 [G13:I14] 영역의 첫 번째 행에서 찾아 2번째 행의 값을 찾아옴
>
> =②+C14 : ②값에 [C14] 셀의 값을 더하여 표시

4 이용시간[D25:D31]

[D25] 셀에 =IF(MINUTE(C25-B25)>30,HOUR(C25-B25)+1,HOUR(C25-B25))&"시간"를 입력하고 [D31] 셀까지 수식을 복사한다.

> **기적의 TIP**
>
> =HOUR(C25-B25)+IF(MINUTE(C25-B25)>30,1,0)&"시간"로 입력해도 된다.

> **함수 설명**
>
> ① MINUTE(C25-B25) : [C25]-[B25]를 계산한 시간에서 분을 추출함
> ② HOUR(C25-B25) : [C25]-[B25]를 계산한 시간에서 시를 추출함
>
> =IF(①>30,②+1,②)&"시간" : ①의 값이 30보다 크면 ②+1로 계산, 그 외는 ②를 반환하고 '시간'을 붙여서 표시

5 요일[H25:H32]

[H25] 셀에 =IFERROR(SWITCH(WEEKDAY(G25),1,"주말",7,"주말"),"평일")를 입력하고 [H32] 셀까지 수식을 복사한다.

> **함수 설명**
>
> ① WEEKDAY(G25) : [G25] 셀 날짜의 요일을 숫자로 반환(일요일 1로 반환됨)
> ② SWITCH(①,1,"주말",7,"주말") : ①의 값이 1이면 '주말', 7이면 '주말'로 반환
>
> =IFERROR(②,"평일") : ②의 값에 오류가 있다면 '평일'로 표시

문제3 분석작업

1 부분합

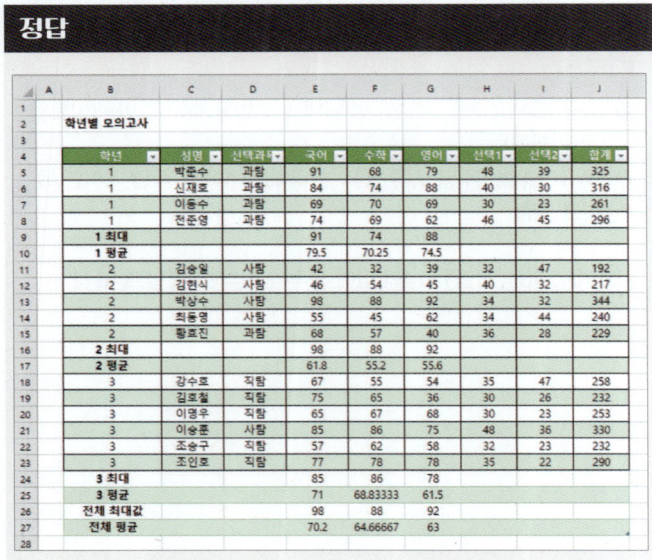

① [B4] 셀을 선택한 후 [데이터]-[정렬 및 필터] 그룹에서 [텍스트 오름차순 정렬](↓)을 클릭한다.
② [데이터]-[개요] 그룹에서 [부분합](▦)을 클릭한 후 다음과 같이 지정하고 [확인]을 클릭한다.

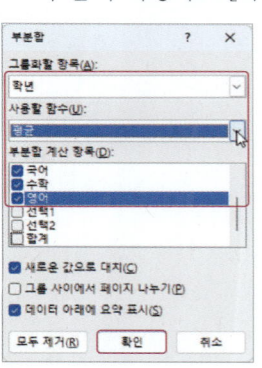

- 그룹화할 항목 : 학년
- 사용할 함수 : 평균
- 부분합 계산 항목 : 국어, 수학, 영어

③ 다시 한 번 [데이터]-[개요] 그룹에서 [부분합](▦)을 클릭한 후 다음과 같이 지정하고 [확인]을 클릭한다.

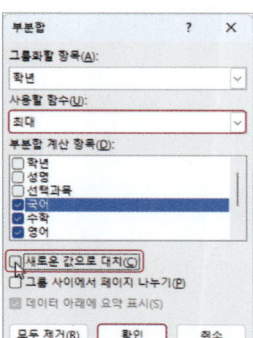

- 그룹화할 항목 : 학년
- 사용할 함수 : 최대
- 부분합 계산 항목 : 국어, 수학, 영어
- '새로운 값으로 대치' 체크 해제

④ [데이터]-[개요] 그룹에서 [그룹 해제]-[개요 지우기]를 클릭한다.

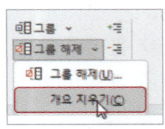

⑤ [B4:J27] 영역을 범위 지정한 후 [홈]-[스타일] 그룹의 [표 서식]에서 '녹색, 표 스타일 보통 7'을 선택하고 [확인]을 클릭한다.

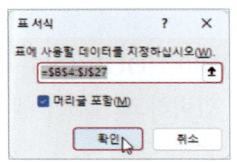

🄵 기적의 TIP

★주의 사항★ 표 서식을 먼저 적용하고 개요 지우기를 실행할 때에는 부분합 영역([표 서식]) 밖에 셀을 선택한 후 실행한다.

[B4:J27] 영역을 범위 지정하지 않고 [표 서식]을 실행했을 때 27행이 포함되지 않을 수 있는데, 표 서식의 오른쪽 하단의 조절점을 드래그하여 수정할 수 있다.

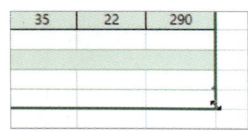

2 시나리오

정답

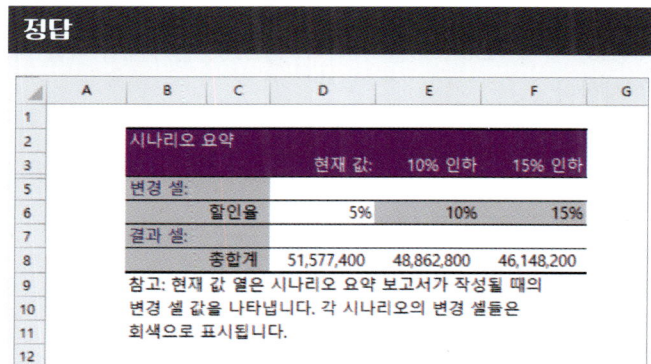

① [B16] 셀을 선택한 후 '이름 상자'에 **할인율**을 입력한다.

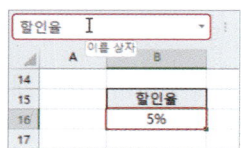

② [H13] 셀을 선택한 후 '총합계'로 이름을 정의한다.

③ [B16] 셀을 선택한 후 [데이터]-[예측] 그룹의 [가상 분석]-[시나리오 관리자]를 클릭한 후 [추가]를 클릭한다.

④ [시나리오 추가]에서 시나리오 이름에 **10% 인하**를 입력하고 [확인]을 클릭한다.

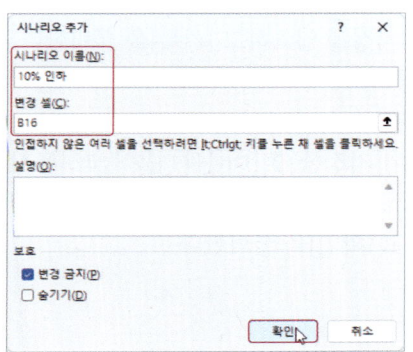

⑤ [시나리오 값]에 10%(또는 0.1)을 입력하고 [추가]를 클릭한다.

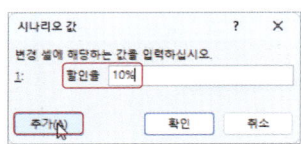

⑥ [시나리오 추가]에 **15% 인하**를 입력하고, [시나리오 값]에 15%(또는 0.15)를 입력하고 [확인]을 클릭한다.

⑦ [시나리오 관리자]에서 [요약]을 클릭한다.

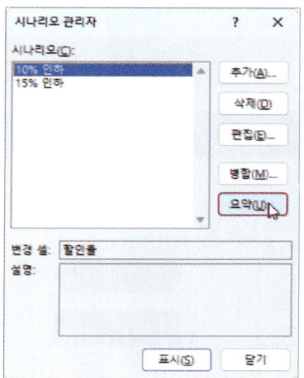

⑧ [시나리오 요약]에서 결과 셀에 [H13] 셀을 지정하고 [확인]을 클릭한다.

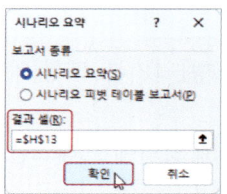

⑨ '시나리오 요약' 시트를 드래그하여 '분석작업-2' 시트 뒤로 이동한다.

문제4 기타작업

1 매크로

정답

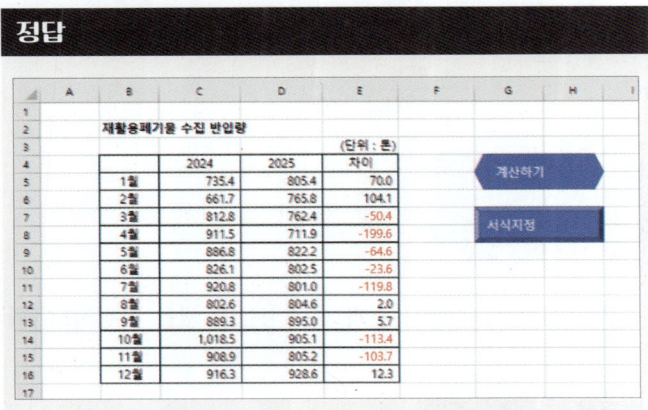

① [삽입]-[일러스트레이션] 그룹의 [도형]-[기본 도형]의 육각형(◯)을 클릭한다.
② 마우스 포인터가 '+'로 바뀌면 [G4:H5] 영역에 드래그한 후 **계산하기**를 입력한다.

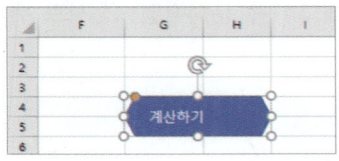

③ '육각형(◯)'의 도형에서 마우스 오른쪽 버튼을 누르고 [매크로 지정]을 클릭한다.
④ [매크로 지정]의 '매크로 이름'에 **계산하기**를 입력하고 [기록]을 클릭한다.

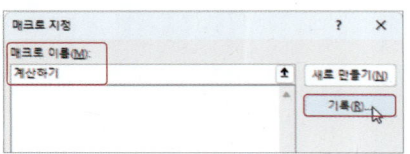

⑤ [매크로 기록]에 자동으로 '계산하기'로 매크로 이름이 표시되면 [확인]을 클릭한다.

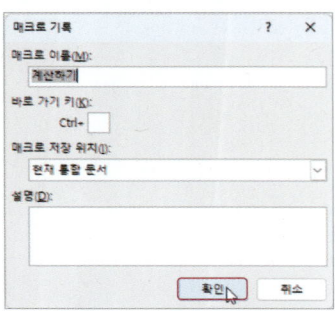

⑥ [E5] 셀에 =D5-C5를 입력하고 [E16] 셀까지 수식을 복사한다.

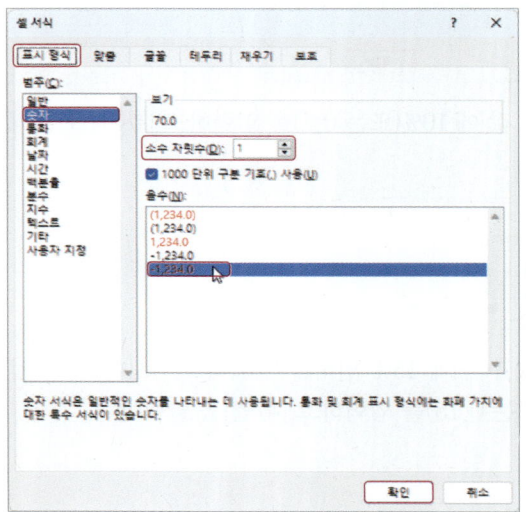

⑦ 임의의 셀을 클릭한 후 매크로 기록을 종료하기 위해 [개발 도구]-[코드] 그룹의 [기록 중지](◻)를 클릭한다.
⑧ [삽입]-[일러스트레이션] 그룹에서 [도형]-[기본 도형]의 '사각형: 빗면'(◻)을 클릭한다.
⑨ 마우스 포인터가 '+'로 바뀌면 [G7:H8] 영역에 드래그한 후 **서식지정**을 입력한다.
⑩ '사각형: 빗면'(◻) 도형에서 마우스 오른쪽 버튼을 누르고 [매크로 지정]을 클릭한다.
⑪ [매크로 지정]에 **서식지정**을 입력하고 [기록]을 클릭한다.
⑫ [매크로 기록]에 자동으로 '서식지정'으로 매크로 이름이 표시되면 [확인]을 클릭한다.
⑬ [E5:E16] 영역을 범위 지정한 후 Ctrl+1을 눌러 [표시 형식] 탭에서 '숫자', 소수 자릿수는 '1', 음수는 빨강색 -1,234.0을 선택하고 [확인]을 클릭한다.

⑭ 임의의 셀을 클릭한 후 매크로 기록을 종료하기 위해 [개발 도구]-[코드] 그룹의 [기록 중지](◻)를 클릭한다.

2 차트

정답

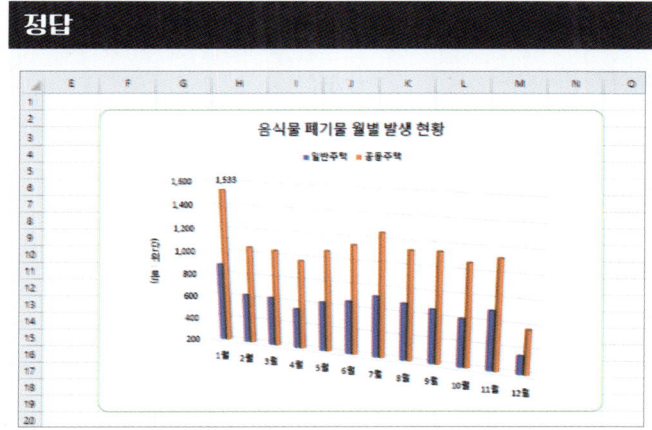

① 차트에서 마우스 오른쪽 버튼을 누르고 [차트 종류 변경]을 클릭한 후 '세로 막대형'의 '3차원 묶은 세로 막대형'을 선택하고 [확인]을 클릭한다.

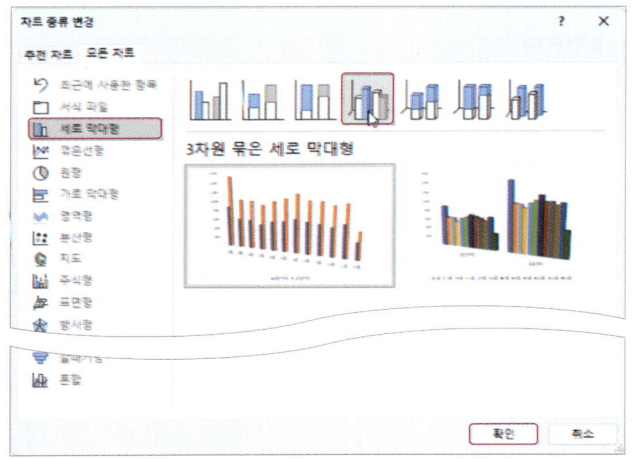

② '일반주택' 계열을 선택한 후 마우스 오른쪽 버튼을 누르고 [데이터 계열 서식]을 클릭한다.
③ '계열 옵션'에서 '원통형'을 선택하고 같은 방법으로 '공동주택'도 '원통형'으로 세로 막대 모양을 변경한다.

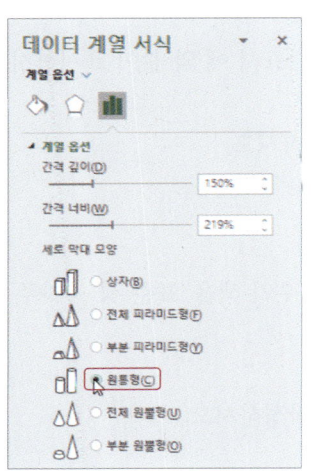

④ [차트 요소](⊞)-[차트 제목]을 클릭한 후 수식 입력줄에 =를 입력하고 [B2] 셀을 클릭한다.

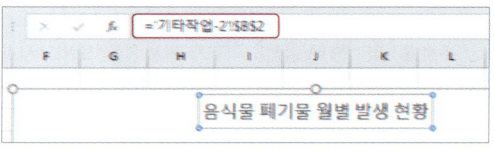

⑤ [차트 요소](⊞)-[범례]-[위쪽]을 선택한다.
⑥ '공동주택' 계열의 1월 요소를 천천히 2번 클릭한 후 [차트 요소](⊞)-[데이터 레이블]을 체크한다.
⑦ 세로 값(축)을 선택한 후 [축 서식]의 '축 옵션'에서 최소값은 200, 최대값은 1600을 입력한다.

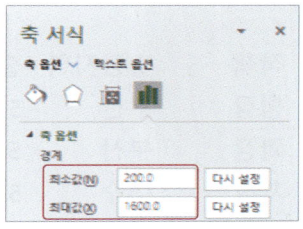

⑧ [차트 요소](⊞)-[축 제목]-[기본 세로]를 선택하고 (단위 : 톤)을 입력한다.
⑨ 세로(값) 축 제목에서 마우스 오른쪽 버튼을 누르고 [축 서식]을 클릭하여 텍스트 방향을 '세로'를 선택한다.

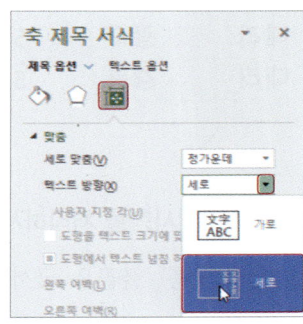

⑩ 차트 영역을 선택한 후 [서식]-[도형 스타일]에서 '색 윤곽선 – 녹색, 강조 6'을 선택한다.

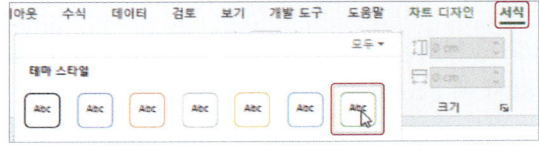

⑪ 차트 영역을 선택한 후 [차트 영역 서식]의 [채우기 및 선]에서 '테두리'의 '둥근 모서리'를 체크한다.

실전 모의고사 02회

작업파일 : '26컴활2급(기출)\실전모의고사'에서 '실전모의고사2회' 파일을 열어 작업하세요.

문제1 기본작업(20점) 주어진 시트에서 다음 과정을 수행하고 저장하시오.

1 '기본작업-1' 시트에 다음의 자료를 주어진 대로 입력하시오. (5점)

	A	B	C	D	E	F	G
1	국내영업팀 출장현황						
2							
3	사원ID	성명	직책	출장지역	출발일자	출장기간	
4	AS1003	박민경	팀장	부산	5월6일	2박3일	
5	BS2005	이도원	과장	부산	5월6일	2박3일	
6	AS1012	김남길	차장	여수	5월12일	3박4일	
7	BS2008	이하늬	과장	여수	5월12일	3박4일	
8	CS3004	김수현	대리	울산	5월13일	2박3일	
9	BS2010	조정석	과장	대전	5월18일	3박4일	
10	BS2012	정경호	과장	대전	5월18일	5박6일	
11	AS1002	나미란	차장	광주	5월26일	1박2일	
12	CS3013	강하나	대리	광주	5월26일	1박2일	
13	CS3007	손응민	대리	강릉	5월28일	1박2일	
14							

2 '기본작업-2' 시트에 대하여 다음의 지시사항을 처리하시오. (각 2점)

① [A1:G1] 영역은 '병합하고 가운데 맞춤', 글꼴은 '궁서', 글꼴 크기는 '18', 글꼴 스타일 '굵게', 행의 높이를 '28'로 지정하시오.
② [E3] 셀에 입력된 문자열 "상여금"을 한자 "賞與金"으로 변환하시오.
③ [A1] 셀에 "2025년 5월분"이라는 메모를 삽입한 후 항상 표시되도록 지정하고, 메모 서식에서 맞춤 '자동 크기'를 지정하시오.
④ [D4:G15] 영역은 사용자 지정 표시 형식을 이용하여 천 단위 구분 기호와 숫자 뒤에 "원"을 [표시 예]와 같이 표시하시오. [표시 예 : 1000 → 1,000원]
⑤ [A3:G15] 영역은 '모든 테두리'(⊞)를 적용한 후 '굵은 바깥쪽 테두리'(▣)를 적용하여 표시하시오.

3 '기본작업-3' 시트에 대하여 다음의 지시사항을 처리하시오. (5점)

[A4:G18] 영역에서 모델명이 "B"로 시작하는 행 전체에 대하여 글꼴 색을 '표준 색 - 주황', 채우기 색을 '표준 색 - 자주'로 지정하는 조건부 서식을 작성하시오.
▶ LEFT 함수 사용
▶ 단, 규칙 유형은 '수식을 사용하여 서식을 지정할 셀 결정'을 사용하고, 한 개의 규칙으로만 작성하시오.

문제2 계산작업(40점) '계산작업' 시트에서 다음 과정을 수행하고 저장하시오.

1. [표1]에서 부서명[B3:B11]이 "영업팀"인 사원들의 지급액[D3:D11] 합계를 [D12] 셀에 계산하시오. (8점)
   ▶ DCOUNT, DSUM, DAVERAGE 함수 중 알맞은 함수 사용

2. [표2]에서 성별[G3:G12]과 승진평가 점수[H3:H12]를 이용하여 남, 여의 평균을 [K9:K10] 영역에 계산하시오. (8점)
   ▶ 점수 평균은 소수점 이하 둘째 자리에서 올림하여 소수점 이하 첫째자리까지 표시
      [표시 예 : 12.34 → 12.4]
   ▶ ROUNDUP과 AVERAGEIF 함수와 절대참조 이용

3. [표3]에서 판매량[C16:C25]이 가장 많으면 "최대판매", 가장 적으면 "최소판매", 그 외에는 공백을 결과[D16:D25]에 표시하시오. (8점)
   ▶ IF, MAX, MIN 함수 사용

4. [표4]에서 팀명[G16:G25]은 모두 대문자로 변환하고, 연고지[H16:H25]는 첫 문자만 대문자로 변환하여 비고[J16:J25]에 표시하시오. (8점)
   ▶ 팀명이 'ktwiz', 연고지가 'suwon'인 경우 'KTWIZ(Suwon)'으로 표시
   ▶ PROPER, UPPER 함수와 & 연산자 사용

5. [표5]에서 중간[B29:B36], 기말[C29:C36]의 평균과 성적평가표[B39:E40]를 이용하여 평가[E29:E36]를 표시하시오. (8점)
   ▶ 성적평가표의 의미 : 중간과 기말의 평균이 0~59이면 "노력", 60~79이면 "보통", 80~89이면 "우수", 90 이상이면 "최우수"를 의미함
   ▶ HLOOKUP과 AVERAGE 함수 사용

문제3 분석작업(20점) 주어진 시트에서 다음 과정을 수행하고 저장하시오.

1 '분석작업-1' 시트에 대하여 다음의 지시사항을 처리하시오. (10점)

[부분합] 기능을 이용하여 '상공주식회사 신입사원 채용현황' 표에 〈그림〉과 같이 성별별로 '서류', '직무평가', '면접', '총점'의 최소값과 최대값을 계산하시오.

▶ 정렬은 '성별'을 기준으로 내림차순으로 처리하시오.
▶ 최소값과 최대값은 위에 명시된 순서대로 처리하시오.

	A	B	C	D	E	F	G
1			상공주식회사 신입사원 채용현황				
2							
3	지원자	성별	서류	직무평가	면접	총점	결과
4	김민지	여	89	94	92	275	합격
5	조연수	여	84	68	65	217	불합격
6	김하늘	여	92	88	95	275	합격
7	김서연	여	82	72	80	234	불합격
8	이미진	여	96	94	95	285	합격
9	민지원	여	92	89	90	271	합격
10		여 최대	96	94	95	285	
11		여 최소	82	68	65	217	
12	최성훈	남	83	75	78	236	불합격
13	장가람	남	91	94	88	273	합격
14	박민수	남	87	88	91	266	합격
15	구세훈	남	85	92	87	264	합격
16	조요셉	남	83	89	92	264	합격
17	방민석	남	85	74	72	231	불합격
18	홍성진	남	94	95	93	282	합격
19		남 최대	94	95	93	282	
20		남 최소	83	74	72	231	
21		전체 최대값	96	95	95	285	
22		전체 최소값	82	68	65	217	

2 '분석작업-2' 시트에 대하여 다음의 지시사항을 처리하시오. (10점)

[목표값 찾기] 기능을 이용하여 '전국 특산품 판매현황' 표에서 한라봉의 총판매액[F10]이 100,000,000이 되려면 판매량[D10]이 얼마가 되어야 하는지 계산하시오.

문제4 기타작업(20점) 주어진 시트에서 다음 과정을 수행하고 저장하시오.

1 '매크로작업' 시트의 [표]에서 다음과 같은 기능을 수행하는 매크로를 현재 통합 문서에 작성하고 실행하시오. (각 5점)

① [G4:G11] 영역에 평균을 계산하는 매크로를 생성하여 실행하시오.
- ▶ 매크로 이름 : 평균
- ▶ AVERAGE 함수 사용
- ▶ [개발 도구] → [삽입] → [양식 컨트롤]의 '단추'(□)를 동일 시트의 [B13:C14] 영역에 생성하고, 텍스트를 "평균"으로 입력한 후 단추를 클릭할 때 '평균' 매크로가 실행되도록 설정하시오.

② [A3:G3] 영역에 셀스타일을 '녹색, 강조색6'으로 지정하는 매크로를 생성하여 실행하시오.
- ▶ 매크로 이름 : 셀스타일
- ▶ [도형] → [사각형]의 '직사각형'(□)을 동일 시트의 [E13:F14] 영역에 생성하고, 텍스트를 "셀스타일"로 입력한 후 도형을 클릭할 때 '셀스타일' 매크로가 실행되도록 설정하시오.

※ 셀 포인터의 위치에 상관없이 현재 통합 문서에서 매크로가 실행되어야 정답으로 인정됨

2 '차트작업' 시트의 차트에서 다음 지시사항에 따라 아래 〈그림〉과 같이 차트를 수정하시오. (각 2점)

※ 차트는 반드시 문제에서 제공한 차트를 사용하여야 하며, 신규로 작성 시 0점 처리됨
① '입고량'과 '재고량' 계열만 차트에 표시되도록 데이터 범위를 변경하시오.
② 차트 제목은 [A1] 셀과 연결하여 표시하고, 글꼴은 '돋움', 크기는 '16'으로 지정하시오.
③ 그림 영역의 채우기 색은 '표준 색 - 주황'으로 지정하고, 주 눈금선이 보이지 않도록 지정하시오.
④ 범례는 글꼴은 '돋움', 크기는 '12', 위치 '아래쪽'으로 지정하시오.
⑤ 세로(값) 축의 기본 단위는 80으로, 차트 영역의 테두리 스타일은 '너비' 2pt의 '둥근 모서리'로 지정하시오.

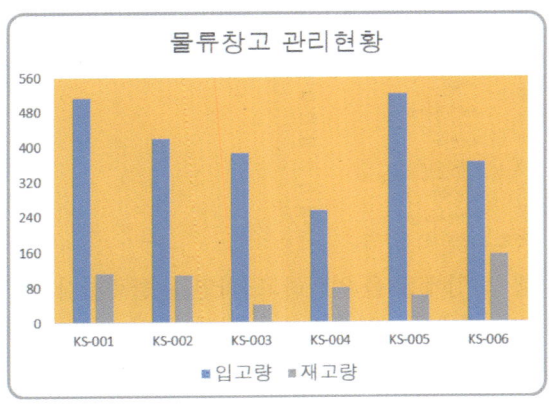

정답 & 해설 실전 모의고사 02회

문제1 기본작업

1 자료 입력

정답

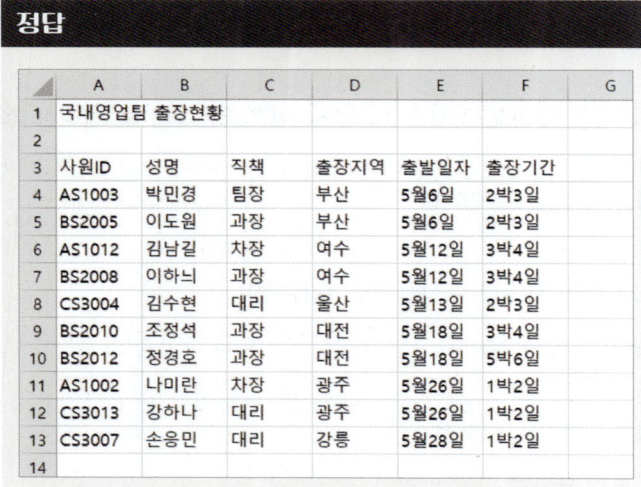

[A3:F13] 셀까지 문제를 보고 오타 없이 작성한다.

2 서식 지정

정답

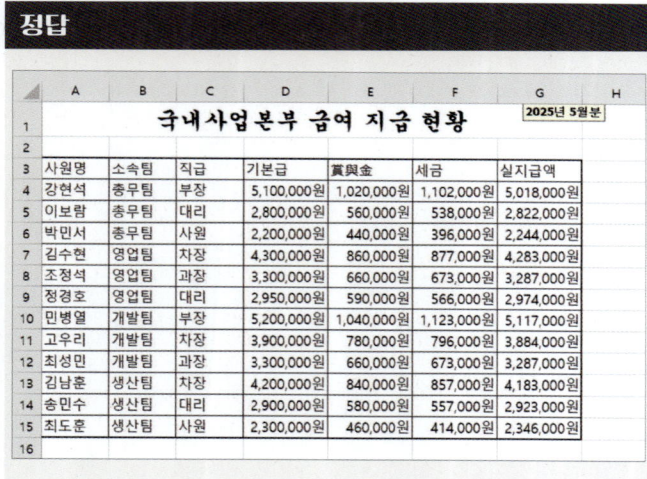

① [A1:G1] 영역을 범위 지정한 후 [홈]-[맞춤] 그룹의 [병합하고 가운데 맞춤](圖)을 클릭한 후 [홈]-[글꼴] 그룹에서 글꼴은 '궁서', 크기는 '18', '굵게'를 지정한다.

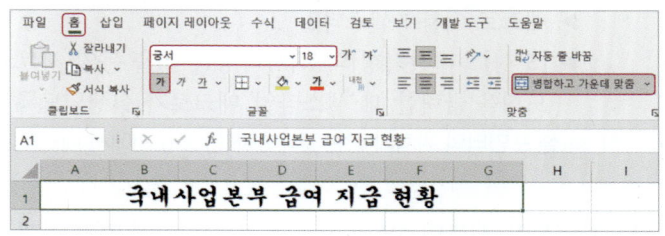

② 1행에서 마우스 오른쪽 버튼을 눌러 [행 높이]를 클릭한다.

③ [행 높이]에 28을 입력하고 [확인]을 클릭한다.

④ [E3] 셀에서 더블클릭하여 '상여금' 뒤에 커서를 둔 상태에서 한자를 눌러 '賞與金'을 선택하고 [변환]을 클릭한다.

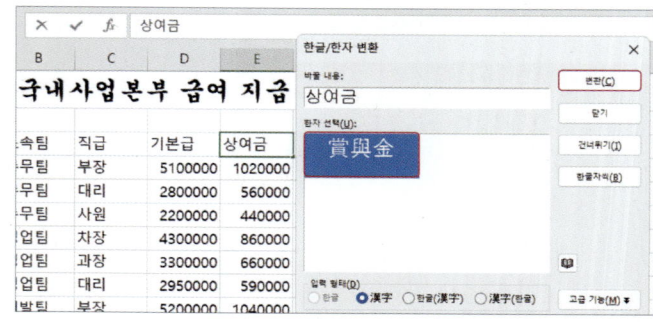

⑤ [A1] 셀에서 마우스 오른쪽 버튼을 눌러 [메모 삽입]을 클릭한다.

> **기적의 TIP**
>
> [A1] 셀에서 마우스 오른쪽 버튼을 눌러 [새 노트]를 클릭하거나, [메뉴 검색]에 「메모 삽입」을 입력하여 검색해도 된다.

⑥ 기존 사용자 이름은 지우고 **2025년 5월분**을 입력하고, [A1] 셀에서 다시 마우스 오른쪽 버튼을 눌러 [메모 표시/숨기기]를 클릭한다.

⑦ 메모 상자 경계라인에서 마우스 오른쪽 버튼을 눌러 [메모 서식]을 클릭하여 [맞춤] 탭에서 '자동 크기'를 체크하고 [확인]을 클릭한다.

⑧ [D4:G15] 영역을 범위 지정한 후 마우스 오른쪽 버튼을 눌러 [셀 서식]을 클릭한 후 [표시 형식] 탭에서 '사용자 지정'에 **#,###"원"**를 입력한 후 [확인]을 클릭한다.

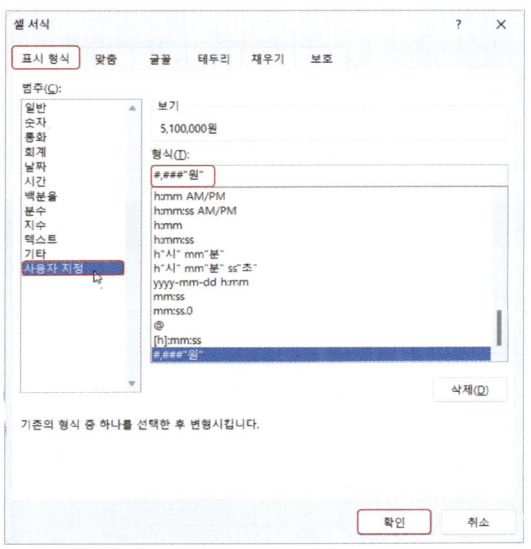

> **기적의 TIP**
>
> #,##0"원"도 가능하다.

⑨ [A3:G15] 영역을 범위 지정한 후 [홈]-[글꼴] 그룹에서 [테두리](⊞▼) 도구의 [모든 테두리](⊞)를 클릭한 후 다시 [굵은 바깥쪽 테두리](⊡)를 클릭한다.

3 조건부 서식

정답

	A	B	C	D	E	F	G	H
1	안마의자/공기청정기 렌탈 현황							
2								
3	고객코드	모델명	제품구분	약정기간(개월)	약정할인	월렌탈요금	렌탈기간(개월)	
4	LT-001	CZM-01L	안마의자	36	10,000	59,500	12	
5	LT-002	CZM-02D	안마의자	48	12,000	57,500	13	
6	LT-003	BDF-01L	안마의자	36	10,000	69,500	6	
7	LT-004	BDF-02D	안마의자	48	12,000	67,500	5	
8	LT-005	BDF-03S	안마의자	36	10,000	69,500	28	
9	LT-006	CZM-03S	안마의자	48	12,000	59,500	17	
10	LT-007	BDF-02D	안마의자	48	12,000	69,500	15	
11	LT-008	BDF-01L	안마의자	36	12,000	67,500	34	
12	LT-009	LPC-02D	공기청정기	36	5,000	49,500	15	
13	LT-010	SBS-01L	공기청정기	36	5,000	39,500	20	
14	LT-011	LPC-01L	공기청정기	36	5,000	49,500	4	
15	LT-012	BDF-04A	공기청정기	48	8,000	46,500	8	
16	LT-013	BDF-05A	공기청정기	48	8,000	46,500	18	
17	LT-014	LPC-03S	공기청정기	36	5,000	49,500	24	
18	LT-015	SBS-02D	공기청정기	48	8,000	36,500	9	
19								

① [A4:G18] 영역을 범위 지정한 후 [홈]-[스타일] 그룹에서 [조건부 서식]-[새 규칙]을 클릭한다.

② '▶수식을 사용하여 서식을 지정할 셀 결정'을 선택하고 **=LEFT($B4,1)="B"**를 입력하고 [서식]을 클릭한다.

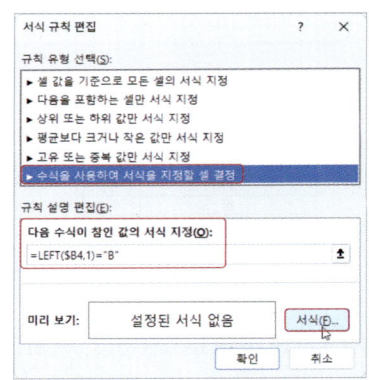

③ [글꼴] 탭에서 글꼴 색은 '표준 색 - 주황'을 선택하고, [채우기] 탭에서 '표준 색 - 자주'를 선택하고 [확인]을 클릭하고, [조건부 서식]에서 다시 한 번 [확인]을 클릭한다.

문제2 계산작업

1 영업팀 지급액 합계[D12]

정답

	A	B	C	D	E
1	[표1]	급여지급현황			
2	사원명	부서명	직위	지급액	
3	정경호	영업팀	대리	2,900,000	
4	이보람	총무팀	대리	2,800,000	
5	김남훈	생산팀	차장	4,200,000	
6	조정석	영업팀	과장	3,300,000	
7	민병열	개발팀	부장	5,100,000	
8	송민수	생산팀	대리	2,900,000	
9	고우리	개발팀	차장	3,900,000	
10	김수현	영업팀	차장	4,300,000	
11	강현석	총무팀	부장	5,000,000	
12		영업팀 지급액 합계		10,500,000	
13					

[D12] 셀에 =DSUM(A2:D11,D2,B2:B3)를 입력한다.

2 승진평가 평균[K9:K10]

정답

	F	G	H	I	J	K	L
1	[표2]	승진평가결과					
2	사원ID	성별	점수				
3	A1002	여	92.5				
4	A1008	여	91.3				
5	A1103	남	91.8				
6	A1106	남	87.9				
7	A1107	여	92.2				
8	A1201	남	92.7		성별	평균	
9	A1204	남	86.7		남	90.3	
10	A1301	여	93.8		여	91.7	
11	A1305	여	88.4				
12	A1309	남	92.3				
13							

[K9] 셀에 =ROUNDUP(AVERAGEIF($G$3:$G$12,J9,$H$3:$H$12),1)를 입력하고 [K10] 셀까지 수식을 복사한다.

함수 설명

❶ AVERAGEIF($G$3:$G$12,J9,$H$3:$H$12) : 성별[G3:G12] 영역에서 [J9] 셀과 같은 행의 점수[H3:H12]의 평균을 구함(성별과 점수는 수식을 복사하더라도 같은 영역을 참조하기 때문에 절대참조를 함)

=ROUNDUP(❶,1) : ❶의 값을 소수 이하 1자리로 올림하여 표시

3 결과[D16:D25]

정답

	A	B	C	D	E
14	[표3]	제품판매현황			
15	제품코드	판매가격	판매량	결과	
16	L-1002	49,800	392		
17	L-5208	69,800	1,010		
18	L-1106	39,800	1,084	최대판매	
19	L-1005	54,900	978		
20	L-5308	64,900	758		
21	L-4100	29,800	698		
22	L-2115	19,800	289	최소판매	
23	L-3807	49,800	1,042		
24	L-5002	68,800	1,075		
25	L-4021	24,900	681		
26					

[D16] 셀에 =IF(C16=MAX($C$16:$C$25),"최대판매",IF(C16=MIN($C$16:$C$25),"최소판매",""))를 입력하고 [D25] 셀까지 수식을 복사한다.

4 비고[J16:J25]

정답

	F	G	H	I	J	K
14	[표4]	프로야구 구단정보				
15	구분	팀명	연고지	창단연도	비고	
16	1	doosanbears	seoul	1982	DOOSANBEARS(Seoul)	
17	2	kiwoomheroes	seoul	2008	KIWOOMHEROES(Seoul)	
18	3	skwyverns	incheon	2000	SKWYVERNS(Incheon)	
19	4	lgtwins	seoul	1990	LGTWINS(Seoul)	
20	5	ncdinos	changwon	2011	NCDINOS(Changwon)	
21	6	ktwiz	suwon	2013	KTWIZ(Suwon)	
22	7	kiatigers	gwangju	2001	KIATIGERS(Gwangju)	
23	8	samsunglions	daegu	1982	SAMSUNGLIONS(Daegu)	
24	9	hanwhaeagles	daejeon	1986	HANWHAEAGLES(Daejeon)	
25	10	lottegiant	pusan	1982	LOTTEGIANT(Pusan)	
26						

[J16] 셀에 =UPPER(G16)&"("&PROPER(H16)&")"를 입력하고 [J25] 셀까지 수식을 복사한다.

5 평가[E29:E36]

정답

	A	B	C	D	E	F
26						
27	[표5]	1학기 국어 성적일람표				
28	학생명	중간	기말	총점	평가	
29	한태연	85	92	177	우수	
30	손다인	92	96	188	최우수	
31	강범준	89	65	154	보통	
32	김연웅	95	92	187	최우수	
33	최형탁	78	96	174	우수	
34	박지영	88	92	180	최우수	
35	이현서	52	64	116	노력	
36	최상훈	87	68	155	보통	
37						
38	<성적평가표>					
39	평균	0	60	80	90	
40	평가	노력	보통	우수	최우수	
41						

[E29] 셀에 =HLOOKUP(AVERAGE(B29:C29),$B$39:$E$40,2)를 입력하고 [E36] 셀까지 수식을 복사한다.

문제3 분석작업

1 부분합

정답

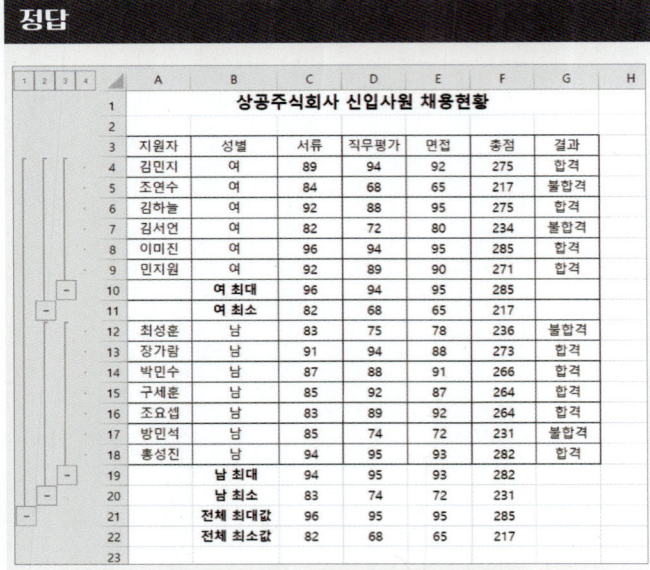

① [B3] 셀을 클릭하고 [데이터]-[정렬 및 필터] 그룹의 [텍스트 내림차순 정렬](↓)을 클릭하여 '성별' 별로 내림차순 정렬한다.
② 데이터 안에 마우스 포인터를 두고, [데이터]- [개요] 그룹의 [부분합](▦)을 클릭한다.
③ 다음과 같이 지정하고 [확인]을 클릭한다.

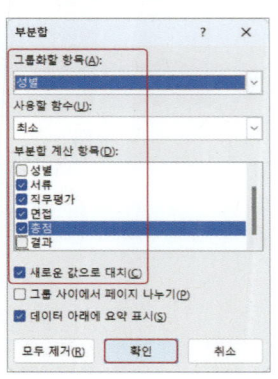

- 그룹화할 항목 : 성별
- 사용할 함수 : 최소
- 부분합 계산 항목 : 서류, 직무평가, 면접, 총점

④ 다시 [데이터]-[개요] 그룹의 [부분합](▦)을 클릭하여 다음과 같이 [확인]을 클릭한다.

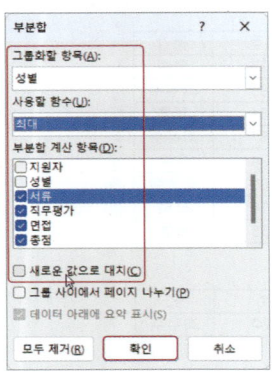

- 그룹화할 항목 : 성별
- 사용할 함수 : 최대
- 부분합 계산 항목 : 서류, 직무평가, 면접, 총점
- '새로운 값으로 대치' 체크 해제

2 목표값 찾기

정답

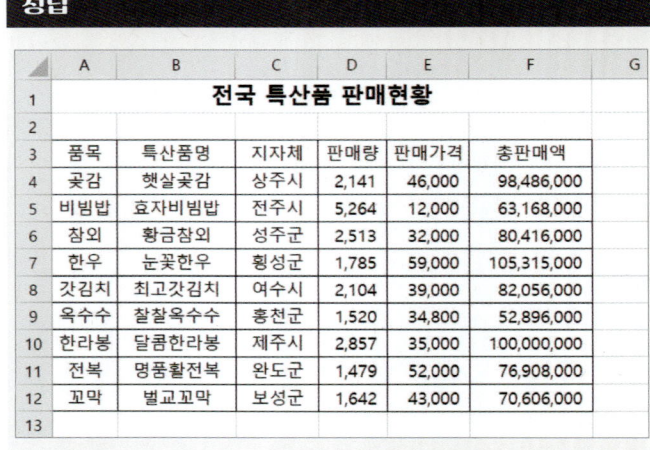

① [F10] 셀을 클릭한 후 [데이터]-[예측] 그룹의 [가상 분석]-[목표값 찾기]를 클릭한다.
② [목표값 찾기]에서 다음과 같이 지정하고 [확인]을 클릭한다.

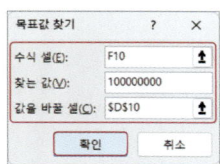

- 수식 셀 : [F10]
- 찾는 값 : 100000000
- 값을 바꿀 셀 : [D10]

③ [목표값 찾기 상태]에서 [확인]을 클릭한다.

문제4 기타작업

1 매크로

정답

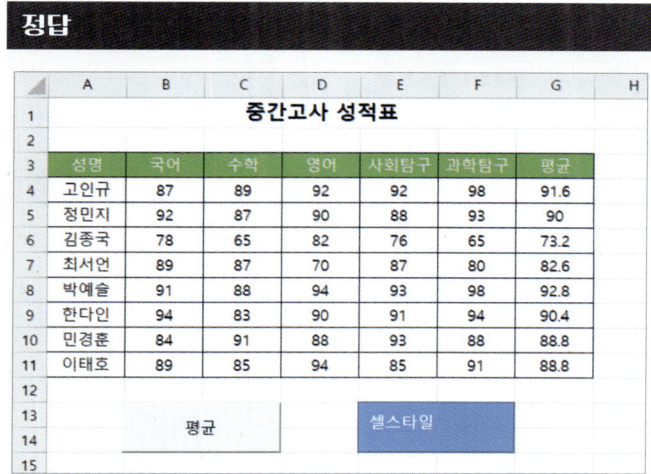

① [개발 도구]-[컨트롤] 그룹의 [삽입]-[단추(양식 컨트롤)](□)을 클릭한다.
② 마우스 포인터가 '+'로 바뀌고 [B13:C14] 영역에 드래그하면 [매크로 지정] 대화상자가 나타난다.
③ [매크로 지정]에 **평균**을 입력하고 [기록]을 클릭한다.

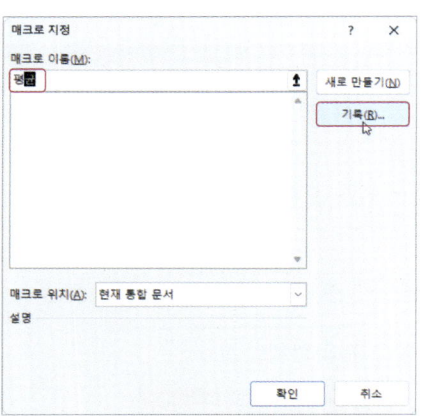

④ [매크로 기록]에 자동으로 '평균'으로 매크로 이름이 표시되면 [확인]을 클릭한다.

⑤ [B4:G11] 영역을 범위 지정한 후 [수식]-[함수 라이브러리] 그룹에서 [자동 합계]-[평균]을 클릭한다.

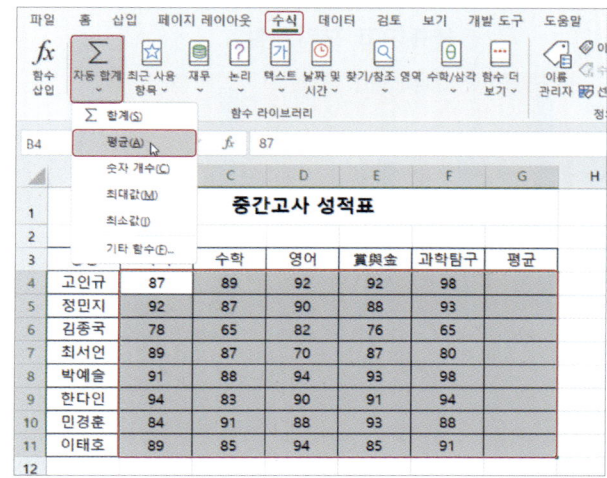

⑥ 임의의 셀을 클릭한 후 매크로 기록을 종료하기 위해 [개발 도구]-[코드] 그룹의 [기록 중지](□)를 클릭한다.
⑦ 단추에 텍스트를 수정하기 위해서 단추에서 마우스 오른쪽 버튼을 눌러 [텍스트 편집]을 클릭한다.
⑧ 단추에 입력된 '단추 1'을 지우고 **평균**을 입력한다.
⑨ [삽입]-[일러스트레이션] 그룹에서 [도형]-[사각형]의 [직사각형](□)을 클릭한다.
⑩ 마우스 포인터가 '+'로 바뀌면 [E13:F14] 영역에 드래그한다.
⑪ '직사각형' 도형에서 마우스 오른쪽 버튼을 눌러 [매크로 지정]을 클릭한다.
⑫ [매크로 지정]의 '매크로 이름'에 **셀스타일**을 입력하고 [기록]을 클릭한다.
⑬ [매크로 기록]에 자동으로 '셀스타일'로 매크로 이름이 표시되면 [확인]을 클릭한다.
⑭ [A3:G3] 영역을 범위 지정한 후 [홈]-[스타일] 그룹의 [셀 스타일]을 클릭하여 '녹색, 강조색6'을 선택한다.
⑮ 매크로 기록을 종료하기 위해 [개발 도구]-[코드] 그룹의 [기록 중지](□)를 클릭한다.
⑯ '직사각형' 도형에서 마우스 오른쪽 버튼을 눌러 [텍스트 편집]을 클릭하여 **셀스타일**을 입력한다.

2 차트

정답

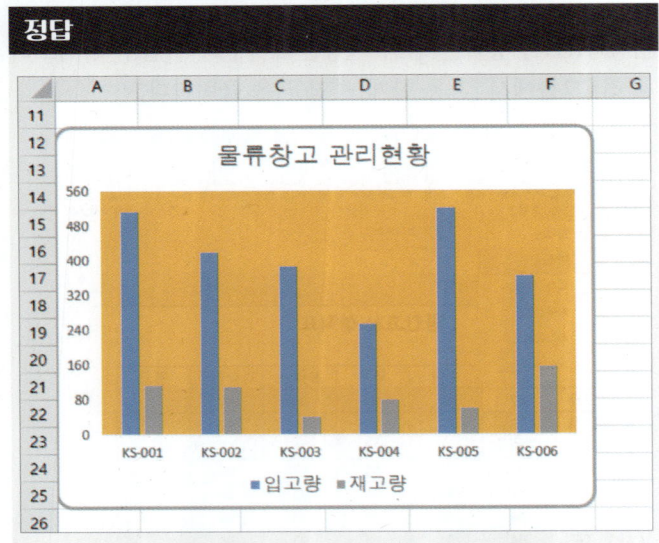

① '출고량' 계열을 선택한 후 마우스 오른쪽 버튼을 눌러 [삭제]를 클릭한다.

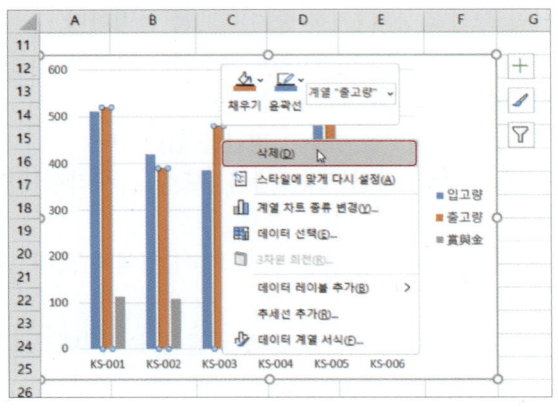

② 차트를 선택한 후 [차트 요소](田)-[차트 제목]을 클릭한 후 '차트 제목'을 선택한 후 '수식 입력줄'에 =를 입력하고 [A1] 셀을 클릭하여 연결한 후, [홈]-[글꼴] 그룹에서 글꼴은 '돋움', 크기는 '16'을 선택한다.

③ 그림 영역을 선택한 후 마우스 오른쪽 버튼을 눌러 [채우기]를 클릭하여 '표준 색 - 주황'을 선택한다.

④ 차트를 선택한 후 [차트 요소](田)-[눈금선]-[기본 주 가로]를 클릭하여 체크 해제한다.

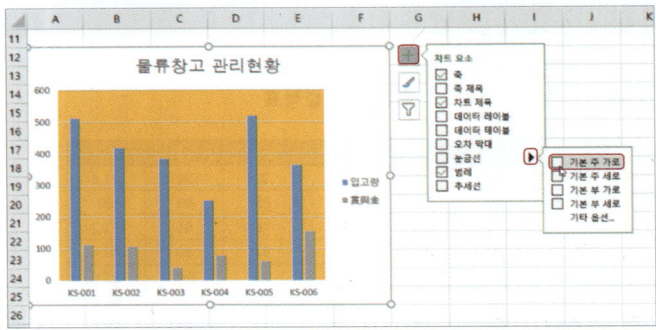

⑤ 차트를 선택한 후 [차트 요소](田)-[범례]-[아래쪽]을 선택한다.

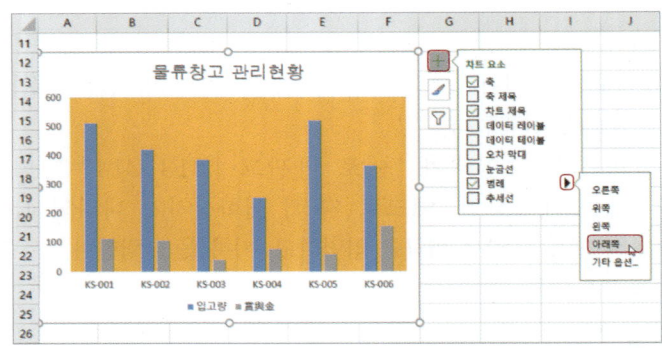

⑥ 범례를 선택한 후 [홈]-[글꼴] 그룹에서 글꼴은 '돋움', 크기는 '12'로 지정한다.

⑦ 세로 값(Y) 축에서 마우스 오른쪽 버튼을 눌러 [축 서식]을 선택한다.

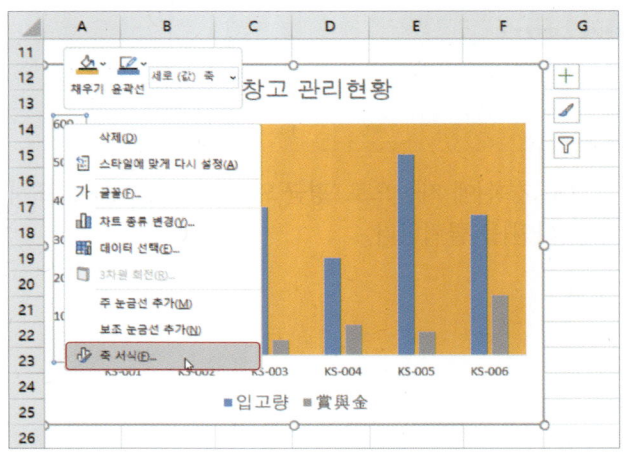

⑧ [축 서식]의 '축 옵션'에서 단위 '기본'에 80을 입력한다.

⑨ 차트 영역을 선택한 후 [차트 영역 서식]-[차트 옵션]-[채우기 및 선]에서 [테두리]의 '둥근 모서리'를 체크하고, 너비는 '2'로 지정한다.

실전 모의고사 03회

작업파일 : '26컴활2급(기출)₩실전모의고사'에서 '실전모의고사3회' 파일을 열어 작업하세요.

문제1 기본작업(20점) 주어진 시트에서 다음 과정을 수행하고 저장하시오.

1 '기본작업-1' 시트에 다음의 자료를 주어진 대로 입력하시오. (5점)

	A	B	C	D	E	F
1	국제컨벤션센터 행사 예약현황					
2						
3	예약번호	행사장	예약일	행사시작시간	예약인원	예약자
4	AC-001	센트럴홀	2026-09-03	오후 5시	200명	김유민
5	GB-001	그랜드볼룸	2026-09-04	오후 5시	450명	이재영
6	BR-001	글로벌룸	2026-09-04	오전 10시	150명	이주아
7	CH-001	이벤트홀	2026-09-06	오후 5시	300명	한요셉
8	AC-002	센트럴홀	2026-09-07	오전 10시	250명	최민서
9	BR-002	글로벌룸	2026-09-08	오전 10시	150명	김경은
10	ER-001	컨퍼런스홀	2026-09-09	오후 5시	80명	김규림
11	GB-002	그랜드볼룸	2026-09-14	오후 5시	350명	이도원
12	AC-003	센트럴홀	2026-09-15	오전 10시	180명	김지은
13						

2 '기본작업-2' 시트에 대하여 다음의 지시사항을 처리하시오. (각 2점)

① [A1] 셀의 제목 문자열 앞 뒤에 특수문자 "◈"을 삽입하시오.
② [A1:F1] 영역은 '병합하고 가운데 맞춤', 셀 스타일은 '녹색, 강조색6', 글꼴은 'HY견고딕', 글꼴 크기는 '17', 밑줄은 '이중 밑줄', 행 높이 '28'로 지정하시오.
③ [A4:A5], [A6:A7], [A8:A9], [A10:A11], [A12:A13] 영역은 '병합하고 가운데 맞춤'을 지정하시오.
④ [E4:F13] 영역은 '쉼표 스타일'을, [D4:D13] 영역은 사용자 지정 표시 형식을 이용하여 'mm월 dd일'로 표시하시오.
⑤ [A3:F13] 영역은 '모든 테두리'(⊞)를 적용한 후 '굵은 바깥쪽 테두리'(□)를 적용하여 표시하시오.

3 '기본작업-3' 시트에 대하여 다음의 지시사항을 처리하시오. (5점)

[A3:A15] 영역의 데이터를 텍스트 나누기를 실행하여 나타내시오.
▶ 데이터는 쉼표(,)로 구분되어 있음
▶ '상장주식수' 열은 제외할 것

문제2 계산작업(40점) '계산작업' 시트에서 다음 과정을 수행하고 저장하시오.

1 [표1]에서 판매량[D3:D11]이 판매량 평균 이상이면서 재고량[E3:E11]이 20 미만인 제품수를 [A13] 셀에 계산하시오. (8점)

▶ COUNTIFS, AVERAGE 함수와 & 연산자 사용

2 [표2]에서 부서명[H3:H11]이 '생산부'인 사원들의 기본급[K3:K11] 평균을 [K12] 셀에 계산하시오. (8점)

▶ 생산부 사원들의 기본급 평균은 백의 자리에서 반올림하여 천의 자리까지 표시
  [표시 예 : 12,345 → 12,000]
▶ DAVERAGE와 ROUND 함수 사용

3 [표3]에서 구분[B17:B26]의 첫 글자는 대문자로 변환하고, 등록일자[A17:A26]에서 일만 추출하여 회원코드[E17:E26]에 표시하시오. (8점)

▶ 표시 예 : 구분이 'golf'이고, 등록일이 '2025-01-01'인 경우 'Golf-1'로 표시
▶ PROPER, DAY 함수와 & 연산자 사용

4 [표4]에서 승[H17:H26] 수가 높은 3개국은 '진출', 나머지는 공백으로 준결승[J17:J26]에 표시하시오. (8점)

▶ IF와 LARGE 함수 사용

5 [표5]에서 사용요금[B30:B38]을 1,000으로 나눈 나머지의 기준표[E30:G34]를 이용하여 결과[C30:C38]를 표시하시오. (8점)

▶ 기준표 의미 : 사용요금은 1,000으로 나눈 나머지가 0 ~ 200 미만이면 '★', 200 ~ 400 미만이면 '★★', 400 ~ 600 미만이면 '★★★', 600 ~ 800 미만이면 '★★★★', 800 ~ 999 미만이면 '★★★★★' 임
▶ VLOOKUP과 MOD 함수 사용

문제3 분석작업(20점) 주어진 시트에서 다음 과정을 수행하고 저장하시오.

1. '분석작업-1' 시트에 대하여 다음의 지시사항을 처리하시오. (10점)

'자동차 할부금 납입표'는 할부원금[B6], 이율(년)[B7], 납입기간(월)[B8]을 이용하여 월납입액[B9]을 계산한 것이다. [데이터 표] 기능을 이용하여 이율(년)과 납입기간(월)의 변동에 따른 월납입액의 변화를 [D13:I21] 영역에 계산하시오.

2. '분석작업-2' 시트에 대하여 다음의 지시사항을 처리하시오. (10점)

[부분합] 기능을 이용하여 '도시락 판매 현황' 표에 〈그림〉과 같이 구분별로 '입고량', '판매량', '재고량'의 평균과 '총판매액'의 최대값을 계산하시오.

▶ 정렬은 '구분'을 기준으로 오름차순으로 처리하시오.
▶ 평균과 최대값은 위에 명시된 순서대로 처리하시오.

	A	B	C	D	E	F	G	H
1	도시락 판매 현황							
2								
3	구분	도시락명	열량(kcal)	판매가	입고량	판매량	재고량	총판매액
4	건강	쇠고기미역국	460	4,200	120	112	8	470,400
5	건강	건강현미정식	389	4,600	100	92	8	423,200
6	건강	곤드레나물밥	426	6,300	100	93	7	585,900
7	건강 최대							585,900
8	건강 평균				107	99	8	
9	스페셜	명품한정식	623	7,800	60	45	15	351,000
10	스페셜	일품오리구이	397	6,300	70	64	6	403,200
11	스페셜	한우갈비구이	504	8,000	50	42	8	336,000
12	스페셜	황제해물찜	582	7,600	70	64	6	486,400
13	스페셜 최대							486,400
14	스페셜 평균				63	54	9	
15	일반	불고기덮밥	512	4,500	100	87	13	391,500
16	일반	등심돈까스	486	4,700	120	107	13	502,900
17	일반	제육쌈밥	481	5,200	150	145	5	754,000
18	일반	김치볶음밥	414	4,000	150	149	1	596,000
19	일반	오므라이스	375	4,800	100	89	11	427,200
20	일반	삼겹살구이	577	5,800	120	118	2	684,400
21	일반 최대							754,000
22	일반 평균				123	116	8	
23	전체 최대값							754,000
24	전체 평균				101	93	8	

문제4 기타작업(20점) 주어진 시트에서 다음 과정을 수행하고 저장하시오.

1 '매크로작업' 시트의 [표]에서 다음과 같은 기능을 수행하는 매크로를 현재 통합 문서에 작성하고 실행하시오. (각 5점)

① [F4:F9] 영역에 장소별 화재 발생건수의 합계를 계산하는 매크로를 생성하여 실행하시오.
  ▶ 매크로 이름 : 합계
  ▶ SUM 함수 사용
  ▶ [개발 도구] → [삽입] → [양식 컨트롤]의 '단추(□)'를 동일 시트의 [B11:C12] 영역에 생성하고, 텍스트를 "합계"로 입력한 후 단추를 클릭할 때 '합계' 매크로가 실행되도록 설정하시오.

② [A3:F3] 영역에 채우기 색을 '표준 색 – 연한 녹색'으로 적용하는 매크로를 생성하여 실행하시오.
  ▶ 매크로 이름 : 서식
  ▶ [도형] → [사각형]의 '사각형: 둥근 모서리'(□)를 동일 시트의 [D11:E12] 영역에 생성하고, 텍스트를 "서식"으로 입력한 후 도형을 클릭할 때 '서식' 매크로가 실행되도록 설정하시오.

※ 셀 포인터의 위치에 상관없이 현재 통합 문서에서 매크로가 실행되어야 정답으로 인정됨

2 '차트작업' 시트의 차트에서 다음 지시사항에 따라 아래 〈그림〉과 같이 차트를 수정하시오. (각 2점)

※ 차트는 반드시 문제에서 제공한 차트를 사용하여야 하며, 신규로 작성 시 0점 처리됨

① 학생명별 '평균'이 차트에 표시되도록 데이터 범위를 추가하고, '행/열 전환'을 지정하시오.
② '평균' 계열의 차트 종류를 '표식이 있는 꺾은선형'으로 변경하고, 선의 너비 '4pt', 선 스타일 '완만한 선'으로 지정하시오.
③ 차트 제목을 '차트 위'로 추가하여 〈그림〉과 같이 입력하고, 세로(값) 축의 표시 형식은 '숫자', 소수 자릿수는 '1'로 지정하시오.
④ '평균' 계열의 데이터 레이블 '항목 이름', '값'을 표시하고, 레이블의 위치를 '위쪽'으로 지정하시오.
⑤ 범례는 '오른쪽'에 배치한 후 도형 스타일을 '미세 효과 – 파랑, 강조 1'로 지정하고, '기본 주 세로' 눈금선을 표시하시오.

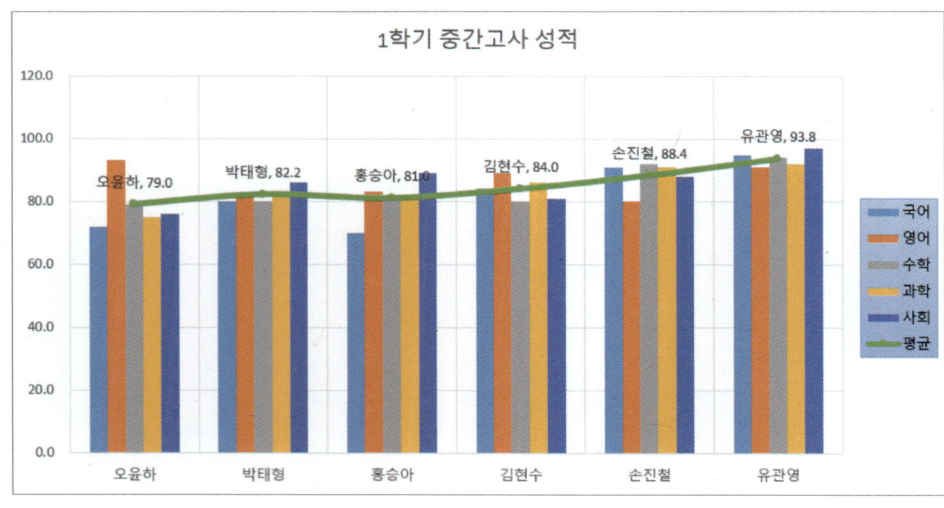

정답 & 해설 실전 모의고사 03회

문제1 기본작업

1 자료 입력

정답

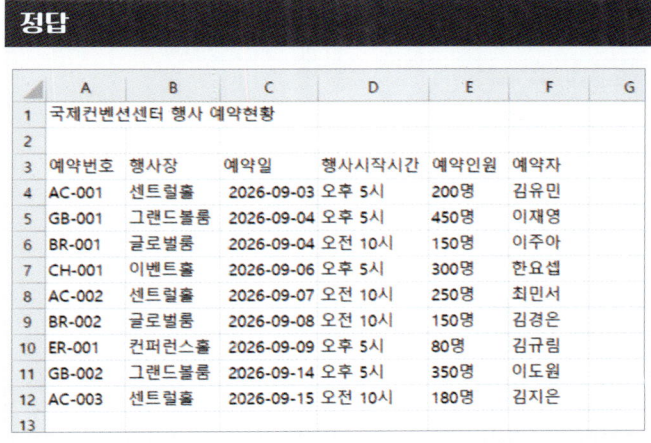

[A3:F12] 셀까지 문제를 보고 오타 없이 작성한다.

2 서식 지정

정답

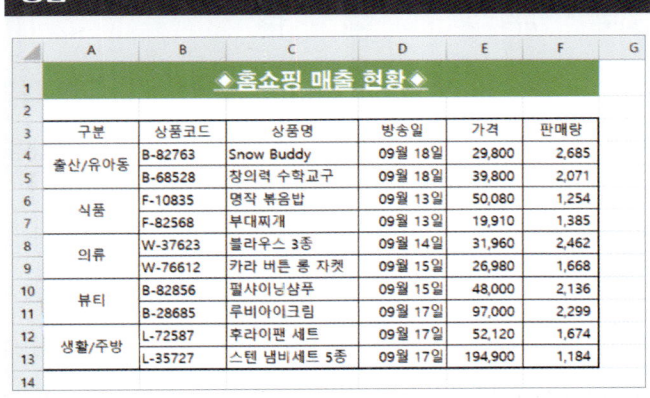

① [A1] 셀을 선택한 후 수식 입력줄 '홈' 앞에 ㅁ을 입력한 후 키보드의 [한자]를 누르고 ▸을 클릭하여 모두 표시한 후에 '◆'를 클릭한다.

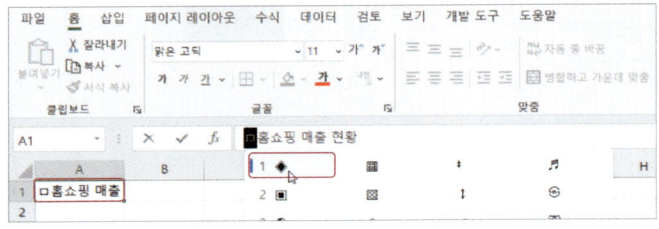

② 같은 방법으로 '황' 뒤에 ㅁ을 입력한 후 키보드의 [한자]를 누르고 ▸을 클릭하여 '◆'를 클릭한다.

③ [A1:F1] 영역을 범위 지정한 후 [홈]-[맞춤] 그룹의 [병합하고 가운데 맞춤](圖)을 클릭하고, [홈]-[스타일] 그룹에서 [셀 스타일]의 '녹색, 강조색6'을 클릭한 후 글꼴은 'HY견고딕', 크기는 '17', 밑줄은 '이중 밑줄'을 선택한다.

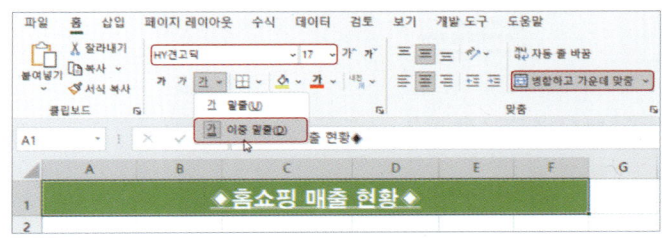

④ 1행에서 마우스 오른쪽 버튼을 눌러 [행 높이]를 클릭한다.

⑤ [행 높이]에 28을 입력하고 [확인]을 클릭한다.

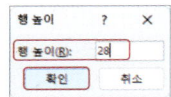

⑥ [Ctrl]을 이용하여 [A4:A5], [A6:A7], [A8:A9], [A10:A11], [A12:A13] 영역을 범위 지정한 후 [홈]-[맞춤] 그룹의 [병합하고 가운데 맞춤](圖)을 클릭한다.

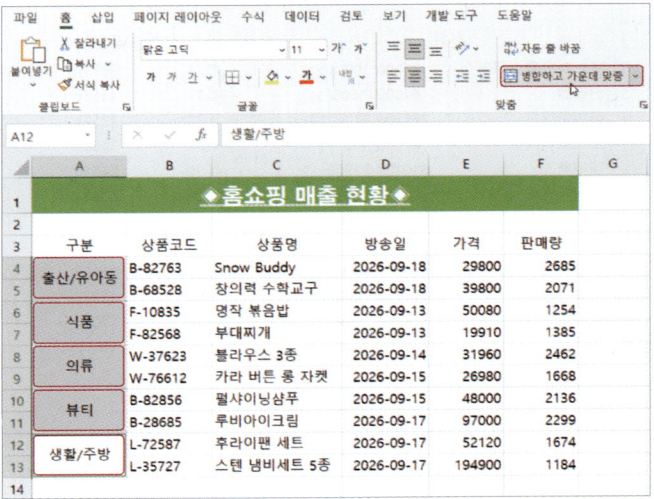

⑦ [E4:F13] 영역을 범위 지정한 후 [홈]-[표시 형식] 그룹의 [쉼표 스타일](,)을 클릭한다.

⑧ [D4:D13] 영역을 범위 지정한 후 마우스 오른쪽 버튼을 눌러 [셀 서식]을 클릭한 후 [표시 형식] 탭에서 '사용자 지정'에 mm"월" dd"일"를 입력한 후 [확인]을 클릭한다.

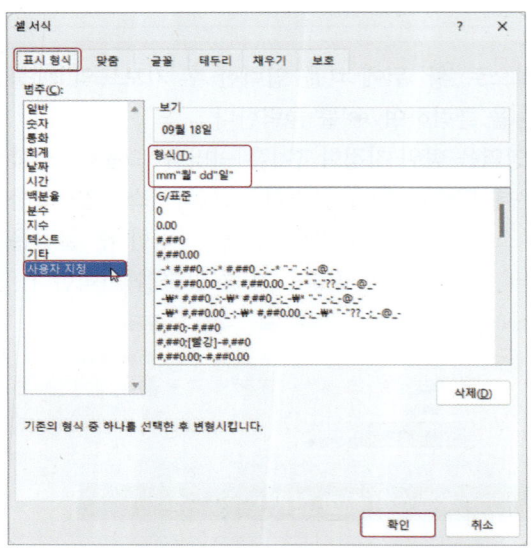

⑨ [A3:F13] 영역을 범위 지정한 후 [홈]-[글꼴] 그룹에서 [테두리](⊞ ▾) 도구의 [모든 테두리](⊞)를 클릭한다.

⑩ 다시 한 번 [홈]-[글꼴] 그룹에서 [테두리](⊞ ▾) 도구의 [굵은 바깥쪽 테두리](▢)를 클릭한다.

3 텍스트 나누기

정답

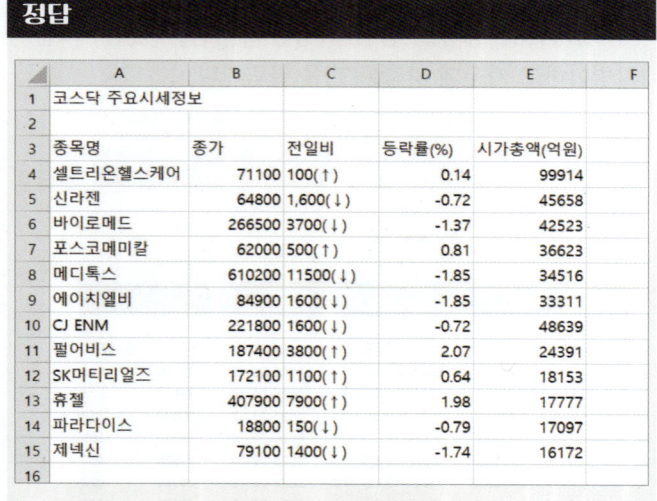

① [A3:A15] 영역을 범위 지정한 후 [데이터]-[데이터 도구] 그룹에서 [텍스트 나누기](📑)를 클릭한다.

② [1단계]에서 '구분 기호로 분리됨'을 선택하고 [다음]을 클릭한다.

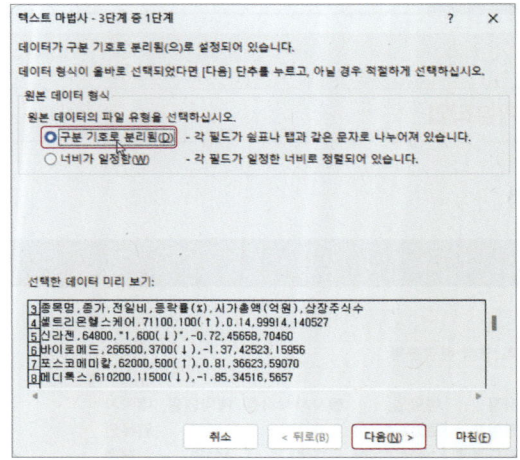

③ [2단계]에서 '쉼표'를 체크하고 [다음]을 클릭한다.

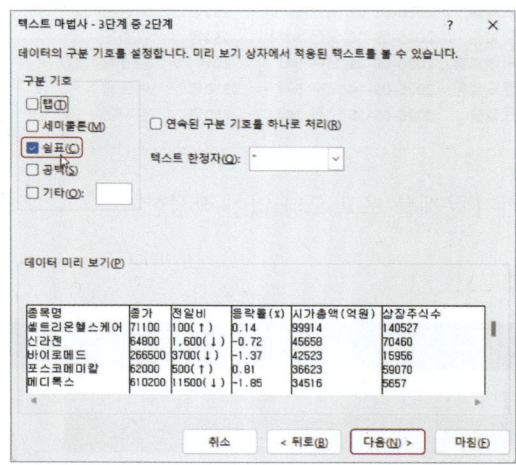

④ [3단계]에서 '상장주식수'를 선택하고 '열 가져오지 않음(건너뜀)'을 선택하고 [마침]을 클릭한다.

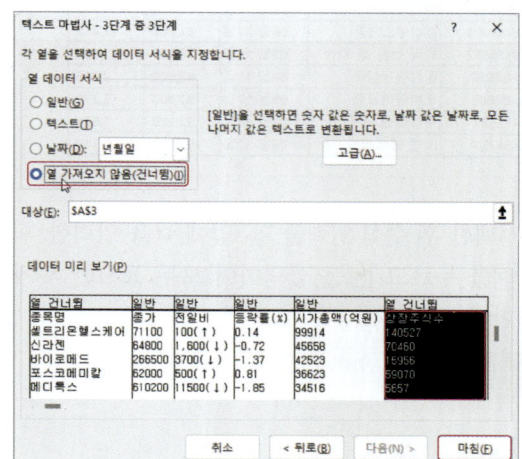

문제2 계산작업

1 제품수[A13]

정답

	A	B	C	D	E
1	[표1]	제품 재고 현황			
2	제품코드	생산원가	입고량	판매량	재고량
3	COD-101	16,500	220	189	31
4	COD-102	19,500	220	207	13
5	COD-103	22,500	220	198	22
6	COD-201	13,500	220	199	21
7	COD-202	15,500	220	170	50
8	COD-203	17,500	220	152	68
9	COD-301	11,500	220	194	26
10	COD-302	14,500	220	201	19
11	COD-303	16,500	220	180	40
12	평균판매량 이상이면서 재고량이 20 미만인 수				
13	2				

[A13] 셀에 =COUNTIFS(D3:D11,">="&AVERAGE(D3:D11),E3:E11,"<20")를 입력한다.

2 평균[K12]

정답

	G	H	I	J	K
1	[표2]	임금지급표			
2	성명	부서명	직위	호봉	기본급
3	김영식	생산부	대리	3	2,198,000
4	유현진	생산부	사원	3	1,856,000
5	한신영	생산부	과장	2	2,477,000
6	박성민	영업부	대리	1	1,964,000
7	전현중	영업부	사원	2	1,697,000
8	강서희	영업부	과장	5	2,897,000
9	임청아	홍보부	대리	3	2,195,000
10	김상호	홍보부	사원	2	1,699,000
11	윤다희	홍보부	과장	4	2,695,000
12	생산부 기본급 평균				2,177,000

[K12] 셀에 =ROUND(DAVERAGE(G2:K11,5,H2:H3),-3)를 입력한다.

3 회원코드[E17:E26]

정답

	A	B	C	D	E
15	[표3]	회원 관리 현황			
16	등록일자	구분	회원명	성별	회원코드
17	2025-03-01	golf	김은수	여	Golf-1
18	2025-03-07	fit	김종숙	여	Fit-7
19	2025-03-07	swim	이선미	여	Swim-7
20	2025-03-11	golf	이정우	남	Golf-11
21	2025-03-15	fit	차형섭	남	Fit-15
22	2025-03-15	fit	최경원	남	Fit-15
23	2025-03-16	golf	한고은	여	Golf-16
24	2025-03-18	swim	홍진영	여	Swim-18
25	2025-03-23	swim	황재윤	남	Swim-23
26	2025-03-30	fit	박신혜	여	Fit-30

[E17] 셀에 =PROPER(B17)&"-"&DAY(A17)를 입력하고 [E26] 셀까지 수식을 복사한다.

4 준결승[J17:J26]

정답

	G	H	I	J	K
15	[표4]	핸드볼 선수권대회			
16	국가	승	패	준결승	
17	대한민국	8	1	진출	
18	중국	4	5		
19	일본	6	3	진출	
20	싱가포르	2	7		
21	인도	3	6		
22	베트남	7	2	진출	
23	홍콩	1	8		
24	쿠웨이트	5	4		
25	카타르	6	3	진출	
26	이란	3	6		

[J17] 셀에 =IF(H17>=LARGE($H$17:$H$26,3),"진출","")를 입력하고 [J26] 셀까지 수식을 복사한다.

5 결과[C30:C38]

정답

	A	B	C	D	E	F	G
28	[표5]	기부 현황			<기준표>		
29	회원코드	사용요금	결과		이상	미만	표시
30	GIV-01	43,690	★★★★		0	200	★
31	GIV-02	34,300	★★		200	400	★★
32	GIV-03	43,840	★★★★★		400	600	★★★
33	GIV-04	28,100	★		600	800	★★★★
34	GIV-05	34,170	★★		800	1,000	★★★★★
35	GIV-06	31,670	★★★★				
36	GIV-07	26,380	★★				
37	GIV-08	31,520	★★★				
38	GIV-09	46,060	★				

[C30] 셀에 =VLOOKUP(MOD(B30,1000),$E$30:$G$34,3)를 입력하고 [C38] 셀까지 수식을 복사한다.

문제3 분석작업

1 데이터 표

정답

	B	C	D	E	F	G	H	I	J
10									
11					납입기간(월)				
12		₩676,648	24	30	36	40	46	50	
13		2.0%	₩1,488,909	₩1,197,048	₩1,002,490	₩905,219	₩791,042	₩730,155	
14		2.5%	₩1,496,614	₩1,204,719	₩1,010,148	₩912,875	₩798,702	₩737,819	
15		3.0%	₩1,504,342	₩1,212,421	₩1,017,842	₩920,571	₩806,408	₩745,535	
16		3.5%	₩1,512,095	₩1,220,152	₩1,025,573	₩928,308	₩814,160	₩753,300	
17	이율(년)	4.0%	₩1,519,872	₩1,227,914	₩1,033,339	₩936,085	₩821,958	₩761,116	
18		4.5%	₩1,527,673	₩1,235,706	₩1,041,142	₩943,902	₩829,803	₩768,982	
19		5.0%	₩1,535,499	₩1,243,528	₩1,048,981	₩951,759	₩837,693	₩776,899	
20		5.5%	₩1,543,348	₩1,251,380	₩1,056,857	₩959,656	₩845,630	₩784,865	
21		6.0%	₩1,551,221	₩1,259,262	₩1,064,768	₩967,593	₩853,613	₩792,882	
22									

① 수익금 계산식을 복사하기 위해 [B9] 셀을 선택한 후 '수식 입력줄'의 수식 '=PMT(B7/12,B8,-B6)'을 드래그하여 범위 지정한 후 Ctrl + C 를 눌러 복사한다.

② 범위 지정한 것을 해제하기 위해서 Esc 를 누른 후 [C12] 셀을 선택한 후 Ctrl + V 를 눌러 붙여넣기를 한다. 또는 =B9를 입력해도 된다.

③ [C12:I21] 영역을 범위 지정한 후 [데이터]-[예측] 그룹의 [가상 분석]-[데이터 표]를 클릭한다.

④ 행에 입력된 납입기간(24, 30, 36, 40, 46, 50)을 [B8] 셀에 대입하고, 열에 입력된 이자율(2.0%, 2.5%, 3.0%, 3.6%, 4.0%, 4.5%, 5.0%, 5.5%, 6%)을 [B7] 셀에 대입하여 계산하기 위해 '행 입력 셀'은 [B8] 셀, '열 입력 셀'은 [B7] 셀을 지정하고 [확인]을 클릭한다.

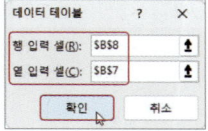

2 부분합

정답

	A	B	C	D	E	F	G	H	I
1			도시락 판매 현황						
2									
3	구분	도시락명	열량(kcal)	판매가	입고량	판매량	재고량	총판매액	
4	건강	쇠고기미역국	460	4,200	120	112	8	470,400	
5	건강	건강현미정식	389	4,600	100	92	8	423,200	
6	건강	곤드래나물밥	426	6,300	100	93	7	585,900	
7	건강 최대							585,900	
8	건강 평균				107	99	8		
9	스페셜	명품한정식	623	7,800	60	45	15	351,000	
10	스페셜	일품오리구이	397	6,300	70	64	6	403,200	
11	스페셜	한우갈비구이	504	8,000	50	42	8	336,000	
12	스페셜	황제해물찜	582	7,600	70	64	6	486,400	
13	스페셜 최대							486,400	
14	스페셜 평균				63	54	9		
15	일반	불고기덮밥	512	4,500	100	87	13	391,500	
16	일반	등심돈까스	486	4,700	120	107	13	502,900	
17	일반	제육쌈밥	481	5,200	150	145	5	754,000	
18	일반	김치볶음밥	414	4,000	150	149	1	596,000	
19	일반	오므라이스	375	4,800	100	89	11	427,200	
20	일반	삼겹살구이	577	5,800	120	118	2	684,400	
21	일반 최대							754,000	
22	일반 평균				123	116	8		
23	전체 최대값							754,000	
24	전체 평균				101	93	8		

① [A3] 셀을 클릭하고 [데이터]-[정렬 및 필터] 그룹의 [텍스트 오름차순 정렬]을 클릭하여 '구분' 별로 오름차순 정렬한다.

② 데이터 안에 마우스 포인터를 두고, [데이터]-[개요] 그룹의 [부분합]을 클릭한다.

③ 다음과 같이 지정하고 [확인]을 클릭한다.

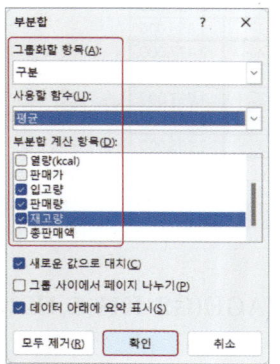

- 그룹화할 항목 : 구분
- 사용할 함수 : 평균
- 부분합 계산 항목 : 입고량, 판매량, 재고량

④ 다시 [데이터]-[개요] 그룹의 [부분합]을 클릭하여 다음과 같이 지정하고 [확인]을 클릭한다.

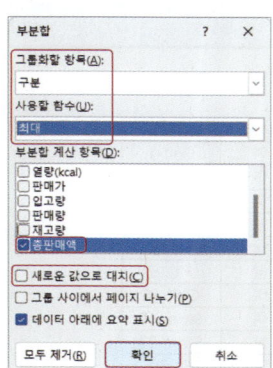

- 그룹화할 항목 : 구분
- 사용할 함수 : 최대
- 부분합 계산 항목 : 총판매액
- '새로운 값으로 대치' 체크 해제

문제4 기타작업

1 매크로

정답

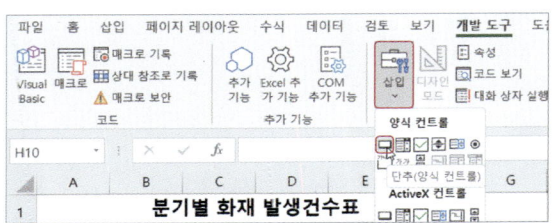

① [개발 도구]-[컨트롤] 그룹의 [삽입]-[단추(양식 컨트롤)(□)]을 클릭한다.

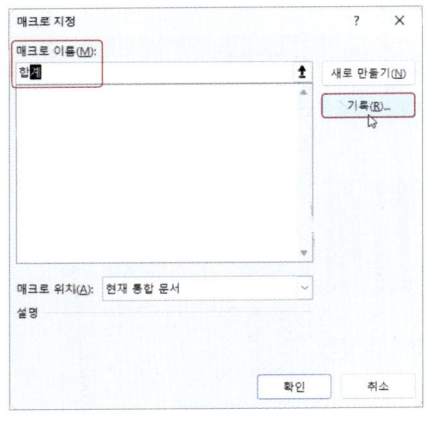

② 마우스 포인터가 '+'로 바뀌고 [B11:C12] 영역에 드래그하면 [매크로 지정] 대화상자가 나타난다.
③ [매크로 지정]에 **합계**를 입력하고 [기록]을 클릭한다.

④ [매크로 기록]에 자동으로 '합계'로 매크로 이름이 표시되면 [확인]을 클릭한다.

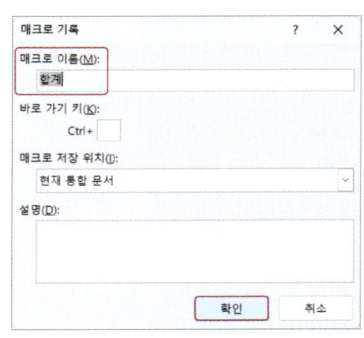

⑤ [B4:F9] 영역을 범위 지정한 후 [수식]-[함수 라이브러리] 그룹에서 [자동 합계]-[합계](Σ)를 클릭한다.

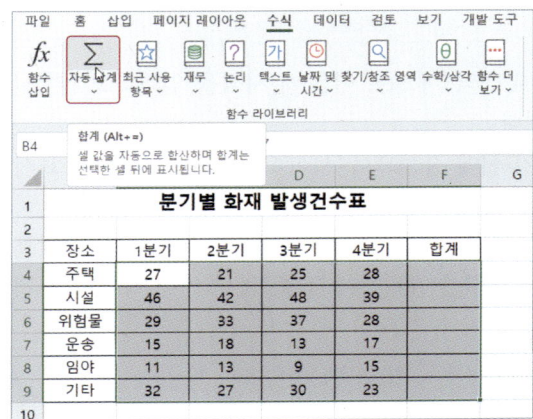

⑥ 임의의 셀을 클릭한 후 매크로 기록을 종료하기 위해 [개발 도구]-[코드] 그룹의 [기록 중지](□)를 클릭한다.
⑦ 단추에 텍스트를 수정하기 위해서 단추에서 마우스 오른쪽 버튼을 눌러 [텍스트 편집]을 클릭한다.
⑧ 단추에 입력된 '단추 1'을 지우고 **합계**를 입력한다.
⑨ [삽입]-[일러스트레이션] 그룹에서 [도형]-[사각형]의 '사각형: 둥근 모서리'(□)를 클릭한다.
⑩ 마우스 포인터가 '+'로 바뀌면 [D11:E12] 영역에 드래그한다.

⑪ '사각형: 둥근 모서리'(☐) 도형에서 마우스 오른쪽 버튼을 눌러 [매크로 지정]을 클릭한다.

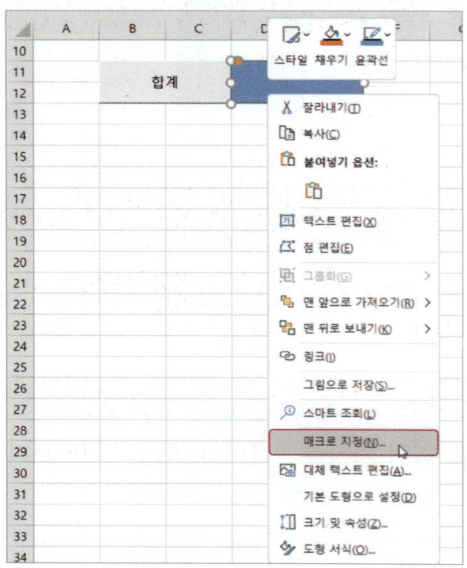

⑫ [매크로 지정]의 '매크로 이름'에 **서식**을 입력하고 [기록]을 클릭한다.
⑬ [매크로 기록]에 자동으로 '서식'으로 매크로 이름이 표시되면 [확인]을 클릭한다.
⑭ [A3:F3] 영역을 범위 지정한 후 [홈]-[글꼴] 그룹의 [채우기](🎨) 도구를 클릭하여 '표준 색 – 연한 녹색'을 선택한다.

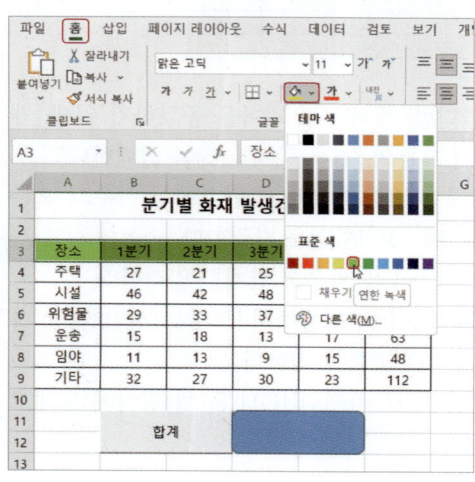

⑮ 매크로 기록을 종료하기 위해 [개발 도구]-[코드] 그룹의 [기록 중지(☐)]를 클릭한다.
⑯ '사각형: 둥근 모서리'(☐) 도형에서 마우스 오른쪽 버튼을 눌러 [텍스트 편집]을 클릭한 후 **서식**을 입력한다.

2 차트

정답

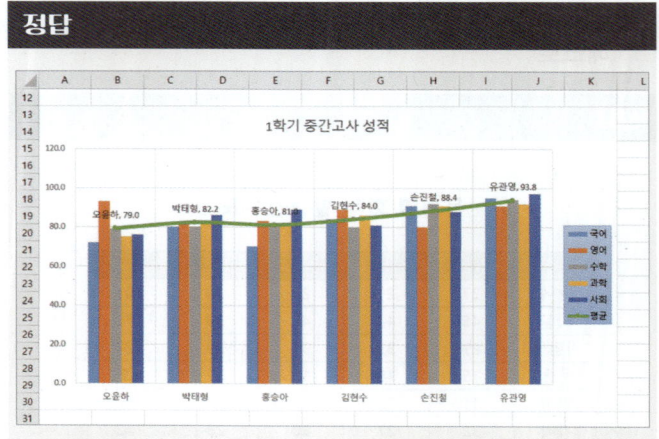

① [H3:H9] 영역을 범위 지정한 후 Ctrl+C를 눌러 복사한 후 차트를 선택한 후 Ctrl+V를 눌러 붙여넣기를 한다.
② 차트를 선택한 후 [차트 디자인]-[데이터] 그룹에서 [행/열 전환]을 클릭한다.

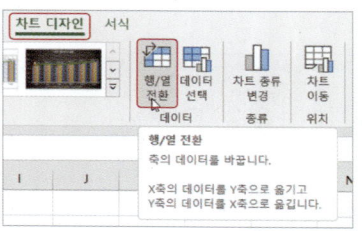

③ '평균' 계열에서 마우스 오른쪽 버튼을 눌러 [계열 차트 종류 변경]을 클릭한 후 '혼합'에서 '평균' 계열을 선택한 후 '표식이 있는 꺾은선형'을 선택하고 [확인]을 클릭한다.

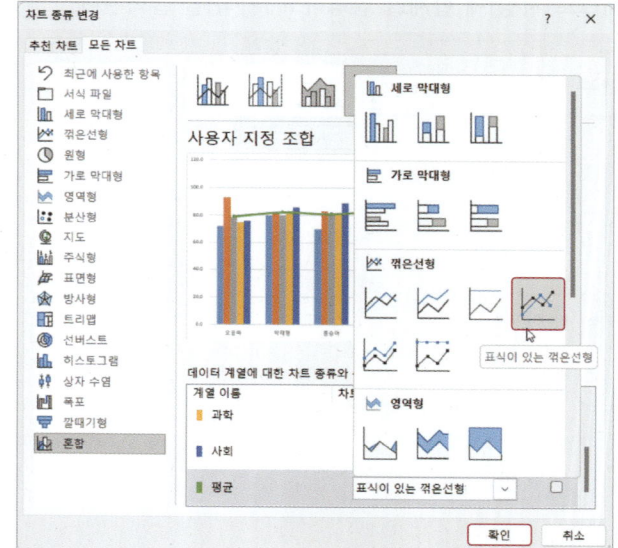

④ 꺾은선형 '평균' 계열을 선택한 후 마우스 오른쪽 버튼을 눌러 [데이터 계열 서식]을 클릭한 후 '선'의 너비는 4, '완만한 선'을 체크한다.

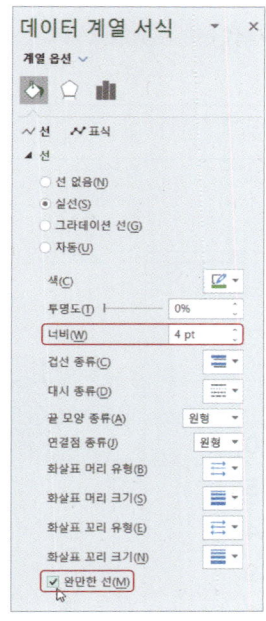

⑤ 차트를 선택한 후 [차트 요소](+)-[차트 제목]을 선택한 후 **1학기 중간고사 성적**을 입력한다.
⑥ 세로(값) 축을 선택한 후 [축 서식]의 [축 옵션]에서 '표시 형식'을 선택한 후 범주는 '숫자', 소수 자릿수는 '1'로 지정한다.

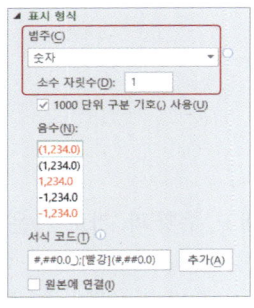

⑦ '평균' 계열을 선택한 후 [차트 요소](+)-[데이터 레이블]-[위쪽]을 클릭한다.

⑧ '데이터 레이블'을 선택한 후 [데이터 레이블 서식]의 [레이블 옵션]에서 '항목 이름'을 추가한다.

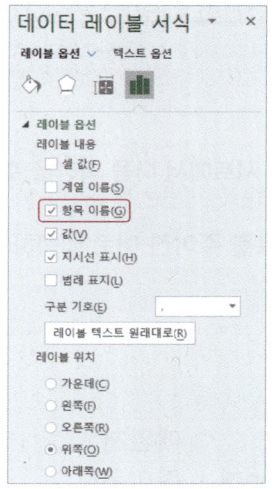

⑨ 차트를 선택한 후 [차트 요소](+)-[범례]-[오른쪽]을 체크한다.
⑩ '범례'를 선택한 후 [서식]-[도형 스타일]에서 '미세 효과 - 파랑, 강조1'을 선택한다.

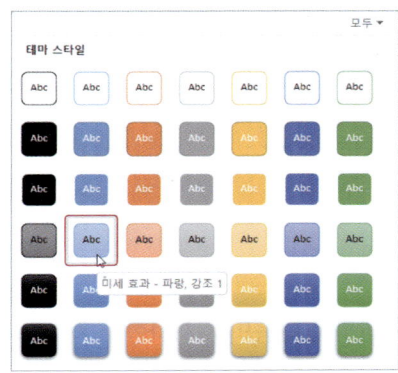

⑪ 차트를 선택한 후 [차트 요소](+)-[눈금선]-[기본 주 세로]를 체크한다.

실전 모의고사 04회

작업파일 : '26컴활2급(기출)₩실전모의고사'에서 '실전모의고사4회' 파일을 열어 작업하세요.

문제1 기본작업(20점) 주어진 시트에서 다음 과정을 수행하고 저장하시오.

1 '기본작업-1' 시트에 다음의 자료를 주어진 대로 입력하시오. (5점)

	A	B	C	D	E	F	G
1	제품별 매입 대장						
2							
3	제품코드	제품명	매입처	전화번호	매입단가	매입수량	
4	PA-500	A4용지 500매	종이물산	222-9999	21500	20	
5	LA-234	주소용 라벨지	라벨나라	424-9878	18500	15	
6	TA-287	3M테이프	한가람문고	525-8741	2900	54	
7	BID-587	3공링바인더	드림디포	790-7970	2800	39	
8	INK-001	잉크(흑색)	대한문고	2234-9087	2100	21	
9	WH-301	화이트보드#23	우주서적	325-7788	15600	50	
10	ST-701	접착제$45	상공접착제	7865-0099	5600	55	
11	TH-1120	스템프*200	가요물산	5437-8890	2130	12	
12	TH-R332	인주(적색)	과학나라	031-234-6645	1750	55	
13	EV-L2201	봉투(대형)	한국제일봉투	043-6675-5463	23400	10	
14							

2 '기본작업-2' 시트에 대하여 다음의 지시사항을 처리하시오. (각 2점)

① [B1:H1] 영역은 '병합하고 가운데 맞춤', 글꼴은 '새굴림', 크기는 '18'로 지정하시오.
② [B12:C12], [B13:C13] 영역은 '병합하고 가운데 맞춤'으로 [B3:H3] 영역은 채우기 색을 '표준 색 – 주황'과 '가로 가운데 맞춤'을 지정하시오.
③ [D4:G13] 영역은 표시 형식을 '쉼표 스타일'을 [H4:H13] 영역은 사용자 지정 서식을 이용하여 숫자 뒤에 "원"을 표시하되, 셀 값이 0일 경우에는 "0원"으로 표시하시오. [표시 예 : 1000 → 1,000원]
④ [H11] 셀에 "최저 판매 영업소"라는 메모를 삽입한 후 '자동 크기'로 지정하고, 항상 표시되도록 하시오.
⑤ [B3:H13] 영역은 '모든 테두리'(⊞)와 '굵은 바깥쪽 테두리'(□), [G13], [H12] 셀은 대각선(×)으로 적용하여 표시하시오.

3 '기본작업-3' 시트에 대하여 다음의 지시사항을 처리하시오. (5점)

▶ [A4:I15] 영역에 대해 성별이 '여'이면서 총점이 70 이상인 행 전체의 글꼴 색을 '표준 색 – 파랑'을 지정하는 조건부 서식을 작성하시오.
▶ AND 함수 사용
▶ 단, 규칙 유형은 '수식을 사용하여 서식을 지정할 셀 결정'을 사용하고, 한 개의 규칙으로만 작성하시오.

문제2 계산작업(40점) '계산작업' 시트에서 다음 과정을 수행하고 저장하시오.

1 [표1]에서 모델명[B3:B11]을 이용하여 색상[D3:D11]을 표시하시오. (8점)

- 모델명의 오른쪽 두 문자가 "BR"이면 "갈색", "BL"이면 "검정색", "WH"이면 "흰색"으로 표시
- IF와 RIGHT 함수 사용

2 [표2]에서 영어, 전산 [H3:I11] 모두 70점 이상인 인원수를 [K4] 셀에 표시하시오. (8점)

- 숫자 뒤에 "명"을 표시 [표시 예 : 2명]
- SUMIFS, COUNTIFS, AVERAGEIFS 중 알맞은 함수와 & 연산자 사용

3 [표3]에서 합계[D15:D23]가 가장 높은 3명은 "1등", "2등", "3등" 순으로 그 외에는 공백을 등수[E15:E23]에 표시하시오. (8점)

- IF와 RANK.EQ 함수 사용

4 [표4]에서 상품코드[G15:G23]와 상품명[H15:H23], 상품단가표[L15:M17]을 이용하여 판매금액[J15:J23]을 계산하시오. (8점)

- 상품번호는 상품코드의 왼쪽의 3글자, '-'와 상품명의 마지막 1글자를 조합하여 작성
- VLOOKUP, LEFT, RIGHT 함수와 & 연산자 사용
- 판매금액 = 판매량 × 단가

5 [표5]에서 소속지점[B27:B34]이 "서울"이면서 컴퓨터[D27:D34]가 100 이상인 컴퓨터[D27:D34] 평균을 [H29] 셀에 계산하시오. (8점)

- 조건은 [F28:G29] 영역에 입력
- DSUM, DCOUNT, DAVERAGE 중 알맞은 함수를 선택하여 사용

문제3 분석작업(20점) 주어진 시트에서 다음 과정을 수행하고 저장하시오.

1 '분석작업-1' 시트에 대하여 다음의 지시사항을 처리하시오. (10점)

'제품별 판매 현황' 표에서 원가비율[B15]이 다음과 같이 변동하는 경우 순이익합계[G13]의 변동 시나리오를 작성하시오.

- 셀 이름 정의 : [B15] 셀은 '원가비율', [G13] 셀은 '순이익합계'로 정의하시오.
- 시나리오1 : 시나리오 이름은 '원가비율증가', 원가비율을 30%로 설정하시오.
- 시나리오2 : 시나리오 이름은 '원가비율인하', 원가비율을 20%로 설정하시오.
- 위 시나리오에 의한 '시나리오 요약' 보고서는 '분석작업-1' 시트 바로 앞에 위치시키시오.
※ 시나리오 요약 보고서 작성 시 정답과 일치하여야 하며, 오자로 인한 부분점수는 인정하지 않음

② '분석작업-2' 시트에 대하여 다음의 지시사항을 처리하시오. (10점)

'대출자금 월상환금액' 표는 대출금[C3], 대출기간[C5], 연이율[C4]을 이용하여 월상환액[C6]을 계산한 것이다. '데이터 표' 기능을 이용하여 대출기간, 연이율의 변동에 따른 월납입액의 변화를 [D11:J16] 영역에 계산하시오.

문제4 기타작업(20점) 주어진 시트에서 다음 과정을 수행하고 저장하시오.

① '매크로작업' 시트에서 다음과 같은 기능을 수행하는 매크로를 현재 통합 문서에 작성하고 실행하시오. (각 5점)

① [C11:F11] 영역에 평균을 계산하는 매크로를 생성하여 실행하시오.
▶ 매크로 이름 : 평균
▶ AVERAGE 함수 사용
▶ [도형] → [기본 도형]의 '배지'(◯)를 동일 시트의 [H3:I4] 영역에 생성한 후 텍스트를 "평균"으로 입력하고, 도형을 클릭할 때 '평균' 매크로가 실행되도록 설정하시오.

② [C4:F10] 영역에 셀 스타일의 '쉼표 [0]'을 지정하는 매크로를 생성하여 실행하시오.
▶ 매크로 이름 : 서식
▶ [개발 도구] → [삽입] → [양식 컨트롤]의 '단추'(□)를 동일 시트의 [H6:I7] 영역에 생성한 후 텍스트를 "서식"으로 입력하고, 도형을 클릭할 때 '서식' 매크로가 실행되도록 설정하시오.
※ 셀 포인터의 위치에 상관없이 현재 통합 문서에서 매크로가 실행되어야 정답으로 인정됨

② '차트작업' 시트에서 다음 지시사항에 따라 〈그림〉과 같이 차트를 수정하시오. (각 2점)

※ 차트는 반드시 문제에서 제공한 차트를 사용하여야 하며, 신규로 작성 시 0점 처리됨
① 성명별로 '신장'과 '체중' 계열만 차트에 표시되도록 데이터 범위를 지정하시오.
② 차트 종류를 '묶은 가로 막대형'으로 변경하시오.
③ 차트 제목을 〈그림〉과 같이 입력한 후 글꼴은 '굴림', 크기를 '20'으로 지정하고, 세로 축 제목을 〈그림〉과 같이 입력하시오.
④ 가로 축의 최소값과 기본 단위를 〈그림〉과 같이 지정하시오.
⑤ 차트 영역의 테두리 스타일은 '둥근 모서리', '오프셋 : 오른쪽 아래' 그림자를 지정하시오.

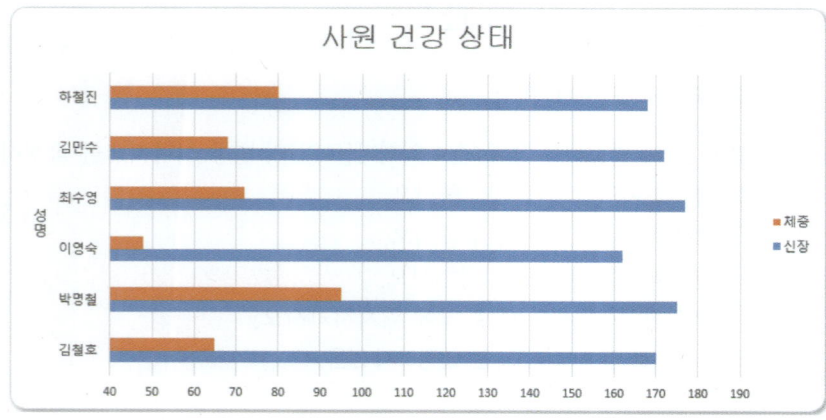

정답 & 해설 실전 모의고사 04회

문제1 기본작업

1 자료 입력

정답

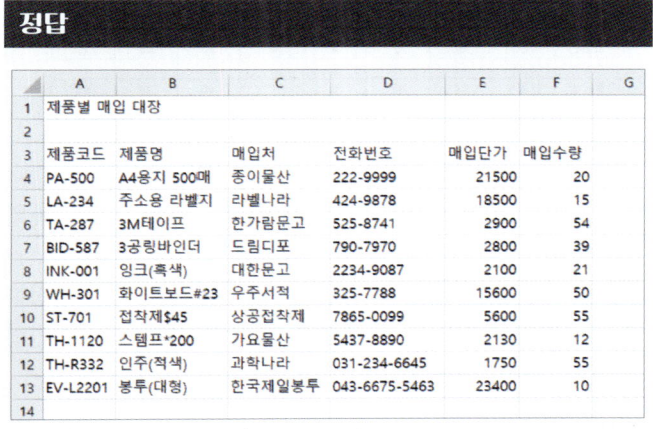

[A3:F13] 셀까지 문제를 보고 오타 없이 작성한다.

2 서식 지정

정답

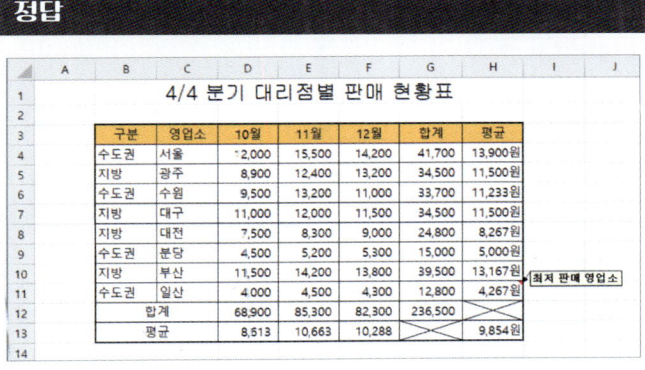

① [B1:H1] 영역을 범위 지정한 후 [홈]-[맞춤] 그룹에서 [병합하고 가운데 맞춤](🖽)을 클릭하고, [글꼴] 그룹에서 글꼴은 '새굴림', 크기는 '18'을 선택한다.

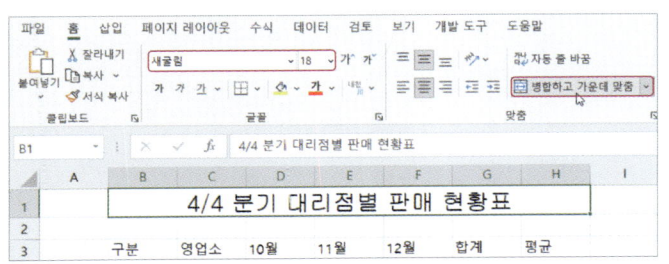

② [B12:C12], [B13:C13] 영역을 범위 지정한 후 [홈]-[맞춤] 그룹에서 [병합하고 가운데 맞춤](🖽)을 클릭한다.

③ [B3:H3] 영역을 범위 지정한 후 [홈]-[글꼴] 그룹에서 [채우기 색](🎨▼) 도구를 클릭하고 '표준 색 - 주황'을 선택하고, [홈]-[맞춤] 그룹에서 [가운데 맞춤](≡)을 클릭한다.

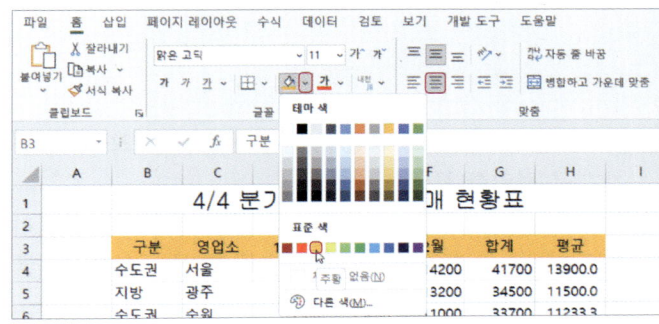

④ [D4:G13] 영역을 범위 지정한 후 [홈]-[표시 형식] 그룹에서 [쉼표 스타일](,)을 클릭한다.

⑤ [H4:H13] 영역을 범위 지정한 후 마우스 오른쪽 버튼을 눌러 [셀 서식]을 클릭한 후 [표시 형식] 탭에서 '사용자 지정'을 선택하고 #,##0원을 입력하고 [확인]을 클릭한다.

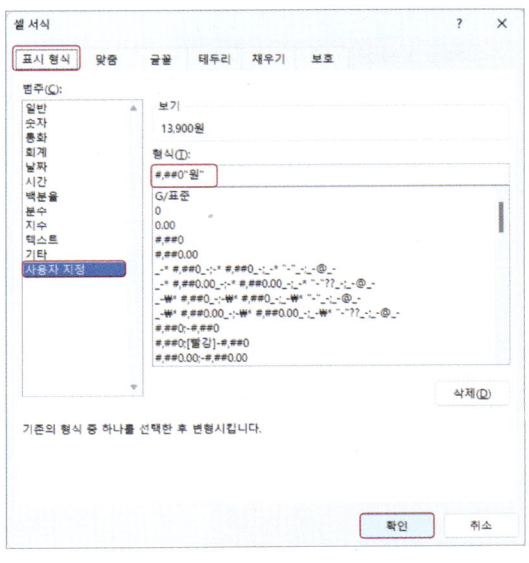

⑥ [H11] 셀에서 마우스 오른쪽 버튼을 눌러 [메모 삽입]을 클릭하여 기존 사용자 이름을 지우고 **최저 판매 영업소**를 입력한다.

⑦ 메모 상자 경계라인에서 마우스 오른쪽 버튼을 눌러 [메모 서식]을 클릭하여 [맞춤] 탭에서 '자동 크기'를 체크하고 [확인]을 클릭한다.

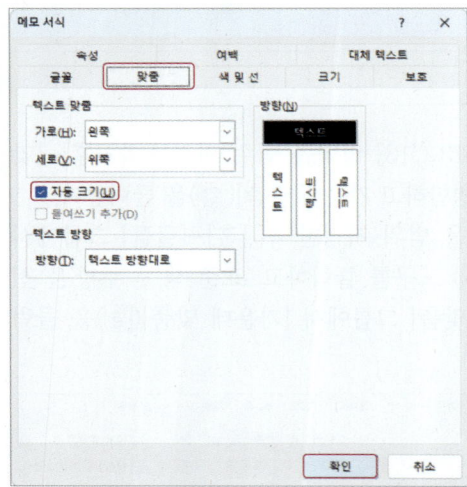

⑧ [H11] 셀에서 마우스 오른쪽 버튼을 눌러 [메모 표시/숨기기]를 클릭한다.
⑨ [B3:H13] 영역을 범위 지정한 후 [홈]-[글꼴] 그룹에서 [테두리](⊞ ▼) 도구의 [모든 테두리](⊞)를 클릭한 후 [굵은 바깥쪽 테두리](⊞)을 클릭한다.
⑩ [G13], [H12] 셀을 선택한 후 마우스 오른쪽 버튼을 눌러 [셀 서식]을 클릭한 후 [테두리] 탭에서 대각선(╱, ╲)을 각각 클릭한 후 [확인]을 클릭한다.

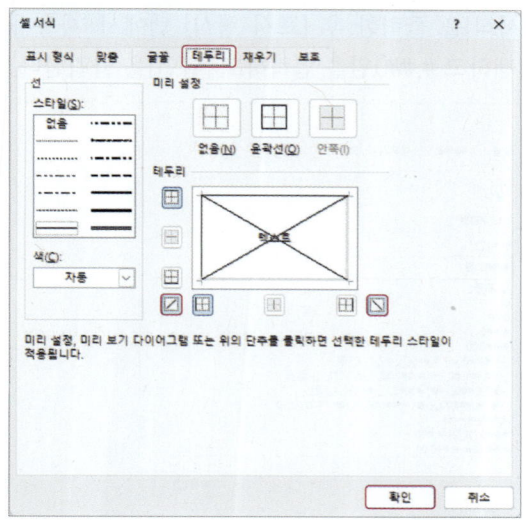

3 조건부 서식

정답

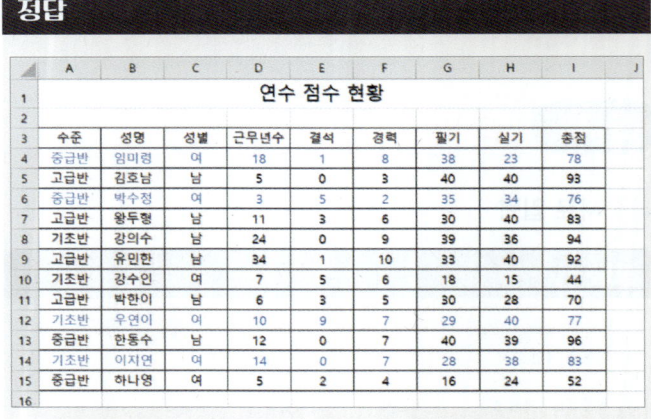

① [A4:I15] 영역을 범위 지정한 후 [홈]-[스타일] 그룹의 [조건부 서식]-[새 규칙]을 클릭한다.
② [새 서식 규칙]에서 '▶ 수식을 사용하여 서식을 지정할 셀 결정'을 선택하고, =AND($C4="여", $I4>=70)를 입력한 후 [서식]을 클릭한다.

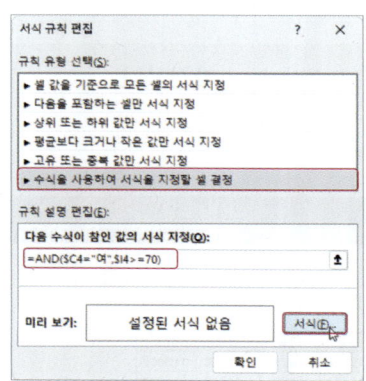

③ [글꼴] 탭에서 색은 '표준 색 - 파랑'을 선택하고 [확인]을 클릭한다.
④ [새 서식 규칙]에서 [확인]을 클릭한다.

문제2 계산작업

1 색상[D3:D11]

정답

	A	B	C	D	E
1	[표1]	중고차 시세표			
2	년수	모델명	가격(만원)	색상	
3	H9	H0301BL	358	검정색	
4	H10	K0202WH	473	흰색	
5	H9	B9803WH	475	흰색	
6	H3	H9904BL	479	검정색	
7	H7	K0305BR	580	갈색	
8	H8	G0106BR	555	갈색	
9	H5	P0404BL	450	검정색	
10	H6	K0909WH	380	흰색	
11	H8	G0505BL	290	검정색	
12					

[D3] 셀에 =IF(RIGHT(B3,2)="BR","갈색",IF(RIGHT(B3,2)="BL","검정색",IF(RIGHT(B3,2)="WH","흰색")))를 입력하고 [D11] 셀까지 수식을 복사한다.

> **기적의 TIP**
> =IF(RIGHT(B3,2)="BR","갈색",IF(RIGHT(B3,2)="BL","검정색","흰색"))로 작성해도 된다.

2 인원수[K4]

정답

	F	G	H	I	J	K	L
1	[표2]	직원 승진시험 현황					
2	성명	소속	영어	전산			
3	김진국	경리부	87	65		인원수	
4	박동희	관리부	64	70		3명	
5	서영수	영업부	72	60			
6	강남영	경리부	70	66			
7	명운수	경리부	86	83			
8	이성철	관리부	72	78			
9	김소연	경리부	70	88			
10	최고수	경리부	68	60			
11	구민정	영업부	87	67			
12							

[K4] 셀에 =COUNTIFS(H3:H11,">=70",I3:I11,">=70")&"명"를 입력한다.

> **함수 설명**
> [H3:H11] 영역에서 70점 이상이고, [I3:I11] 영역에서 70점 이상인 개수를 구하여 '명'을 붙여서 표시

3 등수[E15:E23]

정답

	A	B	C	D	E	F
13	[표3]	중간평가 현황				
14	성명	영어	수학	합계	등수	
15	김수정	73	80	153		
16	박정호	90	90	180	3등	
17	최아름	68	64	132		
18	박진수	82	78	160		
19	이영호	91	92	183	2등	
20	권민수	83	79	162		
21	이강호	78	70	148		
22	박동희	94	94	188	1등	
23	서영수	88	85	173		
24						

[E15] 셀에 =IF(RANK.EQ(D15,$D$15:$D$23)=1,"1등",IF(RANK.EQ(D15,$D$15:$D$23)=2,"2등",IF(RANK.EQ(D15,$D$15:$D$23)=3,"3등","")))를 입력하고 [E23] 셀까지 수식을 복사한다.

> **함수 설명**
> ❶ RANK.EQ(D15,$D$15:$D$23) : [D15] 셀 값이 [D15:D23] 영역에서 순위를 구함
>
> =IF(❶=1,"1등",IF(❶=2,"2등",IF(❶=3,"3등",""))) : ❶의 값이 1이면 '1등', ❶의 값이 2이면 '2등', ❶의 값이 3이면 '3등', 그 외는 공백으로 표시

4 판매금액[J15:J23]

정답

	G	H	I	J	K	L	M	N
13	[표4]	하반기 프린터 판매 현황		(단위:천원)		상품 단가표		
14	상품코드	상품명	판매량	판매금액		상품번호	단가	
15	INK-1200	잉크젯A	1,220	183,000		INK-A	150	
16	PRL-100	레이저B	650	520,000		PRL-B	800	
17	INK-2000	잉크젯A	552	82,800		PRC-C	2,500	
18	PRL-100	레이저B	321	256,800				
19	PRC-300	레이저C	172	430,000				
20	INK-3000	잉크젯A	350	52,500				
21	PRL-200	레이저B	290	232,000				
22	PRC-400	레이저C	310	775,000				
23	PRL-300	레이저B	710	568,000				
24								

[J15] 셀에 =VLOOKUP(LEFT(G15,3)&"-"&RIGHT(H15,1),$L$15:$M$17,2,0)*I15를 입력하고 [J23] 셀까지 수식을 복사한다.

함수 설명

❶ LEFT(G15,3) : 상품코드[G15]의 왼쪽에서부터 시작하여 3글자를 추출

❷ RIGHT(H15,1) : 상품명[H15]의 오른쪽에서부터 시작하여 1글자를 추출

=VLOOKUP(❶&"-"&❷,$L$15:$M$17,2,0) : ❶&"-"&❷의 값을 [L15:M17] 영역의 첫 번째 열에서 찾아 2번째 열에서 정확하게 일치하는 값을 찾아옴

5 컴퓨터 평균판매수[H29]

정답

	A	B	C	D	E	F	G	H	I	J
25	[표5]	9월 사원별 판매실적								
26	사원명	소속지점	TV	컴퓨터						
27	이순엽	서울	342	890						
28	김한수	서울	450	560		소속지점	컴퓨터	컴퓨터 평균판매수		
29	박재홍	광주	122	210		서울	>=100	600		
30	위재영	광주	512	56						
31	이병규	서울	154	78						
32	양준혁	서울	340	350						
33	송진우	서울	78	89						
34	조규수	광주	76	121						
35										

① [F28:G29] 영역에 다음과 같이 **조건**을 입력한다.

	E	F	G
27			
28		소속지점	컴퓨터
29		서울	>=100
30			

② [H29] 셀에 =DAVERAGE(A26:D34,D26,F28:G29)를 입력한다.

함수 설명

[A26:D36] 영역에서 [F28:G29] 영역의 조건에 만족한 데이터의 [D]열의 컴퓨터 평균을 구함

문제3 분석작업

1 시나리오

정답

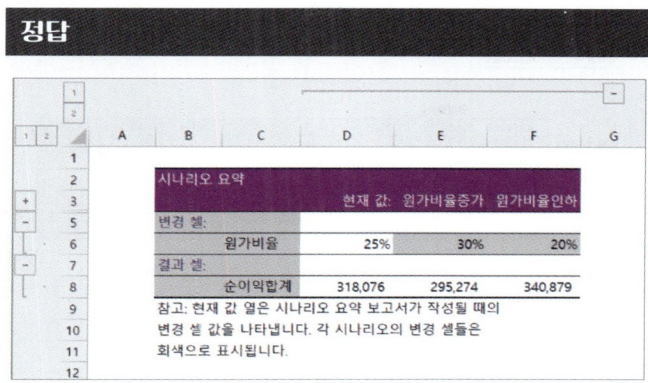

① [B15] 셀을 클릭하고 '이름 상자'에 **원가비율**을 입력하고 Enter 를 누른다.

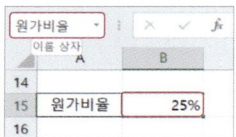

② [G13] 셀을 클릭하고 '이름 상자'에 **순이익합계**를 입력하고 Enter 를 누른다.
③ [B15] 셀을 선택한 후 [데이터]-[예측] 그룹의 [가상 분석]-[시나리오 관리자]를 클릭한다.
④ [시나리오 관리자]에서 [추가]를 클릭한다.
⑤ [시나리오 추가]에서 '시나리오 이름'은 **원가비율증가**를 입력하고, '변경 셀'은 [B15] 셀을 지정한 후 [확인]을 클릭한다.

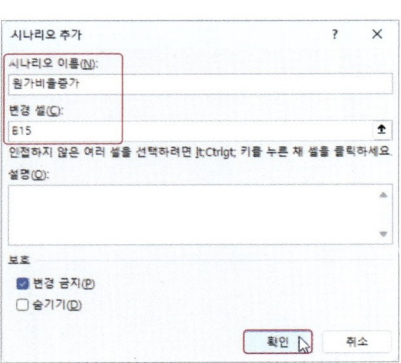

⑥ [시나리오 값]에서 '원가비율'에 **30%**를 입력한 후 [추가]를 클릭한다.

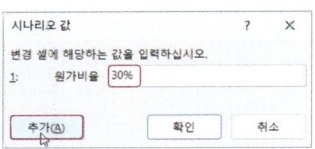

⑦ [시나리오 추가]에서 '시나리오 이름'은 **원가비율인하**를 입력하고, '변경 셀'은 [B15] 셀을 지정한 후 [확인]을 클릭한다.
⑧ [시나리오 값]에서 '원가비율'에 **20%**를 입력한 후 [확인]을 클릭한다.
⑨ [시나리오 관리자]에서 [요약]을 클릭하고, [시나리오 요약]에서 '결과 셀'에 [G13] 셀로 지정하고 [확인]을 클릭한다.

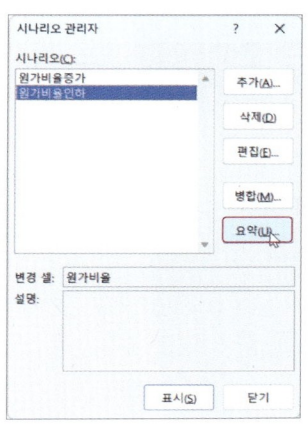

2 데이터 표

정답

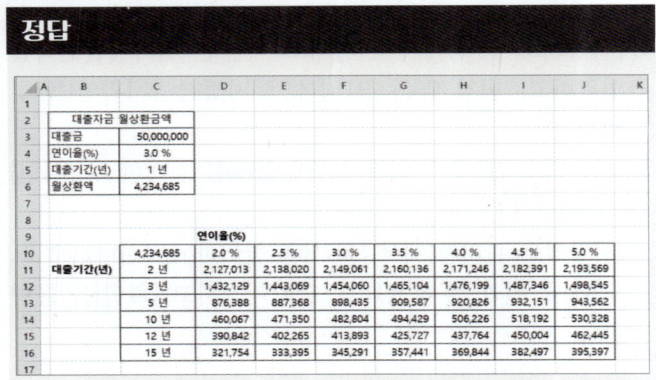

① [C10] 셀에 =을 입력하고 [C6] 셀을 클릭한 후 Enter 를 눌러 [C6] 셀과 연결한다.

② [C10:J16] 영역을 범위 지정한 후 [데이터]-[예측] 그룹의 [가상 분석]-[데이터 표]를 클릭한다.

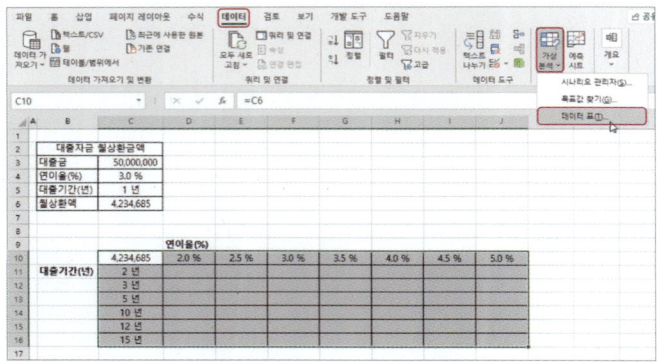

③ [데이터 테이블]에서 '행 입력 셀'은 [C4], '열 입력 셀'은 [C5]를 지정한 후 [확인]을 클릭한다.

문제4 기타작업

1 매크로

정답

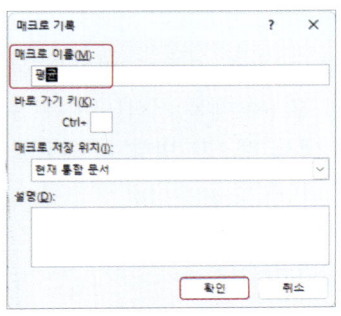

① [개발 도구]-[코드] 그룹의 [매크로 기록](🔴)을 클릭한다.
② [매크로 기록]에서 '매크로 이름'은 **평균**을 입력하고 [확인]을 클릭한다.

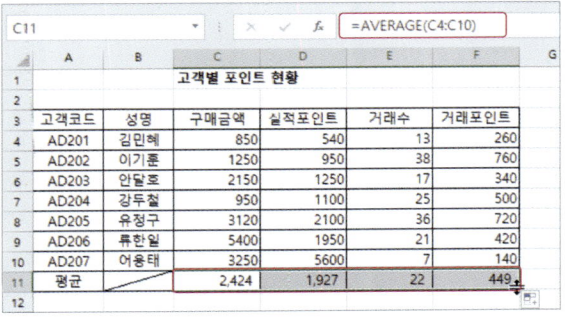

③ [C11] 셀에 =AVERAGE(C4:C10)을 입력하고 채우기 핸들을 이용하여 [F11] 셀까지 수식을 복사한다.

④ [개발 도구]-[코드] 그룹의 [기록 중지](□)를 클릭한다.
⑤ [삽입]-[일러스트레이션] 그룹의 [도형]-[기본 도형]의 '배지'(◯)를 클릭하여 [H3:I4] 영역에 Alt 를 누른 채 드래그하여 그린다.

⑥ '배지'(◯) 도형에 **평균**을 입력한 후, '평균' 도형의 경계 라인에서 마우스 오른쪽 버튼을 눌러 [매크로 지정]을 클릭한다.

⑦ [매크로 지정]에서 '평균'을 선택하고 [확인]을 클릭한다.
⑧ [개발 도구]-[코드] 그룹의 [매크로 기록](🔴)을 클릭한다.
⑨ [매크로 기록]에서 '매크로 이름'은 **서식**을 입력하고 [확인]을 클릭한다.
⑩ [C4:F10] 영역을 범위 지정한 후 [홈]-[스타일] 그룹에서 [셀 스타일]의 '쉼표 [0]'을 선택한다.

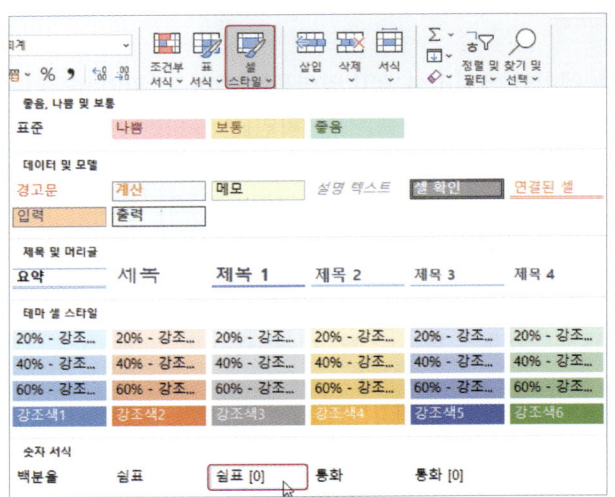

⑪ [개발 도구]-[코드] 그룹의 [기록 중지](□) 도구를 클릭한다.
⑫ [개발 도구]-[컨트롤] 그룹의 [삽입]-[양식 컨트롤]에서 '단추(□)'를 클릭하여 [H6:I7] 영역에 Alt 를 누른 채 드래그하여 그린다.
⑬ [매크로 지정]에서 '서식'을 선택하고 [확인]을 클릭한다.
⑭ 단추에 **서식**을 입력한다.

2 차트

정답

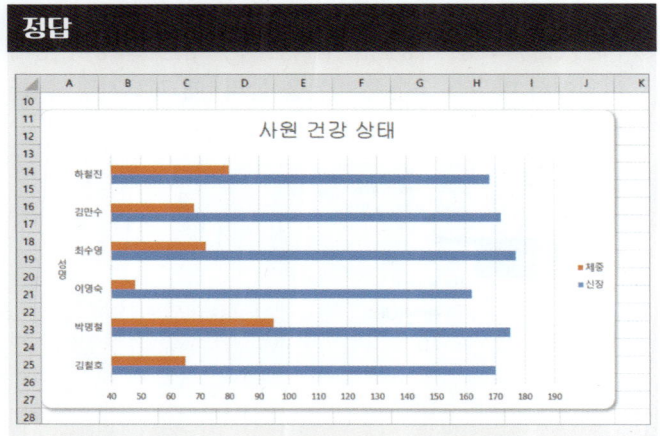

① 차트에서 마우스 오른쪽 버튼을 눌러 [데이터 선택]을 클릭한다.
② '가슴둘레' 계열을 선택한 후 [제거]를 클릭한 후 '가로 항목(축) 레이블'의 [편집]을 클릭한다.

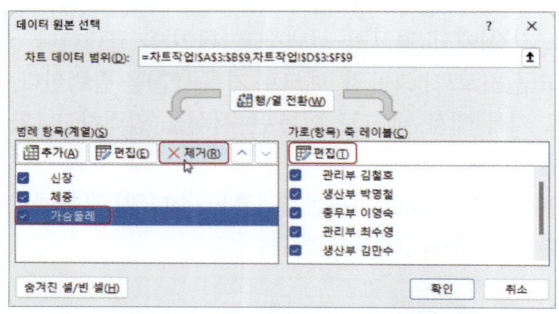

③ [축 레이블]에서 [B4:B9] 영역을 선택하고 [확인]을 클릭하고 [데이터 원본 선택]에서 [확인]을 클릭한다.

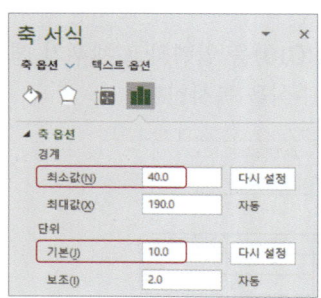

④ 차트에서 마우스 오른쪽 버튼을 누르고 [차트 종류 변경]을 클릭한다.
⑤ [차트 종류 변경]에서 '가로 막대형'의 '묶은 가로 막대형'을 선택하고 [확인]을 클릭한다.

⑥ 차트를 선택한 후 [차트 요소](+)에서 '차트 제목'을 체크한 후 **사원 건강 상태**를 입력한다.

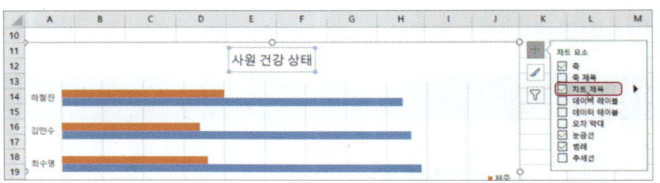

⑦ 차트 제목을 선택한 후 [홈]-[글꼴] 그룹에서 글꼴은 '굴림', 크기는 '20'으로 선택한다.
⑧ 차트를 선택한 후 [차트 요소](+)에서 [축 제목]-[기본 세로]를 체크한 후 **성명**을 입력한다.

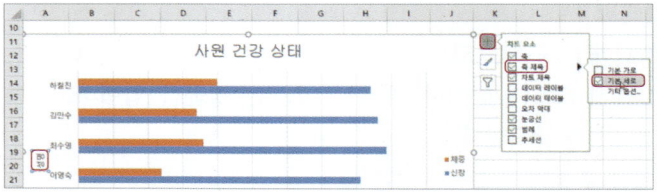

⑨ 축 제목 '성명'을 선택한 후 마우스 오른쪽 버튼을 눌러 [축 제목 서식]을 클릭한 후 [축 제목 서식]-[제목 옵션]-[크기 및 속성]의 '맞춤'에서 '텍스트 방향'을 '세로'를 선택한다.
⑩ 가로 값(축)을 선택한 후 [축 서식]의 [축 옵션]에서 '최소값'은 40, 단위 '기본'은 10을 입력한다.

⑪ 차트 영역을 선택한 후 [차트 영역 서식]-[차트 옵션]-[채우기 및 선]에서 '테두리'의 '둥근 모서리'를 체크한다.
⑫ 차트 영역을 선택한 후 [차트 영역 서식]-[차트 옵션]-[효과]에서 '그림자'의 '미리 설정'을 클릭하여 '오프셋 : 오른쪽 아래'를 선택한다.

실전 모의고사 05회

작업파일: '26컴활2급(기출)\실전모의고사'에서 '실전모의고사5회' 파일을 열어 작업하세요.

문제1 기본작업(20점) 주어진 시트에서 다음 과정을 수행하고 저장하시오.

1 '기본작업-1' 시트에 다음의 자료를 주어진 대로 입력하시오. (5점)

	A	B	C	D	E	F	G
1	대학생 인턴사원 접수안내						
2							
3	분류번호	회사명	접수기간	전공제한	월급여	연락처	담당자
4	MK-230	모토로라코리아	2025-09-21	산업디자인	1,550,000	3452-9874	강성규
5	NS-123	넥슨SD	2025-09-23	시각디자인	1,690,000	2589-9743	박철호
6	KK-078	퀄컴	2025-09-25	전기전자	1,480,000	4597-8254	장선애
7	YK-345	야후코리아	2025-10-01	컴퓨터공학	1,680,000	3648-6482	최상구
8	NH-782	NHN	수시채용	제한없음	1,720,000	7892-4682	이상민
9	GK-483	구글코리아	2025-10-12	컴퓨터과학	1,650,000	3654-4562	유재영
10	NW-654	네오위즈	12월 이후 예정	멀티미디어학부	1,520,000	1258-3654	조철만
11							

2 '기본작업-2' 시트에 대하여 다음의 지시사항을 처리하시오. (각 2점)

① [A1:G1] 영역은 '병합하고 가운데 맞춤', 글꼴은 '궁서체', 크기는 '17', 글꼴 스타일 '굵게', 밑줄은 '밑줄'로 지정하시오.
② [B3:C3], [D3:E3], [F3:G3] 영역은 '병합하고 가운데 맞춤', 글꼴은 '굴림체', 크기는 '12', 글꼴 색은 '표준 색 – 파랑', 배경색 '표준 색 – 노랑'으로 지정하시오.
③ [B5:G10] 영역은 사용자 지정 셀 서식을 이용하여 숫자 뒤에 '명'이 추가되어 표시되도록 지정하시오. [표시 예 : 54.3 → 54.3명]
④ [B10] 셀에 '초등학교 교원당 최고학생 수'라는 메모를 삽입한 후 메모를 항상 표시하고 메모 서식에서 '자동 크기'를 설정하시오.
⑤ [A3:G10] 영역은 '모든 테두리'(田)를 적용하여 표시하시오.

3 '기본작업-3' 시트에 대하여 다음의 지시사항을 처리하시오. (5점)

[A4:I13] 영역에 대해 '총합'이 60 이상이거나 '정원'이 100 이상인 행 전체의 글꼴 색을 '표준 색 – 파랑', 글꼴 스타일을 '굵게'로 지정하는 조건부 서식을 작성하시오.
▶ 규칙 유형은 '수식을 사용하여 서식을 지정할 셀 결정'을 이용하시오.

문제2 계산작업(40점) '계산작업' 시트에서 다음 과정을 수행하고 저장하시오.

1. [표1]에서 접수번호의 왼쪽 첫 번째 숫자가 '1'이면 '인문', '2'이면 '자연', '3'이면 '예체능', '4'이면 '전문'으로 계열[D3:D9]에 표시하시오. (8점)

   ▶ CHOOSE와 LEFT 함수 사용

2. [표2]에서 논술점수가 '60' 이상이고, 내신점수나 수능점수가 '400' 이상이면 '합격', 그렇지 않으면 공백으로 전형결과[J3:J9]에 표시하시오. (8점)

   ▶ IF와 AND와 OR 함수 사용

3. [표3]에서 예금별 수익률[A23:D24]을 참조하여 예금종류에 따른 공제금액[D14:D20]을 구하시오. 단, 예금별 수익률에 존재하지 않는 예금종류이면 공제금액에 '예금종류오류'라고 표시하시오. (8점)

   ▶ 공제금액 = 예금액 × 수익률
   ▶ IFERROR와 HLOOKUP 함수 사용

4. [표4]에서 '2'학년에서 평가점수가 '400' 이상인 학생 수를 구하여 [H23] 셀에 표시하시오. (8점)

   ▶ 학생 수 뒤에 '명'을 포함하여 표시하시오. [표시 예 : 2명]
   ▶ COUNTIFS, COUNTA, COUNTIF 함수 중 알맞은 함수와 & 연산자 사용

5. [표5]에서 판매금액에 대한 순위를 계산하여 1위~3위까지는 '우수사원', 그렇지 않으면 공백으로 평가[D29:D35]에 표시하시오. (8점)

   ▶ 순위는 판매금액이 많은 사람이 1위임
   ▶ IF와 RANK.EQ 함수 사용

문제3 분석작업(20점) 주어진 시트에서 다음 과정을 수행하고 저장하시오.

1 '분석작업-1' 시트에 대하여 다음의 지시사항을 처리하시오. (10점)

환율[C13]이 다음과 같이 변동하는 경우 이익금 합계[F11]의 변동 시나리오를 작성하시오.
- ▶ [C13] 셀의 이름은 '환율', [F11] 셀의 이름은 '이익금합계'로 정의하시오.
- ▶ 시나리오1 : 시나리오 이름은 '환율인상', 환율을 1200으로 설정하시오.
- ▶ 시나리오2 : 시나리오 이름은 '환율인하', 환율을 1000으로 설정하시오.
- ▶ 위 시나리오에 의한 '시나리오 요약' 보고서는 '분석작업-1' 시트의 바로 뒤에 위치시키시오.

※ 시나리오 요약 보고서 작성시 정답과 일치하여야 하며, 오자로 인한 부분 점수는 인정하지 않음

2 '분석작업-2' 시트에 대하여 다음의 지시사항을 처리하시오. (10점)

[부분합] 기능을 이용하여 '미술/실용아트 강좌'표에 〈그림〉과 같이 과정별로 '모집인원', '수강료' 평균과 최대값을 계산하시오.
- ▶ '과정'에 대한 정렬 기준은 내림차순으로 하시오.
- ▶ 평균과 최대값은 위에 명시된 순서대로 처리하시오.

	A	B	C	D	E	F
1	미술/실용아트 강좌					
2						
3	강좌명	과정	요일	시간	모집인원	수강료
4	수채화 정물	초급	목	9:00	10	75,000
5	일러스트레이션	초급	목	10:00	30	85,000
6	유화A	초급	화	12:00	12	75,000
7		초급 최대			30	85,000
8		초급 평균			17	78,333
9	수채화 풍경	중급	수	12:00	12	80,000
10	뎃생A	중급	화	16:30	25	65,000
11	홈 일러스트레이션	중급	화	10:00	22	85,000
12	유화B	중급	금	9:00	10	80,000
13		중급 최대			25	85,000
14		중급 평균			17	77,500
15	회화교실	고급	수	15:00	15	60,000
16	뎃생B	고급	목	19:00	20	70,000
17	예쁜글씨POP	고급	금	16:00	15	90,000
18		고급 최대			20	90,000
19		고급 평균			17	73,333
20		전체 최대값			30	90,000
21		전체 평균			17	76,500
22						

문제4 기타작업(20점) 주어진 시트에서 다음 과정을 수행하고 저장하시오.

1 '매크로작업' 시트의 [표]에서 다음과 같은 기능을 수행하는 매크로를 현재 통합 문서에 작성하고 실행하시오. (각 5점)

① [B14:I14] 영역에 대하여 합격자 수의 합계를 자동 계산하는 매크로를 생성하여 실행하시오.
  ▶ 매크로 이름 : 합계
  ▶ [도형]-[사각형]의 '사각형: 둥근 모서리'(□)를 동일 시트의 [L4:M5] 영역에 생성하고, 텍스트를 '합계'로 입력한 후, 도형을 클릭할 때 '합계' 매크로가 실행되도록 설정하시오.

② [J4:J14] 영역에 대하여 비율을 계산한 후 소수 2째 자리까지 나타내는 매크로를 생성하여 실행하시오.
  ▶ 매크로 이름 : 비율
  ▶ 비율 = (총합 / 정원) × 100
  ▶ [도형]-[기본 도형]의 '십자형'(✚)을 동일 시트의 [L7:M8] 영역에 생성하고, 텍스트를 '비율'로 입력한 후, 도형을 클릭할 때 '비율' 매크로가 실행되도록 설정하시오.

※ 셀 포인터의 위치에 상관없이 현재 통합문서에서 매크로가 실행되어야 정답으로 인정됨

2 '차트작업' 시트의 차트를 지시사항에 따라 아래 그림과 같이 수정하시오. (각 2점)

※ 차트는 반드시 문제에서 제공한 차트를 사용하여야 하며, 신규로 작성 시 0점 처리됨

① 차트 종류를 '표식이 있는 꺾은선형'으로 변경하고, '모건스탠리' 계열이 그림과 같이 차트에 표시되도록 설정하시오.
② 차트 제목은 그림과 같이 표시되도록 하고, 글꼴은 '궁서체', 글꼴 스타일은 '굵게', 글꼴 크기는 '12'로 설정하시오.
③ 세로 (값) 축 제목은 그림과 같이 표시되도록 하고, 주 단위를 '2'로 설정하시오.
④ 'UBS' 계열만 데이터 레이블을 '값'으로 표시되도록 설정하시오.
⑤ 차트 영역의 테두리 스타일은 '둥근 모서리'를 설정하시오.

정답 & 해설 실전 모의고사 05회

문제1 기본작업

1 자료 입력

정답

	A	B	C	D	E	F	G
1	대학생 인턴사원 접수안내						
2							
3	분류번호	회사명	접수기간	전공제한	월급여	연락처	담당자
4	MK-230	모토로라코리아	2025-09-21	산업디자인	1,550,000	3452-9874	강성규
5	NS-123	넥슨SD	2025-09-23	시각디자인	1,690,000	2589-9743	박철호
6	KK-078	휠컴	2025-09-25	전기전자	1,480,000	4597-8254	장선애
7	YK-345	야후코리아	2025-10-01	컴퓨터공학	1,680,000	3648-6482	최상구
8	NH-782	NHN	수시채용	제한없음	1,720,000	7892-4682	이상민
9	GK-483	구글코리아	2025-10-12	컴퓨터과학	1,650,000	3654-4562	유재영
10	NW-654	네오위즈	12월 이후 예정	멀티미디어학부	1,520,000	1258-3654	조철만

[A3:G10] 셀까지 문제를 보고 오타 없이 작성한다.

2 서식 지정

정답

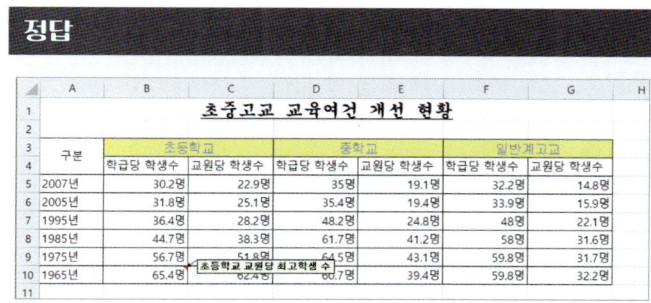

① [A1:G1] 영역을 범위 지정한 후 [홈]-[맞춤] 그룹에서 [병합하고 가운데 맞춤](圖)을 클릭하고, [글꼴] 그룹에서 글꼴은 '궁서체', 크기는 '17', '굵게', '밑줄'을 선택한다.

② [B3:C3], [D3:E3], [F3:G3] 영역을 Ctrl을 이용하여 범위 지정한 후 [홈]-[맞춤] 그룹에서 [병합하고 가운데 맞춤](圖)을 클릭하고, 글꼴은 '굴림체', 크기는 '12', 글꼴 색은 '표준 색 – 파랑', 배경 색은 '표준 색 – 노랑'으로 선택한다.

③ [B5:G10] 영역을 범위 지정한 후 Ctrl+1을 눌러 [표시 형식] 탭에서 '사용자 지정'을 선택하고 **G/표준"명"**을 입력하고 [확인]을 클릭한다.

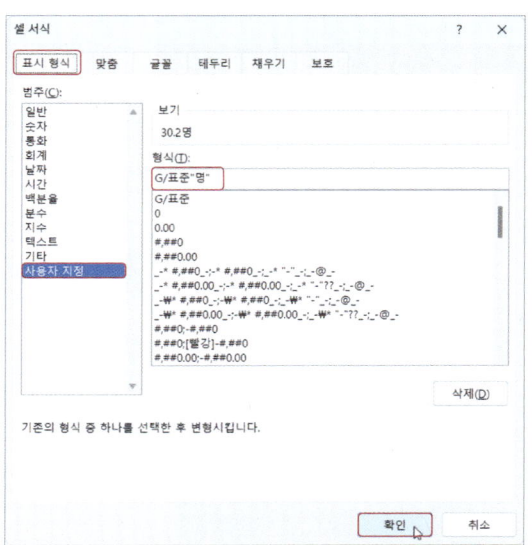

④ [B10] 셀에서 마우스 오른쪽 버튼을 눌러 [메모 삽입]을 클릭한다.
⑤ 기존 사용자 이름을 지우고 **초등학교 교원당 최고학생 수**를 입력한다.
⑥ [B10] 셀에서 마우스 오른쪽 버튼을 눌러 [메모 표시/숨기기]를 클릭한다.
⑦ 메모 상자의 경계라인에서 마우스 오른쪽 버튼을 눌러 [메모 서식]을 클릭한다.
⑧ [맞춤] 탭에서 '자동 크기'를 체크하고 [확인]을 클릭한다.

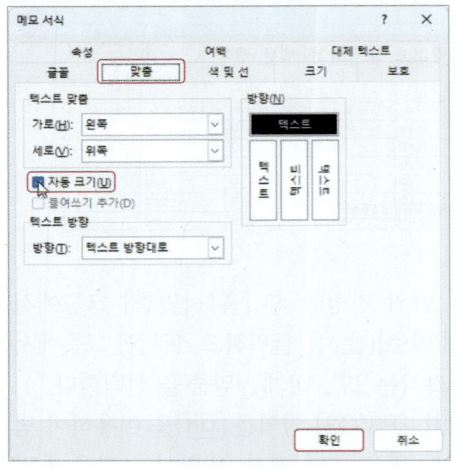

⑨ [A3:G10] 영역을 범위 지정한 후 [홈]-[글꼴] 그룹에서 [테두리](⊞ ▾) 도구의 [모든 테두리](⊞)를 클릭한다.

3 조건부 서식

정답

① [A4:I13] 영역을 범위 지정한 후, [홈]-[스타일] 그룹의 [조건부 서식]-[새 규칙]을 클릭한다.
② [새 서식 규칙]에서 '▶ 수식을 사용하여 서식을 지정할 셀 결정'을 선택하고, =OR($I4>=60, $B4>=100)을 입력한 후 [서식]을 클릭한다.

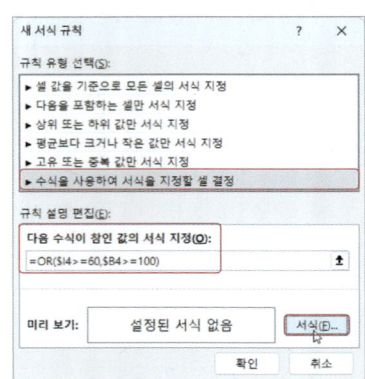

③ [글꼴] 탭에서 글꼴 스타일은 '굵게', 글꼴 색은 '표준 색 - 파랑'을 선택하고 [확인]을 클릭한다.

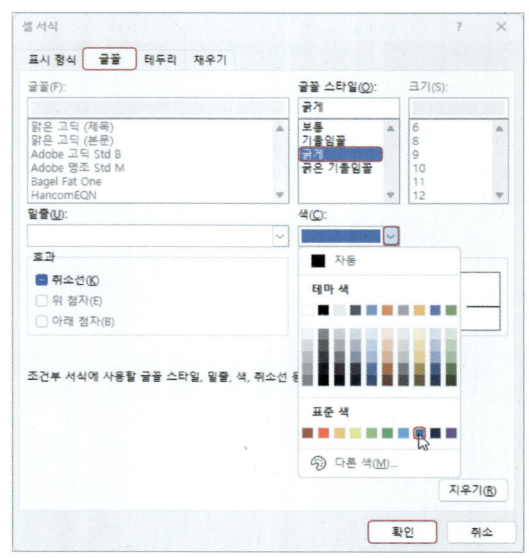

④ [새 서식 규칙]에서 [확인]을 클릭한다.

문제2 계산작업

1 계열[D3:D9]

정답

	A	B	C	D	E
1	[표1]				
2	접수번호	성명	출신고	계열	
3	3001	김두호	상공고	예체능	
4	1001	나정해	대한고	인문	
5	4001	조성신	우리고	전문	
6	3002	장경호	우리고	예체능	
7	1002	최신애	대한고	인문	
8	2001	이정구	상공고	자연	
9	4002	남대천	나라고	전문	
10					

[D3] 셀에 =CHOOSE(LEFT(A3,1),"인문","자연","예체능","전문")를 입력하고 [D9] 셀까지 수식을 복사한다.

함수 설명

❶ LEFT(A3,1) : [A3] 셀에서 왼쪽의 한 글자를 추출함

=CHOOSE(❶,"인문","자연","예체능","전문") : ❶의 값이 1이면 '인문', 2이면 '자연', 3이면 '예체능', 4이면 '전문'으로 표시

2 전형결과[J3:J9]

정답

	F	G	H	I	J	K
1	[표2]					
2	수험번호	논술	내신	수능	전형결과	
3	K-001	82	431	412	합격	
4	D-001	78	389	399		
5	D-002	48	399	401		
6	K-002	91	394	407	합격	
7	S-001	87	418	387	합격	
8	S-002	59	379	412		
9	D-003	85	405	405	합격	
10						

[J3] 셀에 =IF(AND(G3>=60,OR(H3>=400,I3>=400)),"합격","")를 [J9] 셀까지 수식을 복사한다.

함수 설명

❶ OR(H3>=400,I3>=400) : [H3] 셀의 값이 400 이상이거나 [I3] 셀의 값이 400 이상이면 TRUE 값을 반환
❷ AND(G3>=60,❶) : [G3] 셀의 값이 60 이상이고, ❶의 값이 TRUE이면 TRUE 값을 반환

=IF(❷,"합격","") : ❷의 값이 TRUE이면 '합격', 그 외는 공백으로 표시

3 공제금액[D14:D20]

정답

	A	B	C	D	E
12	[표3]				
13	고객명	예금종류	예금액	공제금액	
14	강만이	연금저축	3,000,000	561,000	
15	도조아	장미저축	1,500,000	예금종류오류	
16	박주리	연금저축	2,000,000	374,000	
17	이만금	장마저축	3,000,000	225,000	
18	조아라	장기주식형	1,000,000	37,000	
19	최중금	연금저축	2,500,000	467,500	
20	황금이	장기주식형	3,000,000	111,000	
21					
22		예금별 수익률			
23	예금종류	장마저축	연금저축	장기주식형	
24	수익률	7.5%	18.7%	3.7%	
25					

[D14] 셀에 =IFERROR(C14*HLOOKUP(B14,$B$23:$D$24,2,0),"예금종류오류")를 입력하고 [D20] 셀까지 수식을 복사한다.

함수 설명

❶ HLOOKUP(B14,$B$23:$D$24,2,0) : [B14] 셀의 값을 [B23:D24] 영역의 첫 번째 행에서 찾아 2번째 행의 값을 찾아옴

=IFERROR(C14*❶,"예금종류오류") : [C14] 셀에 ❶을 곱한 값에 오류가 있다면 '예금종류오류'로 표시

4 학생 수[H23]

정답

	F	G	H	I	J
12	[표4]				
13	학과	학년	성명	평가점수	
14	디자인	1	고승수	465	
15	미디어	2	구만리	604	
16	미디어	3	노상식	383	
17	디자인	2	나잘난	465	
18	미디어	1	마고수	382	
19	미디어	2	박흥철	391	
20	디자인	3	사수해	572	
21					
22			400점 이상인 2학년		
23			2명		
24					

[H23] 셀에 =COUNTIFS(G14:G20,2,I14:I20,">=400")&"명"를 입력한다.

함수 설명

[G14:G20] 영역의 값이 2이고, [I14:I20] 영역의 값이 400 이상인 셀의 개수를 구하여 '명'을 붙여서 표시

5 평가[D29:D35]

정답

	A	B	C	D	E
27	[표5]				
28	매장명	사원코드	판매금액	평가	
29	대한	D1234	5,487,900		
30	상공	S2345	5,789,200		
31	상공	S4567	8,578,900	우수사원	
32	나라	N5678	6,547,800	우수사원	
33	대한	D4321	4,789,000		
34	나라	N8765	5,879,300		
35	상공	S7654	7,589,000	우수사원	
36					

[D29] 셀에 =IF(RANK.EQ(C29,$C$29:$C$35)<=3,"우수사원","")를 입력하고 [D35] 셀까지 수식을 복사한다.

함수 설명

❶ RANK.EQ(C29,$C$29:$C$35) : [C29] 셀의 값을 [C29:C35] 영역에서 순위를 구함

=IF(❶<=3,"우수사원","") : ❶의 값이 3이하이면 '우수사원', 그 외는 공백으로 표시

문제3 분석작업

1 시나리오

정답

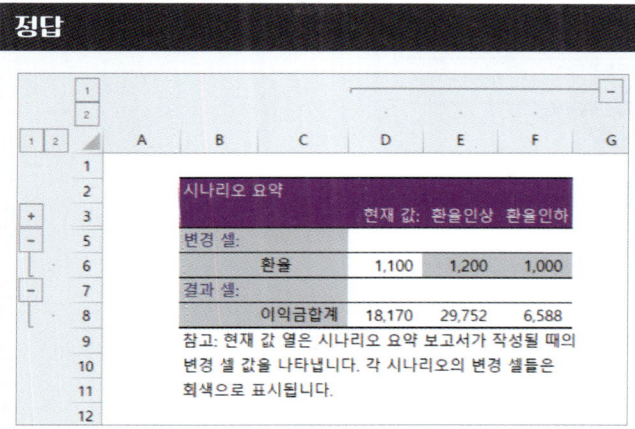

① [C13] 셀을 클릭하고 '이름 상자'에 **환율**을 입력하고 Enter 를 누른다.
② 같은 방법으로 [F11] 셀은 **이익금합계**로 이름을 정의한다.
③ [C13] 셀을 선택한 후 [데이터]-[예측] 탭의 [가상 분석]-[시나리오 관리자]를 클릭한다.

> **기적의 TIP**
>
> **시나리오**
> 변경 셀 영역을 미리 범위 지정한 후 시나리오를 실행하면 [시나리오 편집]에서 별도로 변경 셀을 지정하지 않아도 된다.

④ [시나리오 관리자]에서 [추가]를 클릭한다.
⑤ [시나리오 추가]에서 '시나리오 이름'은 **환율인상**을 입력하고, '변경 셀'은 [C13] 셀을 지정한 후 [확인]을 클릭한다.

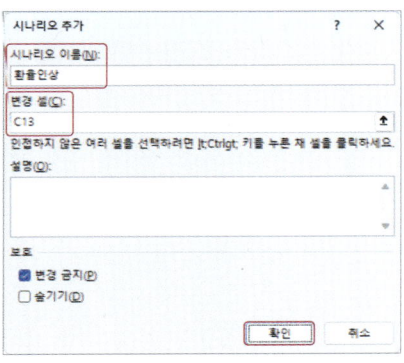

⑥ [시나리오 값]에서 '환율'에 1200을 입력한 후 [추가]를 클릭한다.

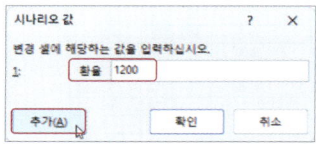

⑦ [시나리오 추가]에서 '시나리오 이름'은 **환율인하**를 입력하고, '변경 셀'이 [C13] 셀인 것을 확인한 후 [확인]을 클릭한다.
⑧ [시나리오 값]에서 '환율'에 1000을 입력한 후 [확인]을 클릭한다.
⑨ [시나리오 관리자]에서 [요약]을 클릭하고, [시나리오 요약]에서 '결과 셀'에 [F11] 셀을 지정하고 [확인]을 클릭한다.

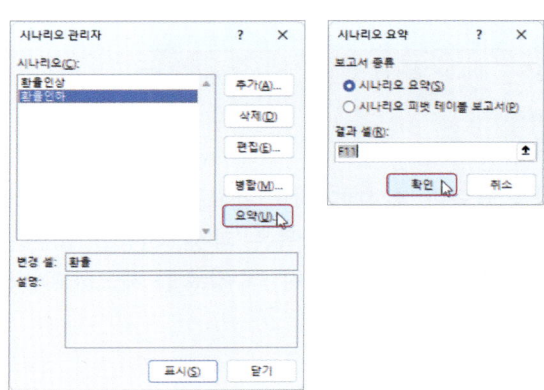

⑩ '시나리오 요약' 시트를 드래그하여 '분석작업-1' 시트 뒤로 이동한다.

2 부분합

정답

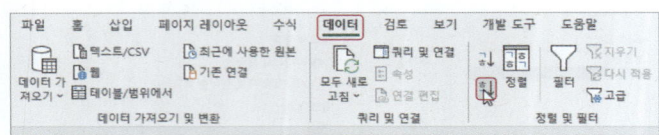

① [B3] 셀을 클릭한 후 [데이터]-[정렬 및 필터] 그룹의 [텍스트 내림차순 정렬](힣↓)을 클릭한다.

② [B3] 셀을 클릭한 후 [데이터]-[개요] 그룹의 [부분합](▦)을 클릭하여 그룹화할 항목은 '과정', 사용할 함수는 '평균', 부분합 계목은 '모집인원', '수강료'를 체크하고 [확인]을 클릭한다.

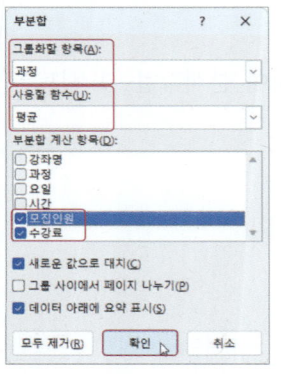

③ 다시 한번 [데이터]-[개요] 그룹의 [부분합](▦)을 클릭하여 사용할 함수는 '최대', '새로운 값으로 대치'를 체크 해제하고 [확인]을 클릭한다.

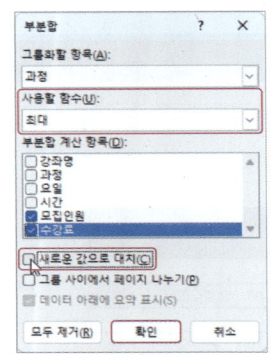

문제4 기타작업

1 매크로

정답

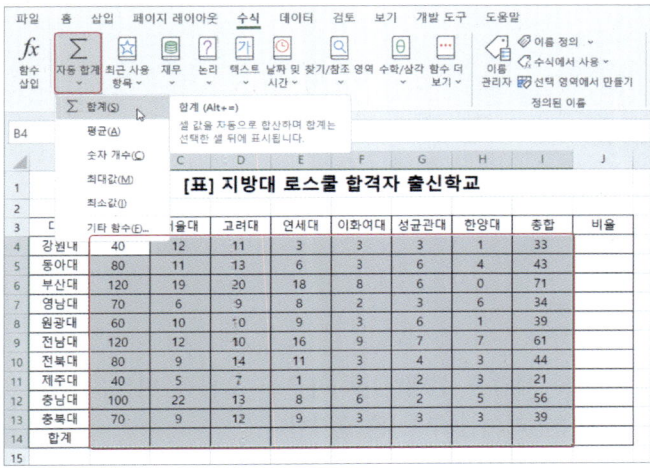

① [개발 도구]-[코드] 그룹의 [매크로 기록](📷)을 클릭한다.
② 매크로 이름에 **합계**를 입력하고 [확인]을 클릭한다.
③ [B4:I14] 영역을 범위 지정한 후 [수식]-[함수 라이브러리] 그룹에서 [자동 합계](Σ)를 클릭한다.

④ [개발 도구]-[코드] 그룹의 [기록 중지](□)를 클릭한다.
⑤ [삽입]-[일러스트레이션] 그룹의 [도형]-[사각형]의 '사각형: 둥근 모서리'(□)를 클릭하여 [L4:M5] 영역에 Alt를 누른 채 드래그하여 그린다.
⑥ '사각형: 둥근 모서리'(□) 도형에 **합계**를 입력한 후, '합계' 도형의 경계라인에서 마우스 오른쪽 버튼을 눌러 [매크로 지정]을 클릭한다.

▶ **기적의 TIP**

Alt를 누른 상태에서 도형을 그리면 셀 눈금선에 맞추어 도형을 그릴 수 있다.

⑦ '합계'를 선택하고 [확인]을 클릭한다.
⑧ [개발 도구]-[코드] 그룹의 [매크로 기록](📷)을 클릭한다.
⑨ 매크로 이름은 **비율**을 입력하고 [확인]을 클릭한다.
⑩ [J4] 셀에 =(I4/B4)*100을 입력하고 [J4] 셀을 선택한 후 [홈]-[표시 형식] 그룹의 [자릿수 늘림](🔼)을 2번 클릭한 후 [J14] 셀까지 수식을 복사한다.

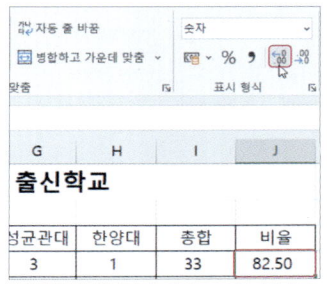

⑪ [개발 도구]-[코드] 그룹의 [기록 중지](□)를 클릭한다.
⑫ [삽입]-[일러스트레이션] 그룹의 [도형]-[기본 도형]에서 '십자형'(✚)을 클릭하여 [L7:M8] 영역에 Alt를 누른 채 드래그하여 그린다.
⑬ '십자형'(✚) 도형에 **비율**을 입력한 후, '비율' 도형의 경계라인에서 마우스 오른쪽 버튼을 눌러 [매크로 지정]을 클릭한다.
⑭ '비율'을 선택하고 [확인]을 클릭한다.

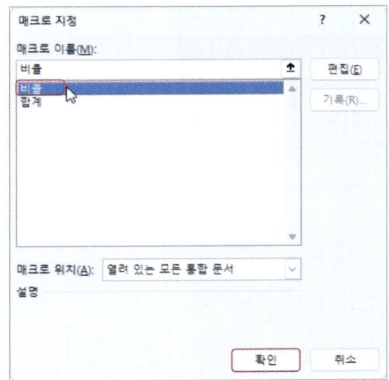

2 차트

정답

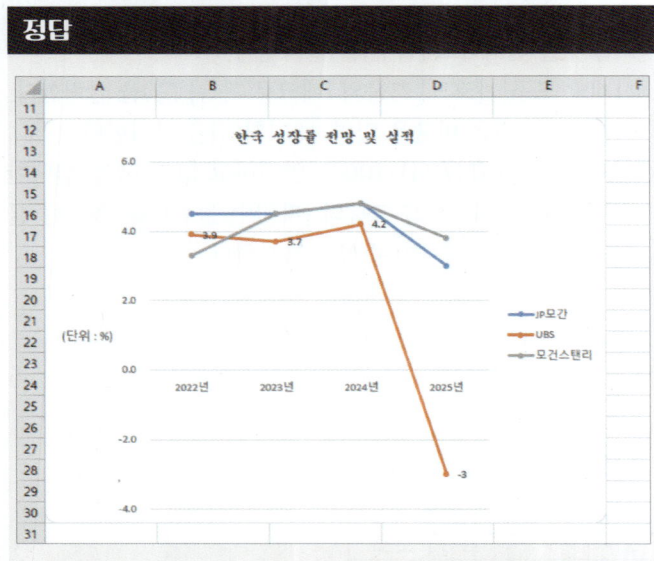

① 차트를 선택한 후 [차트 디자인]-[종류] 그룹에서 [차트 종류 변경]을 클릭한다.
② [차트 종류 변경]에서 '꺾은선형'의 '표식이 있는 꺾은선형'을 선택하고 [확인]을 클릭한다.
③ [A5:E5] 영역을 범위 지정한 후 Ctrl+C를 눌러 복사하고 차트를 선택한 후 Ctrl+V를 눌러 붙여넣기를 한다.

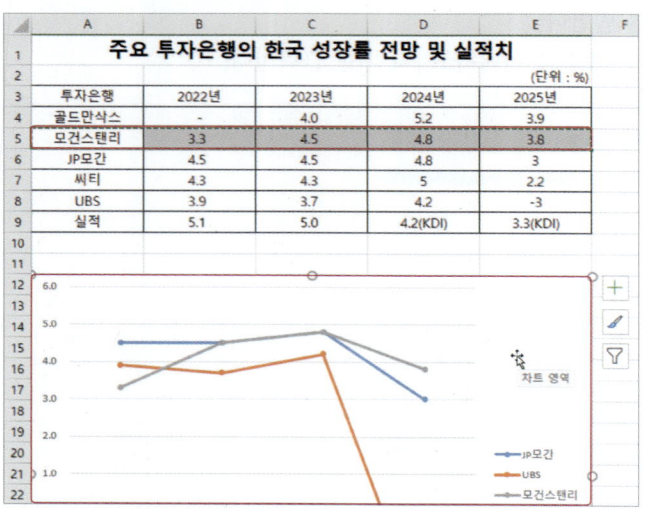

④ 차트를 선택한 후 [차트 요소](+)에서 '차트 제목'을 체크한 후 **한국 성장률 전망 및 실적**을 입력한다.
⑤ 차트 제목을 선택한 후 [홈]-[글꼴] 그룹에서 글꼴은 '궁서체', 크기는 '12', '굵게'로 선택한다.
⑥ 차트를 선택한 후 [차트 요소](+)에서 [축 제목]-[기본 세로]를 체크한 후 **(단위 : %)**를 입력한다.

⑦ 축 제목 '(단위 : %)'를 선택한 후 마우스 오른쪽 버튼을 눌러 [축 제목 서식]을 클릭한 후 [축 제목 서식]-[제목 옵션]-[크기 및 속성]의 '맞춤'에서 '텍스트 방향'을 '가로'를 선택한다.

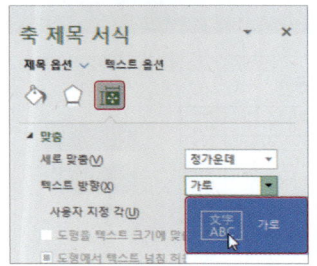

⑧ 세로 값(축)을 선택한 후 [축 서식]의 [축 옵션]에서 단위 '기본'에 2를 입력한다.

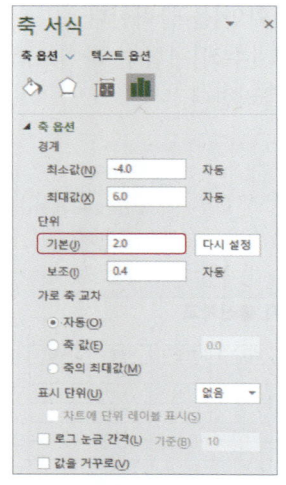

⑨ 'UBS' 계열을 선택한 후 마우스 오른쪽 버튼을 누르고 [데이터 레이블 추가]를 클릭한다.
⑩ 차트 영역을 선택한 후 [차트 영역 서식]-[차트 옵션]-[채우기 및 선]에서 '테두리'의 '둥근 모서리'를 체크한다.

실전 모의고사 06회

작업파일 : '26컴활2급(기출)₩실전모의고사'에서 '실전모의고사6회' 파일을 열어 작업하세요.

문제1 기본작업(20점) 주어진 시트에서 다음 과정을 수행하고 저장하시오.

1 '기본작업-1' 시트에 다음의 자료를 주어진 대로 입력하시오. (5점)

	A	B	C	D	E	F	G	H
1	상공대학 도서신청 목록							
2								
3	도서코드	출판사	도서명	저자	분류	정가	발행년도	
4	MC-9901	문학과 지성사	남도기행	홍성원	문학소설	5000	1999년	
5	KG-9601	열화당	사진의 역사	뷰먼트 뉴홀	교양도서	12000	1996년	
6	KG-9901	이레	오두막 편지	법정	교양추천	7000	1999년	
7	CS-9701	한뜻	유전공학	이진우	인문사회	5200	1997년	
8	KG-0201	청년정신	협상의 법칙	허브 코헨	교양필수	12000	2002년	
9	HT-9501	고려원	역설의 한일	김인배	역사기초	20000	1995년	
10	CS-9401	연구사	인간의 역사	M.일리인	인문과학	5000	1994년	
11	LT-9701	민음사	세계의 문학	김혜순	문학추천	7000	1997년	
12	KG-0202	청년정신	대화의 법칙	래리 킹	교양선택	9000	2002년	
13	LT-9702	문학관	내 남자친구	캐롤 힐	문학필수	6500	1997년	
14	HT-9601	비봉	미국 현대사	이주영	역사필수	12000	1996년	
15								

2 '기본작업-2' 시트에 대하여 다음의 지시사항을 처리하시오. (각 2점)

① [A1:I1] 영역은 '병합하고 가운데 맞춤', 글꼴은 '휴먼엑스포', 크기는 '20'으로 지정하시오.
② [A3:A4], [B3:D3], [E3:E4], [F3:H3], [I3:I4] 영역은 '병합하고 가운데 맞춤', [A3:I4] 영역은 셀 스타일에서 '주황, 강조색2'로 지정하시오.
③ [E5:E14], [I5:I14] 영역은 사용자 지정 서식을 이용하여 숫자 뒤에 "위"를 표시하되, 셀 값이 0일 경우에는 "0위"로 표시하시오. [표시 예 : 4 → 4위]
④ [A1] 셀에 "대학교 도서대출"이라는 메모를 삽입한 후 '자동 크기'로 지정하고, 항상 표시되도록 하시오.
⑤ [A3:I14] 영역은 '모든 테두리'(⊞)와 '굵은 바깥쪽 테두리'(□)로 적용하여 표시하시오.

3 '기본작업-3' 시트에 대하여 다음의 지시사항을 처리하시오. (5점)

[A4:J15] 영역에 대해 언어 점수가 수리 점수 이하인 행 전체의 글꼴 색을 '표준 색 – 파랑'을 지정하는 조건부 서식을 작성하시오.
▶ 단, 규칙 유형은 '수식을 사용하여 서식을 지정할 셀 결정'을 사용하고, 한 개의 규칙으로만 작성하시오.

문제2 계산작업(40점) '계산작업' 시트에서 다음 과정을 수행하고 저장하시오.

1. [표1]에서 검사결과[C3:C12]의 네 번째 문자가 4 이하일 경우 공백을, 이외에는 '불량'을 판정[D3:D12]에 표시하시오. (8점)

   ▶ IFERROR, CHOOSE, MID 함수 사용

2. [표2]에서 직위[G3:G9]와 기본급표[G12:K13], 수당[H3:H9]을 이용하여 급여[I3:I9]를 계산하시오. (8점)

   ▶ 급여 = 수당 + 기본급
   ▶ HLOOKUP, VLOOKUP, CHOOSE 중 알맞은 함수를 선택하여 사용

3. [표3]에서 실적점수[C16:C25], 연수점수[D16:D25]의 평균이 75 이상이고, 벌점[B16:B25]이 10 미만이면 "승진"을, 그렇지 않으면 공백을 승진여부[E16:E25]에 표시하시오. (8점)

   ▶ IF, AND, AVERAGE 함수 사용

4. [표4]에서 평수[H17:H25]가 20평대 매매건수를 구하여 [J26] 셀에 표시하시오. (8점)

   ▶ SUMIF, SUMIFS, COUNTIF 중 알맞은 함수를 선택하여 사용

5. [표5]에서 기록[C29:C36]을 기준으로 순위를 구하여 1위와 2위는 "결승진출", 나머지는 공백으로 결승[D29:D36]에 표시하시오. (8점)

   ▶ IF와 RANK.EQ 함수 사용

문제3 분석작업(20점) 주어진 시트에서 다음 과정을 수행하고 저장하시오.

1. '분석작업-1' 시트에 대하여 다음의 지시사항을 처리하시오. (10점)

'1사분기 판매현황' 표를 이용하여 담당자는 '필터', 지역은 '행 레이블'로 처리하고, '값'에 판매수량, 판매금액의 평균을 계산하는 피벗 테이블을 작성하시오.

▶ 피벗 테이블 보고서는 동일 시트의 [A28] 셀에서 시작하시오.
▶ 보고서 레이아웃은 '개요 형식'으로 지정하시오.
▶ 피벗 테이블에 '연한 노랑, 피벗 스타일 보통 5' 서식을 적용하시오.

2. '분석작업-2' 시트에 대하여 다음의 지시사항을 처리하시오. (10점)

[부분합] 기능을 이용하여 '교내 IT 경진대회 시행 결과'표에 〈그림〉과 같이 학년별로 '정보검색', '홈페이지', '문서편집', '프로그램', '그래픽'의 평균과 '총점'의 최대값을 계산하시오.

▶ '학년'에 대한 정렬기준은 오름차순으로 하시오.
▶ 평균과 최대값의 결과값은 각각 하나의 행에 표시하시오.
▶ 평균과 최대값은 위에 명시된 순서대로 처리하시오.

	A	B	C	D	E	F	G	H	I
1				교내 IT 경진대회 시행 결과					
2									
3	학과	학년	성명	정보검색	홈페이지	문서편집	프로그램	그래픽	총점
4	정보통신과	1학년	민종국	49	36	57	38	52	232
5	시각디자인과	1학년	주민영	71	65	82	64	79	361
6	멀티미디어과	1학년	채한만	92	88	96	82	90	448
7	정보통신과	1학년	최순영	89	81	94	76	85	425
8		1학년 최대							448
9		1학년 평균		75.25	67.5	82.25	65	76.5	
10	멀티미디어과	2학년	강영순	74	77	85	64	76	376
11	인터넷과	2학년	고한수	47	52	74	57	63	293
12	인터넷과	2학년	김민호	56	49	63	43	59	270
13	멀티미디어과	2학년	라준기	85	83	92	78	80	418
14		2학년 최대							418
15		2학년 평균		65.5	65.25	78.5	60.5	69.5	
16	정보통신과	3학년	공애란	95	87	96	85	92	455
17	시각디자인과	3학년	박종호	58	49	63	47	54	271
18	인터넷과	3학년	이민주	39	44	63	47	50	243
19	시각디자인과	3학년	장선영	67	71	84	69	85	376
20		3학년 최대							455
21		3학년 평균		64.75	62.75	76.5	62	70.25	
22		전체 최대값							455
23		전체 평균		68.5	65.16667	79.08333	62.5	72.08333	

문제4 기타작업(20점) 주어진 시트에서 다음 과정을 수행하고 저장하시오.

1 '매크로작업' 시트에서 다음과 같은 기능을 수행하는 매크로를 현재 통합 문서에 작성하고 실행하시오. (각 5점)

① [A3:G3] 영역에 대하여 글꼴 색은 '표준 색 - 파랑', 배경색 '표준 색 - 노랑', '가운데 맞춤'을 적용하는 매크로를 생성하여 실행하시오.
▶ 매크로 이름 : 서식
▶ [도형] → [기본 도형]의 '육각형'(◯)을 동일 시트의 [I3:J5] 영역에 생성한 후 텍스트를 "서식"으로 입력하고, 도형을 클릭할 때 '서식' 매크로가 실행되도록 설정하시오.

② [G4:G12] 영역에 재고량을 계산하는 매크로를 생성하여 실행하시오.
▶ 매크로 이름 : 재고량
▶ 재고량 = 전월재고량 + 매입수량 - 판매량
▶ [도형] → [기본 도형]의 '배지'(◯)를 동일 시트의 [I7:J9] 영역에 생성한 후 텍스트를 "재고량"으로 입력하고, 도형을 클릭할 때 '재고량' 매크로가 실행되도록 설정하시오.

※ 셀 포인터의 위치에 상관없이 현재 통합 문서에서 매크로가 실행되어야 정답으로 인정됨

2 '차트작업' 시트에서 다음 지시사항에 따라 〈그림〉과 같이 차트를 수정하시오. (각 2점)

※ 차트는 반드시 문제에서 제공한 차트를 사용하여야 하며, 신규로 작성 시 0점 처리됨
① 〈그림〉을 참고하여 '매출수량'과 '매출금액' 계열만 차트에 표시되도록 데이터 범위를 지정하시오.
② '매출금액' 계열의 차트 종류를 '표식이 있는 꺾은선형'으로 변경하고, '보조 축'으로 지정하시오.
③ 범례는 '아래쪽'에 배치하고, 글꼴은 '굴림체', 크기는 '12', 글꼴 스타일 '굵은 기울임꼴'로 지정하시오.
④ '매출금액' 데이터 계열 중 '영업4팀'에만 데이터 레이블 '값(오른쪽)'을 표시하시오.
⑤ 차트 영역의 테두리 스타일을 '둥근 모서리'로 지정하시오.

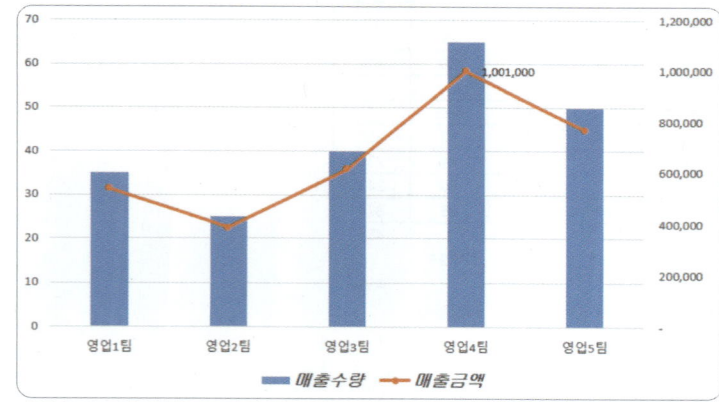

정답 & 해설 실전 모의고사 06회

문제1 기본작업

1 자료 입력

정답

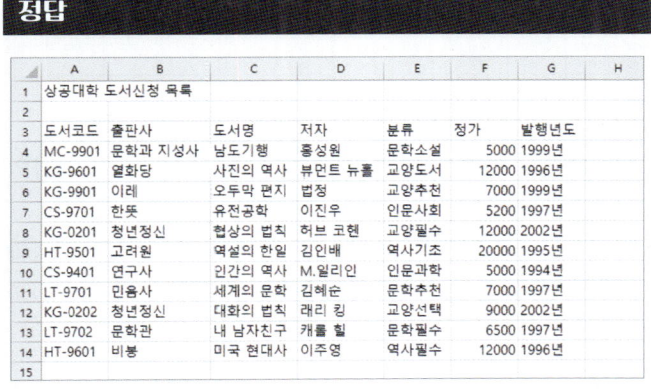

[A3:G14] 셀까지 문제를 보고 오타 없이 작성한다.

2 서식 지정

정답

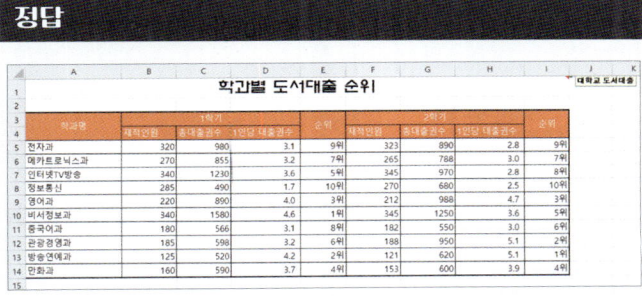

① [A1:I1] 영역을 범위 지정한 후 [홈]-[맞춤] 그룹에서 [병합하고 가운데 맞춤](圖)을 클릭하고, [글꼴] 그룹에서 글꼴은 '휴먼엑스포', 크기는 '20'을 선택한다.
② [A3:A4], [B3:D3], [E3:E4], [F3:H3], [I3:I4] 영역을 Ctrl을 이용하여 범위 지정한 후 [홈]-[맞춤] 그룹에서 [병합하고 가운데 맞춤](圖)을 클릭한다.

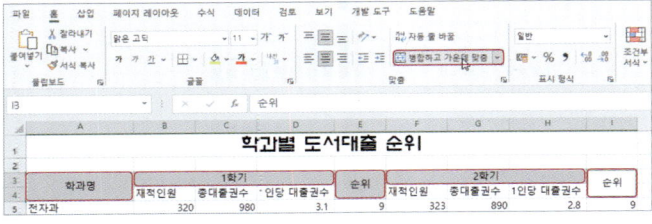

③ [A3:I4] 영역을 범위 지정한 후 [홈]-[스타일] 그룹에서 [셀 스타일]을 클릭하여 '테마 셀 스타일'의 '주황, 강조색 2'를 선택한다.

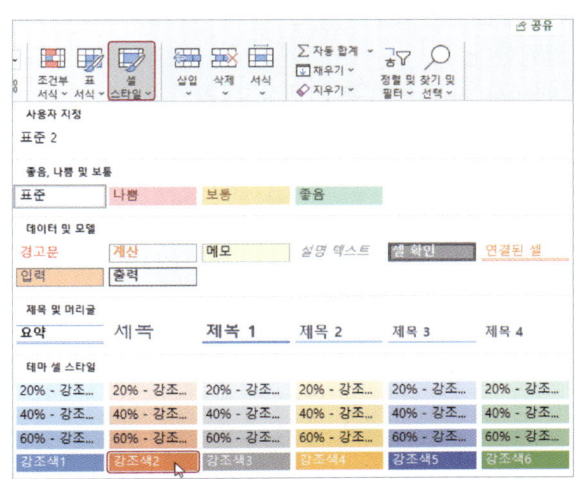

④ [E5:E14], [I5:I14] 영역을 Ctrl 을 이용하여 범위 지정한 후 마우스 오른쪽 버튼을 눌러 [셀 서식]을 클릭하여 [표시 형식] 탭에서 '사용자 지정'을 선택하고 0"위"를 입력하고 [확인]을 클릭한다.

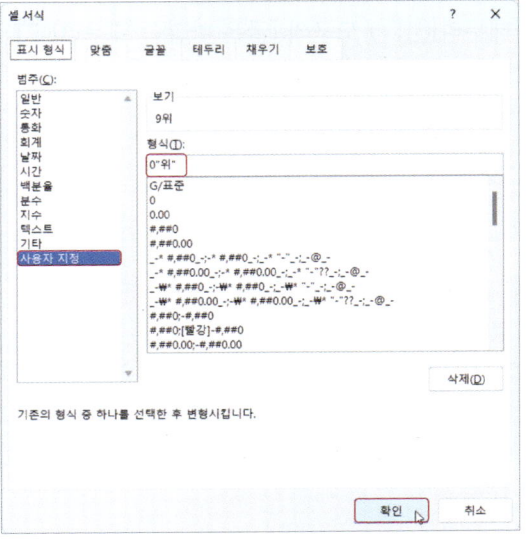

⑤ [A1] 셀에서 마우스 오른쪽 버튼을 눌러 [메모 삽입]을 클릭한 후 기존 사용자 이름은 지우고 **대학교 도서대출**을 입력한다.

⑥ [A1] 셀을 다시 클릭한 후 마우스 오른쪽 버튼을 눌러 [메모 표시/숨기기]를 클릭한다.

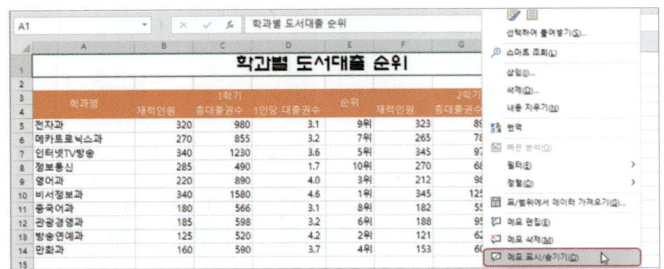

⑦ 메모 경계라인에서 마우스 오른쪽 버튼을 눌러 [메모 서식]을 클릭한다.

⑧ [맞춤] 탭에서 '자동 크기'를 선택하고 [확인]을 클릭한다.

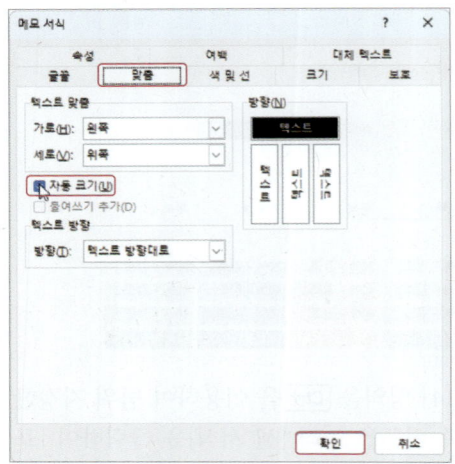

⑨ [A3:I14] 영역을 범위 지정한 후 [홈]-[글꼴] 그룹에서 [테두리] 도구의 [모든 테두리]를 클릭한다. 다시 한 번 [테두리] 도구의 [굵은 바깥쪽 테두리]를 클릭한다.

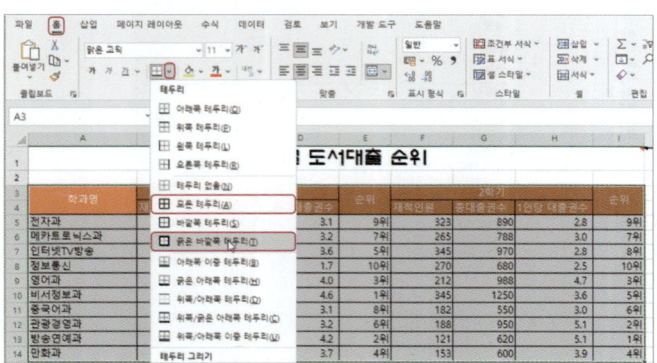

3 조건부 서식

정답

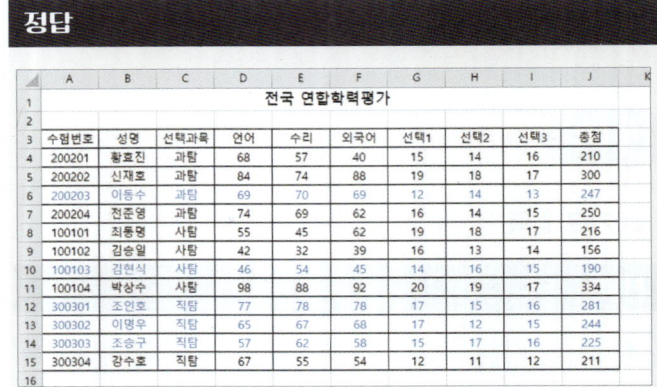

① [A4:J15] 영역을 범위 지정한 후 [홈]-[스타일] 그룹의 [조건부 서식]-[새 규칙]을 클릭한다.

② [새 서식 규칙]에서 '▶ 수식을 사용하여 서식을 지정할 셀 결정'을 선택하고, =$D4<=$E4를 입력한 후 [서식]을 클릭한다.

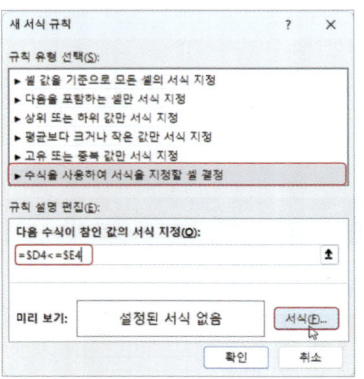

③ [글꼴] 탭에서 색은 '표준 색 – 파랑'을 선택하고 [확인]을 클릭한다.

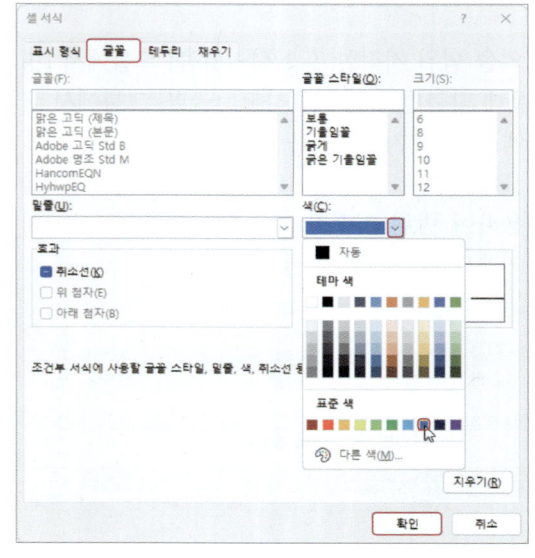

④ [새 서식 규칙]에서 [확인]을 클릭한다.

문제2 계산작업

1 판정[D3:D12]

정답

	A	B	C	D	E
1	[표1]	제품 검사 현황			
2	제품코드	검사일	검사결과	판정	
3	ST-01	11월 11일	RS-6666	불량	
4	ST-02	11월 11일	RS-7777	불량	
5	ST-03	11월 11일	RS-6666	불량	
6	ST-04	11월 11일	RS-2222		
7	ST-05	11월 11일	RS-1111		
8	ST-06	11월 12일	RS-4444		
9	ST-07	11월 12일	RS-1111		
10	ST-08	11월 12일	RS-2222		
11	ST-09	11월 12일	RS-7777	불량	
12	ST-10	11월 12일	RS-4444		
13					

[D3] 셀에 =IFERROR(CHOOSE(MID(C3,4,1),"","","",""),"불량")를 입력하고 [D12] 셀까지 수식을 복사한다.

함수 설명

❶ MID(C3,4,1) : [C3] 셀에서 왼쪽에서부터 4번째에 시작하여 1글자를 추출함
❷ CHOOSE(❶,"","","","") : ❶의 값이 1~4까지는 공백으로 표시

=IFERROR(❷,"불량") : ❷의 값의 오류가 있다면 '불량'으로 표시

2 급여[I3:I9]

정답

	F	G	H	I	J	K	L
1	[표2]	직위별 급여지급 현황					
2	사원명	직위	수당	급여			
3	이주아	부장	₩ 850,000	₩ 4,350,000			
4	김민채	대리	₩ 610,000	₩ 3,010,000			
5	최민주	과장	₩ 740,000	₩ 3,540,000			
6	김도현	사원	₩ 350,000	₩ 2,250,000			
7	김한성	차장	₩ 550,000	₩ 3,650,000			
8	한민우	대리	₩ 300,000	₩ 2,700,000			
9	오안국	사원	₩ 280,000	₩ 2,180,000			
10							
11	<기본급표>						
12	직위	부장	차장	과장	대리	사원	
13	기본급	₩ 3,500,000	₩ 3,100,000	₩ 2,800,000	₩ 2,400,000	₩ 1,900,000	
14							

[I3] 셀에 =H3+HLOOKUP(G3,$G$12:$K$13,2,FALSE)를 입력하고 [I9] 셀까지 수식을 복사한다.

함수 설명

❶ HLOOKUP(G3,$G$12:$K$13,2,FALSE) : [G3] 셀의 값을 [G12:K13] 영역의 첫 번째 행에서 찾아 2번째 행의 값을 찾아옴

=H3+❶ : [H3] 셀에 ❶의 값을 더하여 표시

3 승진여부[E16:E25]

정답

	A	B	C	D	E	F
14	[표3]	사원 승진 심사표				
15	성명	벌점	실적점수	연수점수	승진여부	
16	김선우	10	86	67		
17	유세준	9	88	70	승진	
18	손상훈	5	76	84	승진	
19	김승완	4	56	78		
20	박진수	0	74	96	승진	
21	정명우	2	78	66		
22	조성진	8	62	68		
23	최정일	11	78	88		
24	전승호	13	80	90		
25	이동찬	12	82	87		
26						

[E16] 셀에 =IF(AND(AVERAGE(C16:D16)>=75,B16<10),"승진","")를 입력하고 [E25] 셀까지 수식을 복사한다.

함수 설명

❶ AVERAGE(C16:D16) : [C16:D16] 영역의 평균을 구함
❷ AND(❶>=75,B16<10) : ❶의 값이 75 이상이고, [B16] 셀의 값이 10 미만이면 TRUE 값을 반환

=IF(❷,"승진","") : ❷의 값이 TRUE 이면 '승진', 그 외는 공백으로 표시

4 매매건수[J26]

정답

	G	H	I	J	K
15	[표4]	아파트 매매 목록			
16	아파트명	평수	층수	매매가(만원)	
17	빌리지힐	38	10	35,000	
18	버블힐	25	12	25,000	
19	빌리지힐	23	2	21,000	
20	버블힐	47	3	43,000	
21	버블힐	35	12	32,000	
22	빌리지힐	20	30	20,000	
23	빌리지힐	32	28	33,000	
24	버블힐	45	27	42,000	
25	빌리지힐	31	20	30,000	
26	평수가 20평대 매매 건수			3	
27					

[J26] 셀에 =COUNTIF(H17:H25,">=20")-COUNTIF(H17:H25,">=30")를 입력한다.

함수 설명

❶ COUNTIF(H17:H25,">=20") : [H17:H25] 영역에서 20 이상인 셀의 개수를 구함

❷ COUNTIF(H17:H25,">=30") : [H17:H25] 영역에서 30 이상인 셀의 개수를 구함

=❶-❷ : ❶에서 ❷의 값을 뺀 차이 값을 구함

5 결승[D29:D36]

정답

	A	B	C	D	E
27	[표5]	카트 경기 대회			
28	등번호	참가자	기록	결승	
29	1	타탕가	2:00:46		
30	2	최모스	1:58:50		
31	3	이배찌	1:57:02	결승진출	
32	4	우디지니	1:59:48		
33	5	성마리드	1:58:25		
34	6	배바니	1:59:40		
35	7	박우니	1:59:15		
36	8	김다오	1:57:00	결승진출	
37					

[D29] 셀에 =IF(RANK.EQ(C29,$C$29:$C$36,1)<=2,"결승진출","")를 입력하고 [D36] 셀까지 수식을 복사한다.

함수 설명

❶ RANK.EQ(C29,$C$29:$C$36,1) : [C29] 셀의 값을 [C29:C36] 영역에서 순위를 구함

=IF(❶<=2,"결승진출","") : ❶의 값이 2이하이면 '결승진출', 그 외는 공백으로 표시

문제3 분석작업

1 피벗 테이블

정답

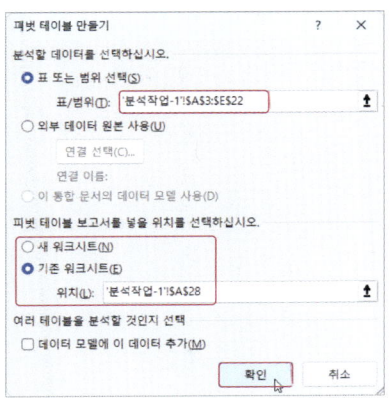

① 데이터 안쪽에 커서를 두고 [삽입]-[표] 그룹의 [피벗 테이블](🔲)을 클릭한다.
② [피벗 테이블 만들기]에서 '표/범위' [A3:E22], '기존 워크시트' [A28]을 지정하고 [확인]을 클릭한다.

③ 다음과 같이 '담당자' 필드는 '필터', '지역' 필드는 '행', '판매수량', '판매금액' 필드는 '값'으로 드래그한다.

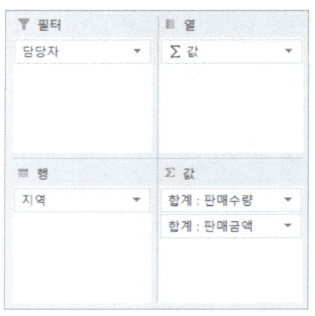

④ '합계 : 판매수량'을 클릭하여 [값 필드 설정]을 클릭한다.

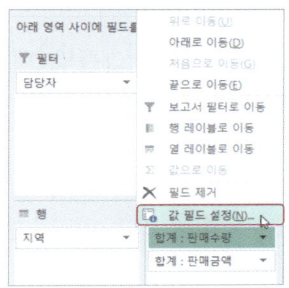

⑤ [값 필드 설정]에서 '평균'을 선택하고 [확인]을 클릭한다. 같은 방법으로 '합계 : 판매금액'도 함수 '평균'으로 바꾼다.

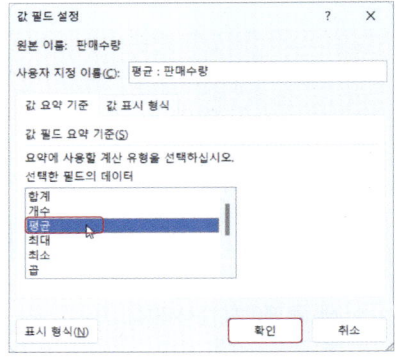

⑥ 피벗 테이블을 선택하고 [디자인]-[레이아웃] 그룹의 [보고서 레이아웃]-[개요 형식으로 표시]를 클릭한다.
⑦ [디자인]-[피벗 테이블 스타일] 그룹에서 '연한 노랑, 피벗 스타일 보통 5'를 선택한다.

2 부분합

정답

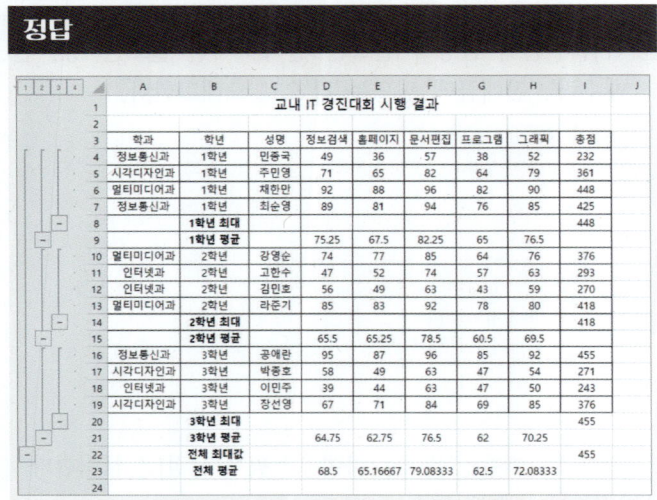

① [B3] 셀을 클릭한 후 [데이터]-[정렬 및 필터] 그룹의 [텍스트 오름차순 정렬]()을 클릭한다.

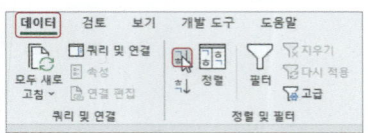

② 데이터 안쪽에 커서를 두고 [데이터]-[개요] 그룹의 [부분합]()을 클릭한다.

③ 다음과 같이 지정하고 [확인]을 클릭한다.

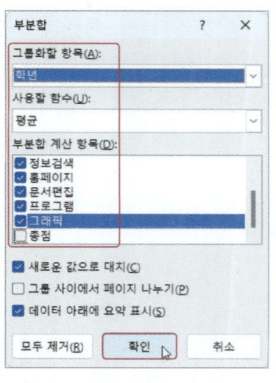

- 그룹화할 항목 : 학년
- 사용할 함수 : 평균
- 부분합 계산 항목 : 정보검색, 홈페이지, 문서편집, 프로그램, 그래픽

④ 다시 한번 [데이터]-[개요] 그룹의 [부분합]()을 클릭하여 다음과 같이 지정하고 [확인]을 클릭한다.

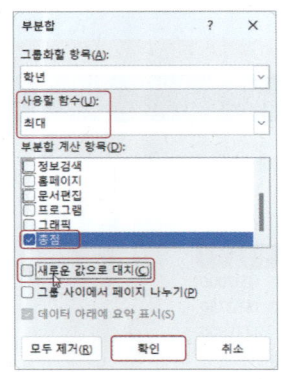

- 사용할 함수 : 최대
- 부분합 계산 항목 : 총점
- '새로운 값으로 대치' 체크 해제

문제4 기타작업

1 매크로

정답

	A	B	C	D	E	F	G
1			문구 판매 현황				
2							
3	매입처	상품명	매입단가	전월재고량	매입수량	판매량	재고량
4	대림상사	노트	450	45	20	50	15
5	동아상사	아이클레이	1,200	37	60	75	22
6	동아상사	아이클레이	1,200	45	20	58	7
7	현대상사	볼펜	420	23	10	29	4
8	현대상사	색연필	35,000	20	15	31	4
9	삼성상사	샤프	600	23	11	20	14
10	삼성상사	샤프	600	23	5	18	10
11	롯데상사	장부	20,000	55	24	64	15
12	롯데상사	장부	20,000	67	40	72	35

(서식 / 재고량 도형)

① [개발 도구]-[코드] 그룹의 [매크로 기록](⊙)을 클릭한다.
② 매크로 이름에 **서식**을 입력하고 [확인]을 클릭한다.

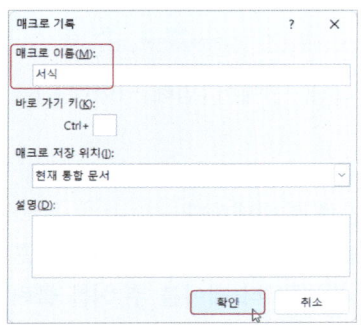

③ [A3:G3] 영역을 범위 지정한 후 [홈]-[글꼴] 그룹에서 [채우기 색](◇▾) 도구를 클릭하여 '표준 색 – 노랑', [글꼴 색](가▾) 도구를 클릭하여 '표준 색 – 파랑', [홈]-[맞춤] 그룹에서 [가운데 맞춤](≡)을 클릭한다.

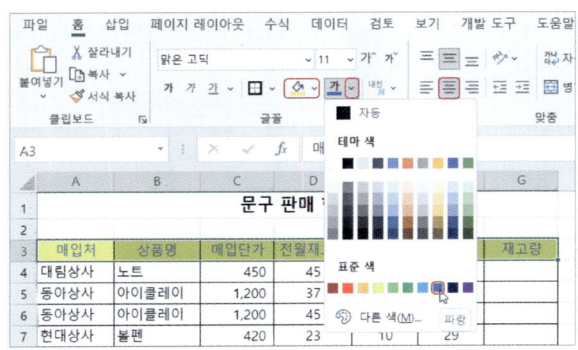

④ [개발 도구]-[코드] 그룹의 [기록 중지](□)를 클릭한다.
⑤ [삽입]-[일러스트레이션] 그룹의 [도형]-[기본 도형]의 '육각형'(⬡)을 클릭하여 [I3:J5] 영역에 Alt 를 누른 채 드래그하여 그린다.

⑥ '육각형'(⬡)을 도형에 **서식**을 입력한 후, '서식' 도형의 경계라인에서 마우스 오른쪽 버튼을 눌러 [매크로 지정]을 클릭한다.
⑦ '서식'을 선택하고 [확인]을 클릭한다.

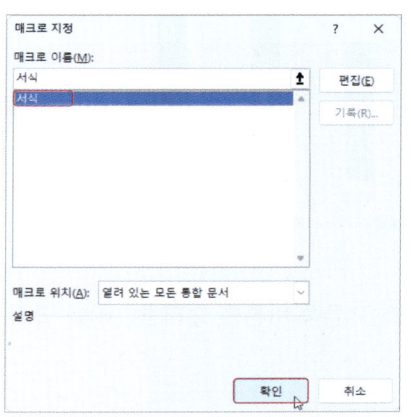

⑧ [개발 도구]-[코드] 그룹의 [매크로 기록](⊙)을 클릭한다.
⑨ 매크로 이름은 **재고량**을 입력하고 [확인]을 클릭한다.
⑩ [G4] 셀에 **=D4+E4-F4**를 입력하고 채우기 핸들을 이용하여 [G12] 셀까지 수식을 복사한다.
⑪ [개발 도구]-[코드] 그룹의 [기록 중지](□)를 클릭한다.
⑫ [삽입]-[일러스트레이션] 그룹의 [도형]-[기본 도형]의 '배지'(⬭)를 클릭하여 [I7:J9] 영역에 Alt 를 누른 채 드래그하여 그린다.
⑬ 도형에 **재고량**을 입력한 후, '재고량' 도형의 경계라인에서 마우스 오른쪽 버튼을 눌러 [매크로 지정]을 클릭한다.
⑭ '재고량'을 선택하고 [확인]을 클릭한다.

2 차트

정답

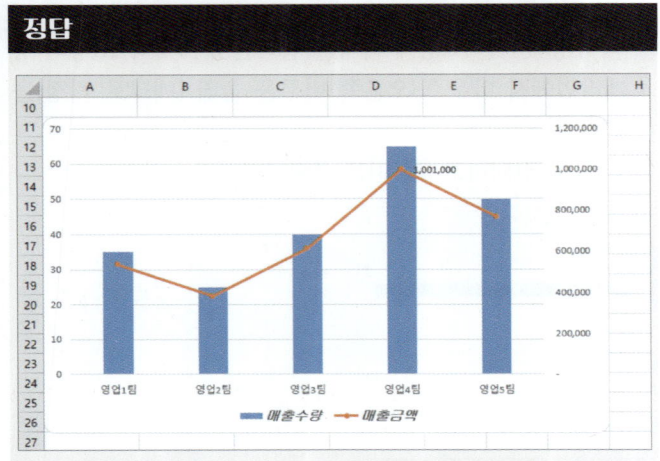

① '순이익' 계열을 마우스 오른쪽 버튼을 눌러 [삭제]를 클릭한다.

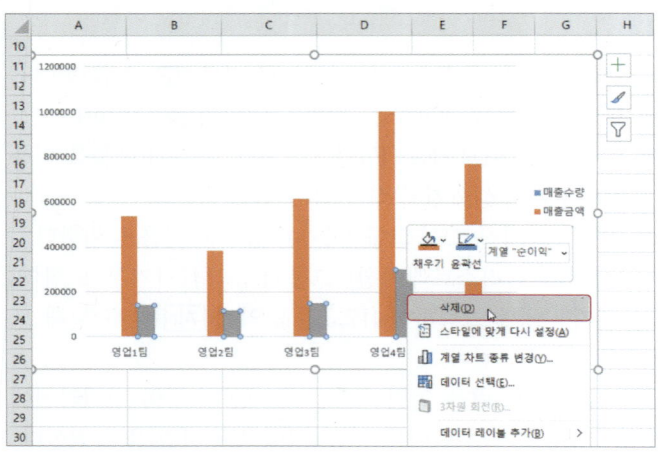

② '매출금액' 계열에서 마우스 오른쪽 버튼을 눌러 [계열 차트 종류 변경]을 클릭한다.

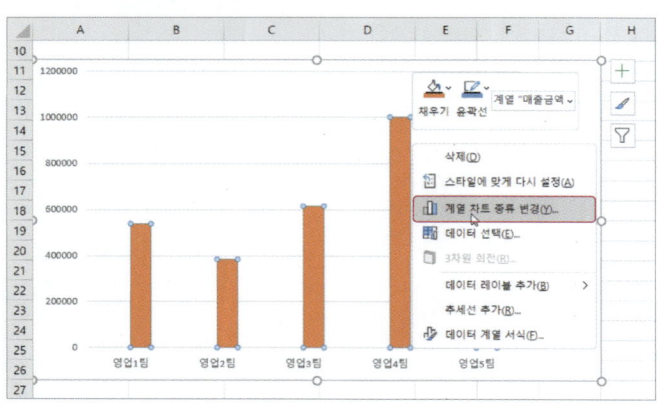

③ '꺾은선형'의 '표식이 있는 꺾은선형'을 선택하고 [확인]을 클릭한다.

④ '매출금액'을 선택한 후 '보조 축'을 선택하고 [확인]을 클릭한다.

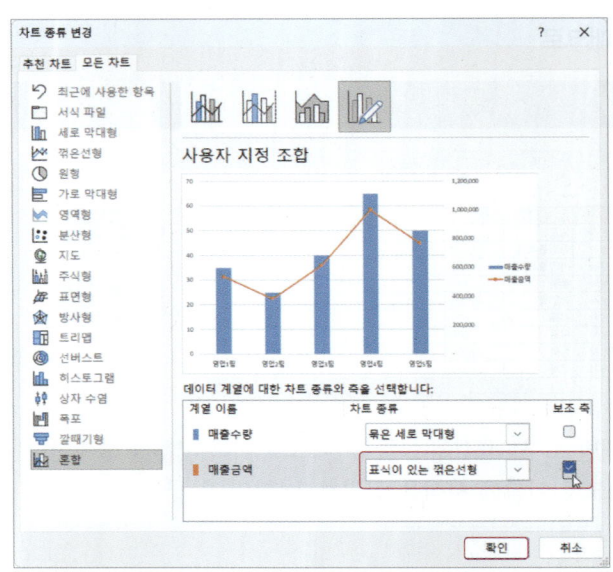

⑤ 차트를 선택한 후 [차트 요소](田)에서 [범례]-[아래쪽]을 클릭한다.
⑥ 범례를 선택한 후 [홈]-[글꼴] 그룹에서 글꼴은 '굴림체', 크기는 '12', '굵게', '기울임꼴'로 선택한다.
⑦ '매출금액' 계열의 '영업4팀' 요소를 천천히 2번 클릭한 후 마우스 오른쪽 버튼을 눌러 [데이터 레이블 추가]를 클릭한다.

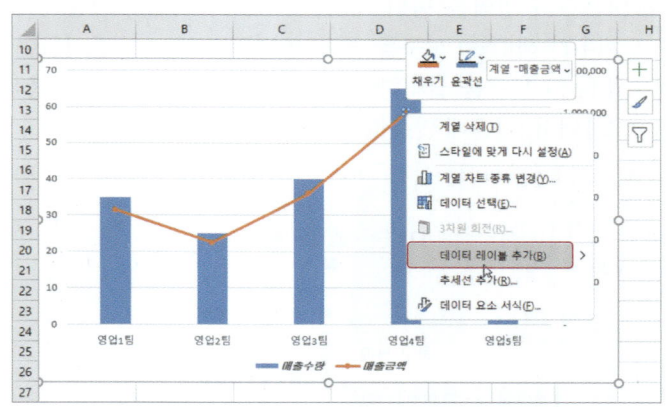

⑧ 차트 영역에서 마우스 오른쪽 버튼을 눌러 [차트 영역 서식]을 클릭한다.
⑨ [차트 영역 서식]에서 [채우기 및 선]의 '테두리 스타일'에서 '둥근 모서리'를 체크하고 [닫기]를 클릭한다.

실전 모의고사 07회

작업파일 : '26컴활2급(기출)\실전모의고사'에서 '실전모의고사7회' 파일을 열어 작업하세요.

문제1 | 기본작업(20점) 주어진 시트에서 다음 과정을 수행하고 저장하시오.

1 '기본작업-1' 시트에 다음의 자료를 주어진 대로 입력하시오. (5점)

	A	B	C	D	E	F
1	의약품 정보					
2						
3	제품명	복지부 분류	성분/함량	제약수입사	제형	보험
4	키도라제정	효소제제	Streptokinase 10mg	한국휴텍스제약	정제	70원/1정
5	세파질건조시럽	그람양성, 음성균에 작용	Cefprozip 25mg/mL	한국콜마	건조시럽	89원/1ml
6	슈다페드정	진해건담제	Pseudoephedrine HCl 60mg	삼일제약	정제	23원/1정
7	푸라콩정	항히스타민제	Piprinhydrinate 3mg	영진약품공업	정제	10원/1정
8	리나치올시럽5%	진해건담제	L-Carbocysteine 50mg/mL	현대약품	시럽제	17원/1ml
9	싱글레어츄정5mg	알레르기용약	Montelukast Sodium 5.2mg	한국엠에스디	저작정(츄어불정)	774원/1정
10	움카민 시럽	호흡기관용약	Pelargonium Sidoides 11%	한화제약	시럽제	28원/1ml
11	하이크라듀오시럽	그람양성, 음성균에 작용	Amoxicillin Sodium 40mg	한국휴텍스제약	건조시럽	81원/1ml
12	뮤테란과립200mg	진해건담제	Acetylcysteine 200mg	한화제약	과립	118원/1g
13						

2 '기본작업-2' 시트에 대하여 다음의 지시사항을 처리하시오. (각 2점)

① [A1:I1] 영역은 '병합하고 가운데 맞춤', 글꼴은 'HY중고딕', 크기는 '18', 행 높이 '28'로 지정하시오.
② [A3:I3] 영역은 셀 스타일에서 '제목 및 머리글'의 '제목 4'로 지정하시오.
③ [F4:F13] 영역은 '전화번호'로 이름을 정의하시오.
④ [H4:H13] 영역은 사용자 지정 서식을 이용하여 문자 뒤에 '@korcham.net'을 표시하시오.
⑤ [A3:I13] 영역은 '모든 테두리'(⊞)를 적용하여 표시하시오.

3 '기본작업-3' 시트에 대하여 다음의 지시사항을 처리하시오. (5점)

'건강검진 결과표'에서 성별이 "여"이고, 키가 160 이상인 데이터를 고급 필터를 사용하여 검색하시오.
▶ 고급 필터 조건은 [A20:D22] 범위 내에 알맞게 입력하시오.
▶ 고급 필터 결과 복사 위치는 시트의 [A24] 셀에서 시작하시오.

문제2 계산작업(40점) '계산작업' 시트에서 다음 과정을 수행하고 저장하시오.

1 [표1]에서 제품코드[A3:A11]의 첫 문자와 코드표[E3:G7]를 이용하여 총판매액[C3:C11]을 계산하시오. (8점)
▶ 총판매액 = 판매량 × 판매가
▶ VLOOKUP과 LEFT 함수 사용

2 [표2]에서 휴가시작일[J3:J11]과 휴가일수[K3:K11]를 이용하여 회사출근일[L3:L11]을 표시하시오. (8점)
▶ 주말(토, 일요일)은 제외
▶ EDATE, DAYS360, WORKDAY 중 알맞은 함수를 선택하여 사용

3 [표3]의 주행거리[D15:D23]에서 기준거리[E13]를 뺀 거리가 0 이하이면 "최상급", 20,000 이하이면 "상급", 20,000 초과하면 공백으로 비고[E15:E23]에 표시하시오. (8점)
▶ IF, COUNTIF, AVERAGEIF 중 알맞은 함수 사용

4 [표4]의 가입 E-메일[J15:K23]에서 '@' 앞의 문자열만 추출하여 아이디[I15:I23]에 표시하시오. (8점)
▶ [표시 예 : tree@naver.com → tree]
▶ MID와 SEARCH 함수 사용

5 [표5]에서 여학생의 수학[E27:E36] 점수 평균을 계산하여 [G27] 셀에 표시하시오. (8점)
▶ 평균 점수는 반올림없이 정수로 표시
▶ 숫자 뒤에 "점"을 표시(예 : 80점)
▶ TRUNC와 AVERAGEIF 함수와 & 연산자 사용

문제3 분석작업(20점) 주어진 시트에서 다음 과정을 수행하고 저장하시오.

1 '분석작업-1' 시트에 대하여 다음의 지시사항을 처리하시오. (10점)

데이터 통합 기능을 이용하여 '박물관 입장객 현황(A3:E23)' 표에 대한 박물관별 '성인', '청소년', '어린이'의 평균을 [H4:J8] 영역에 계산하시오.

2 '분석작업-2' 시트에 대하여 다음의 지시사항을 처리하시오. (10점)

판매가[B6]와 판매량[B7]이 다음과 같이 변동하는 경우 순이익총액[B15]의 변동 시나리오를 작성하시오.
▶ [B6] 셀의 이름은 '판매가', [B7] 셀의 이름은 '판매량', [B15] 셀의 이름은 '순이익총액'으로 정의하시오.
▶ 시나리오1 : 시나리오 이름은 '판매가판매량증가', 판매가를 130,000, 판매량을 450으로 설정하시오.
▶ 시나리오2 : 시나리오 이름은 '판매가판매량감소', 판매가를 120,000, 판매량을 250으로 설정하시오.
▶ 위 시나리오에 의한 '시나리오 요약' 보고서는 '분석작업-2' 시트 바로 앞에 위치시키시오.
※ 시나리오 요약 보고서 작성 시 정답과 일치하여야 하며, 오자로 인한 부분점수는 인정하지 않음

문제4 기타작업(20점) 주어진 시트에서 다음 과정을 수행하고 저장하시오.

1 '매크로작업' 시트에서 다음과 같은 기능을 수행하는 매크로를 현재 통합 문서에 작성하고 실행하시오. (각 5점)

① [D12:H12] 영역에 평균을 계산하는 매크로를 생성하여 실행하시오.
- ▶ 매크로 이름 : 평균
- ▶ AVERAGE 함수 사용
- ▶ [도형] → [기본 도형]의 '타원'(○)을 동일 시트의 [B14:C15] 영역에 생성한 후 텍스트를 "평균"으로 입력하고, 도형을 클릭할 때 '평균' 매크로가 실행되도록 설정하시오.

② [A3:H3] 영역에 대하여 셀 스타일을 '녹색, 강조색6'으로 지정하는 매크로를 생성하여 실행하시오.
- ▶ 매크로 이름 : 서식
- ▶ [도형] → [기본 도형]의 '타원'(○)을 동일 시트의 [E14:F15] 영역에 생성한 후 텍스트를 "서식"으로 입력하고, 도형을 클릭할 때 '서식' 매크로가 실행되도록 설정하시오.

※ 셀 포인터의 위치에 상관없이 현재 통합 문서에서 매크로가 실행되어야 정답으로 인정됨

2 '차트작업' 시트에서 다음 지시사항에 따라 〈그림〉과 같이 차트를 수정하시오. (각 2점)

※ 차트는 반드시 문제에서 제공한 차트를 사용하여야 하며, 신규로 작성 시 0점 처리됨
① '번호' 계열을 삭제하고, 가로(항목) 축을 〈그림〉과 같이 지정하시오.
② 차트 제목을 〈그림〉과 같이 입력한 후 글꼴 크기를 '20'으로 지정하시오.
③ '5일제後' 계열의 차트 종류를 '표식이 있는 꺾은선형'으로 변경하시오.
④ 범례는 아래쪽에 배치하시오.
⑤ 차트 영역의 테두리 스타일은 '너비' 3pt와 '둥근 모서리'로 지정하시오.

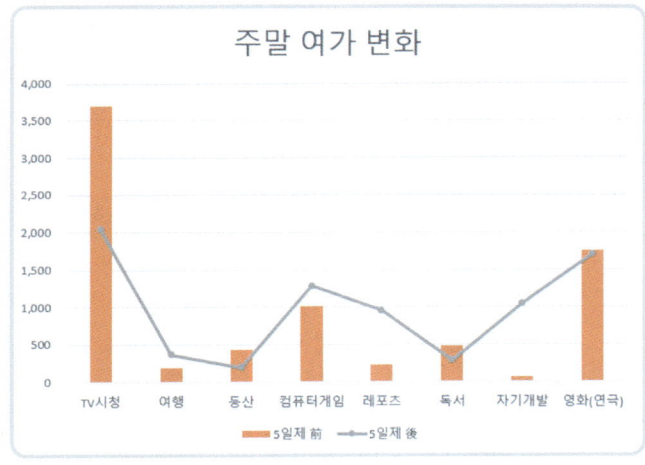

정답 & 해설 실전 모의고사 07회

문제1 기본작업

1 자료 입력

정답

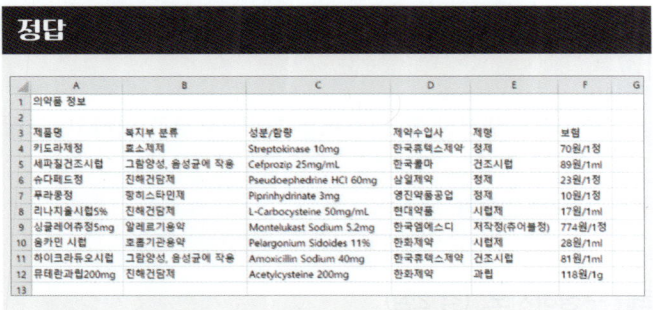

[A3:F12] 셀까지 문제를 보고 오타 없이 작성한다.

2 서식 지정

정답

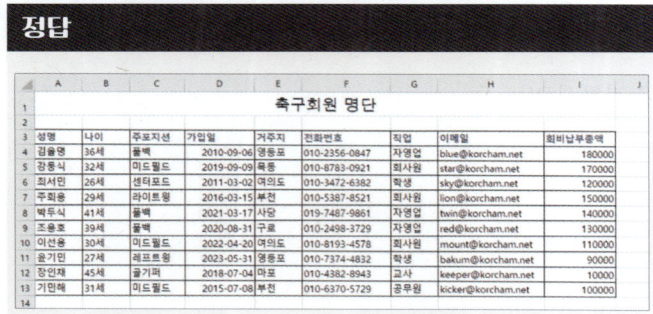

① [A1:I1] 영역을 범위 지정한 후 [홈]-[맞춤] 그룹에서 [병합하고 가운데 맞춤](🔲)을 클릭하고, [글꼴] 그룹에서 글꼴은 'HY중고딕', 크기는 '18'을 선택한다.

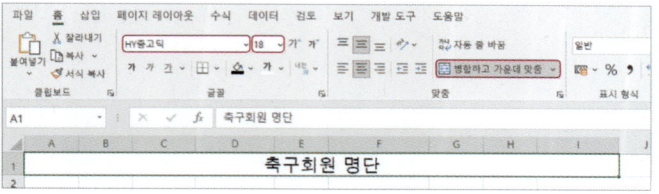

② 행 머리글 1행에서 마우스 오른쪽 버튼을 누르고 [행 높이]를 클릭한다.

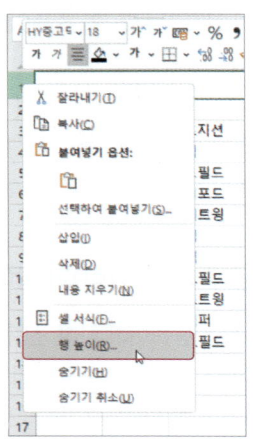

③ [행 높이]에서 28을 입력하고 [확인]을 클릭한다.

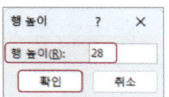

④ [A3:I3] 영역을 범위 지정한 후 [홈]-[스타일] 그룹에서 [셀 스타일]을 클릭하여 '제목 및 머리글'의 '제목 4'를 선택한다.

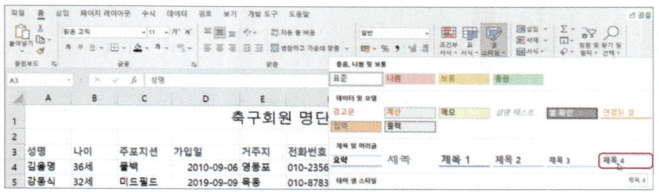

⑤ [F4:F13] 영역을 범위 지정한 후 '이름 상자'에 **전화번호**를 입력하고 Enter 를 누른다.

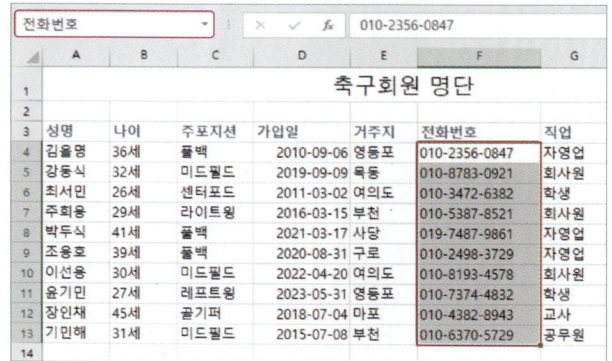

⑥ [H4:H13] 영역을 범위 지정한 후 마우스 오른쪽 버튼을 눌러 [셀 서식]을 클릭한 후 [표시 형식] 탭에서 '사용자 지정'을 선택하고 @"@korcham.net"를 입력하고 [확인]을 클릭한다.

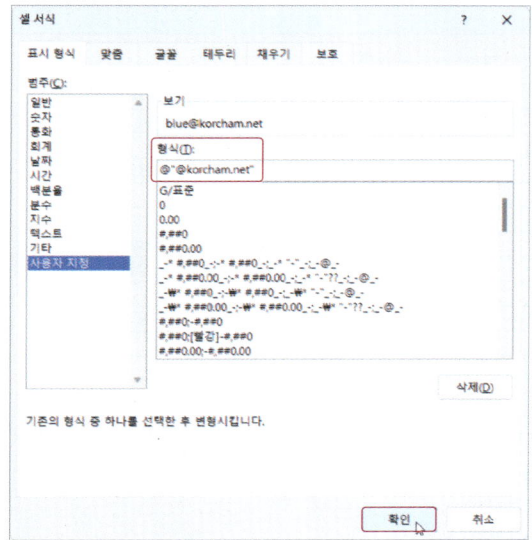

⑦ [A3:I13] 영역을 범위 지정한 후 [홈]-[글꼴] 그룹에서 [테두리](⊞ ▼) 도구의 [모든 테두리](⊞)를 클릭한다.

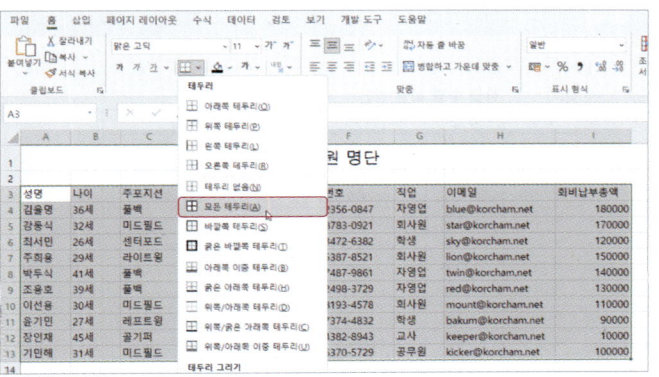

3 고급 필터

정답

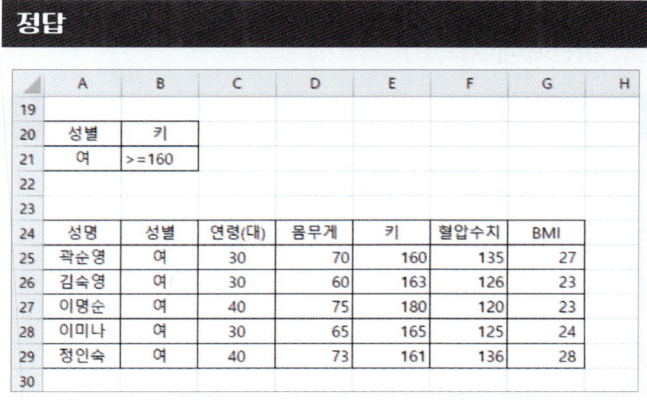

① [A20:B21] 영역에 다음과 같이 조건을 입력한다.

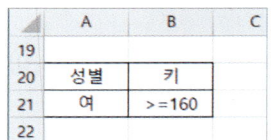

② [데이터]-[정렬 및 필터] 그룹의 [고급](🔽)을 클릭하여 다음과 같이 지정하고 [확인]을 클릭한다.

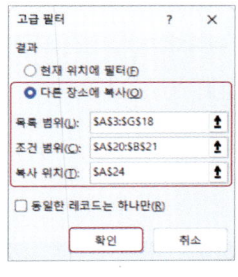

- 결과 : '다른 장소에 복사'
- 목록 범위 : [A3:G18]
- 조건 범위 : [A20:B21]
- 복사 위치 : [A24]

… 문제2 계산작업

1 총판매액[C3:C11]

정답

	A	B	C	D
1	[표1]	가전제품 판매현황		
2	제품코드	판매량	총판매액	
3	RT-21	31	108,500	
4	WD-35	21	31,500	
5	HQ-98	18	50,400	
6	AY-76	27	36,180	
7	HI-53	17	47,600	
8	RZ-88	34	119,000	
9	WP-20	26	39,000	
10	AO-27	29	38,860	
11	RC-28	12	42,000	
12				

[C3] 셀에 =B3*VLOOKUP(LEFT(A3,1),$E$4:$G$7,3,0)를 입력하고 [C11] 셀까지 수식을 복사한다.

함수 설명

❶ LEFT(A3,1) : [A3] 셀에서 왼쪽의 한 글자를 추출함
❷ VLOOKUP(❶,$E$4:$G$7,3,0) : ❶의 값을 [E4:G7] 영역의 첫 번째 열에서 찾아 3번째 열의 값을 찾아옴

=B3*❷ : [B3] 셀의 값에 ❷의 값을 곱하여 표시

2 회사출근일[L3:L11]

정답

	I	J	K	L	M
1	[표2]	여름 휴가 일정표			
2	성명	휴가시작일	휴가일수	회사출근일	
3	고소은	2025-07-25	7	2025-08-05	
4	박철수	2025-08-01	5	2025-08-08	
5	김재영	2025-07-24	6	2025-08-01	
6	나빛나	2025-08-10	4	2025-08-14	
7	최순애	2025-08-15	8	2025-08-27	
8	강철준	2025-07-30	9	2025-08-12	
9	이주아	2025-07-28	6	2025-08-05	
10	최현경	2025-08-02	5	2025-08-08	
11	김한성	2025-08-05	4	2025-08-11	
12					

[L3] 셀에 =WORKDAY(J3,K3)를 입력하고 [L11] 셀까지 수식을 복사한다.

3 비고[E15:E23]

정답

	A	B	C	D	E	F
13	[표3]	중고자동차 목록		기준거리	60,000	
14	모델	연식	정비	주행거리	비고	
15	오3245	2017년 9월		135,000		
16	투5643	2021년 3월	보증	66,000	상급	
17	기6754	2015년 11월		113,000		
18	그3425	2023년 10월		54,000	최상급	
19	에8907	2022년 12월	보증	25,000	최상급	
20	그5813	2021년 10월		64,000	상급	
21	카4532	2019년 3월	보증	86,000		
22	엑6754	2016년 5월	보증	70,000	상급	
23	산7653	2018년 9월		145,000		
24						

[E15] 셀에 =IF(D15-$E$13<=0,"최상급",IF(D15-$E$13<=20000,"상급",""))를 입력하고 [E23] 셀까지 수식을 복사한다.

4 아이디[I15:I23]

정답

	G	H	I	J	K	L
13	[표4]	상급 수영 회원 명단				
14	성명	주소	아이디	가입 E-메일		
15	기성훈	서초동	gisung11	gisung11@hanmail.com		
16	피영철	양재동	piyung22	piyung22@naver.com		
17	소나무	방배동	sona44	sona44@nate.com		
18	참나무	우면동	tree99	tree99@gmail.com		
19	벽오동	서초동	odong55	odong55@daum.net		
20	고구마	양재동	gogu88	gogu88@hanamil.net		
21	면라면	서초동	lamen33	lamen33@naver.com		
22	돈피그	양재동	dongpi77	dongpi77@daum.net		
23	박철수	방배동	pchsu66	pchsu66@gmail.com		
24						

[I15] 셀에 =MID(J15,1,SEARCH("@",J15,1)-1)를 입력하고 [I23] 셀까지 수식을 복사한다.

함수 설명

❶ SEARCH("@",J15,1) : '@'를 [J15] 셀의 첫 번째 위치부터 찾아 시작 위치를 구함

=MID(J15,1,❶-1) : [J15] 셀에서 왼쪽에서부터 ❶-1 글자수만큼 추출함

5 여학생 수학 평균점수[G27]

정답

	A	B	C	D	E	F	G	H	I
25	[표5]	기말고사 성적표							
26	성명	성별	국어	영어	수학		여학생 수학 평균점수		
27	이한우	남	90	95	96		87점		
28	김금순	여	75	72	74				
29	김동규	남	85	89	90				
30	안영자	여	97	90	96				
31	서운구	남	70	73	72				
32	김규환	남	98	93	90				
33	김은진	여	95	99	96				
34	윤향기	여	81	82	84				
35	김월송	남	75	74	75				
36	한성수	남	78	79	79				
37									

[G27] 셀에 =TRUNC(AVERAGEIF(B27:B36,"여",E27:E36))&"점"를 입력한다.

함수 설명

❶ AVERAGEIF(B27:B36,"여",E27:E36) : [B27:B26] 영역에서 '여'를 찾아 [E27:E36] 영역의 평균을 구함

=TRUNC(❶)&"점" : ❶의 결과 값에 소수점을 제거하고 정수 부분만 남김 값에 '점'을 붙여서 표시

문제3 분석작업

1 데이터 통합

정답

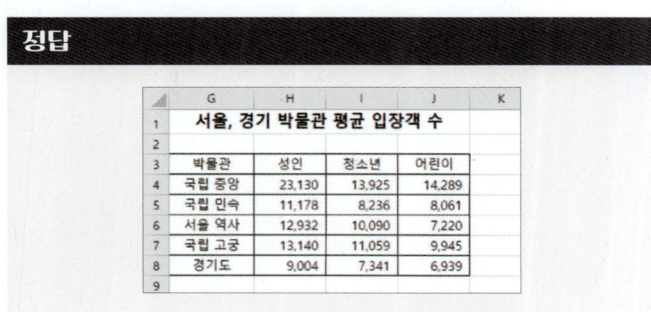

① [G3:J8] 영역을 범위 지정한 후 [데이터]-[데이터 도구] 그룹의 [통합](📊)을 클릭한다.
② [통합]에서 '함수'는 '평균', '모든 참조 영역'은 [B3:E23] 영역을 추가한 후 '사용할 레이블'은 '첫 행', '왼쪽 열'을 체크하고 [확인]을 클릭한다.

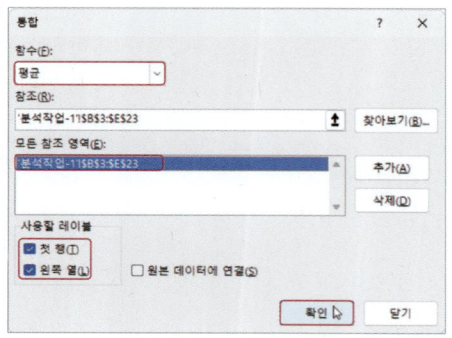

2 시나리오

정답

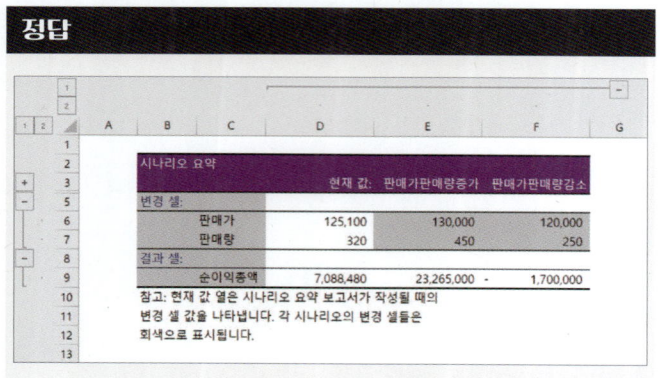

① [B6] 셀을 클릭하고 '이름 상자'에 **판매가**를 입력하고 Enter를 누른다.

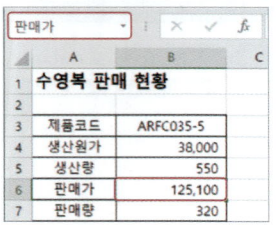

② 같은 방법으로 [B7] 셀은 **판매량**, [B15] 셀은 **순이익총액**으로 이름을 정의한다.
③ [B6:B7] 영역을 범위 지정한 후 [데이터]-[예측] 그룹의 [가상 분석]-[시나리오 관리자]를 클릭한다.
④ [시나리오 관리자]에서 [추가]를 클릭한다.
⑤ [시나리오 추가]에서 '시나리오 이름'은 **판매가판매량증가**를 입력하고, '변경 셀'은 [B6:B7] 영역을 지정한 후 [확인]을 클릭한다.

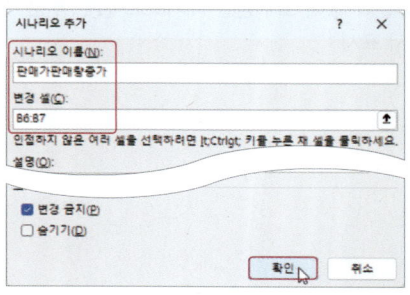

⑥ [시나리오 값]에서 '판매가'에 130000, '판매량'에 450을 입력한 후 [추가]를 클릭한다.

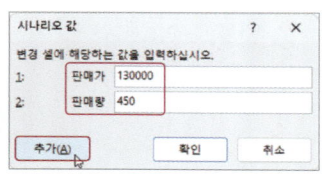

⑦ [시나리오 추가]에서 '시나리오 이름'은 **판매가판매량감소**를 입력하고, '변경 셀'은 [B6:B7] 영역을 지정한 후 [확인]을 클릭한다.
⑧ [시나리오 값]에서 '판매가'에 120000, '판매량'에 250을 입력한 후 [확인]을 클릭한다.

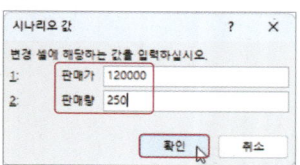

⑨ [시나리오 관리자]에서 [요약]을 클릭하고, [시나리오 요약]에서 '결과 셀'에 [B15] 셀을 지정하고 [확인]을 클릭한다.

문제4 기타작업

1 매크로

정답

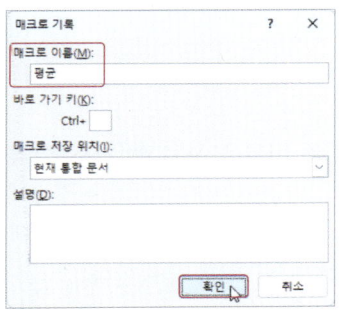

① [개발 도구]-[코드] 그룹의 [매크로 기록](🔘)을 클릭한다.
② 매크로 이름에 **평균**을 입력하고 [확인]을 클릭한다.

③ [D12] 셀에 =AVERAGE(D4:D11)을 입력하고 채우기 핸들을 이용하여 [H12] 셀까지 수식을 복사한다.
④ [개발 도구]-[코드] 그룹의 [기록 중지](□)를 클릭한다.
⑤ [삽입]-[일러스트레이션] 그룹의 [도형]-[기본 도형]의 '타원'(○)을 클릭하여 [B14:C15] 영역에 Alt 를 누른 채 드래그하여 그린다.

⑥ '타원'(○) 도형에 **평균**을 입력한 후, '평균' 도형의 경계 라인에서 마우스 오른쪽 버튼을 눌러 [매크로 지정]을 클릭한다.

⑦ '평균'을 선택하고 [확인]을 클릭한다.
⑧ [개발 도구]-[코드] 그룹의 [매크로 기록](🔘)을 클릭한다.
⑨ 매크로 이름은 **서식**을 입력하고 [확인]을 클릭한다.
⑩ [A3:H3] 영역을 범위 지정한 후 [홈]-[스타일] 그룹에서 [셀 스타일]의 '녹색, 강조색 6'을 선택한다.

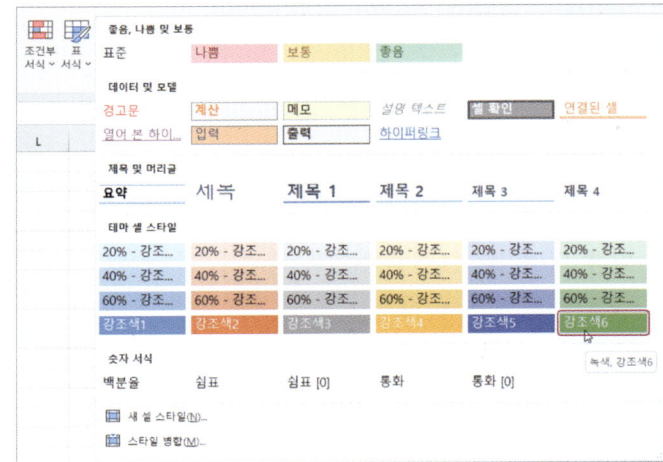

⑪ [개발 도구]-[코드] 그룹의 [기록 중지](□)를 클릭한다.
⑫ [삽입]-[일러스트레이션] 그룹의 [도형]-[기본 도형]의 '타원'(○)을 클릭하여 [E14:F15] 영역에 Alt 를 누른 채 드래그하여 그린다.
⑬ '타원'(○) 도형에 **서식**을 입력한 후, '서식' 도형의 경계 라인에서 마우스 오른쪽 버튼을 눌러 [매크로 지정]을 클릭한다.
⑭ '서식'을 선택하고 [확인]을 클릭한다.

2 차트

정답

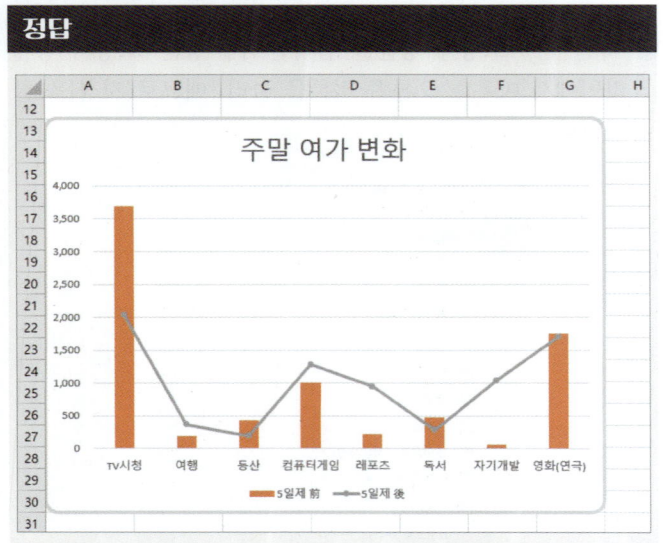

① 차트에서 마우스 오른쪽 버튼을 눌러 [데이터 선택]을 클릭한다.
② '번호' 계열을 선택한 후 [제거]를 클릭한 후 '가로 항목(축) 레이블'의 [편집]을 클릭한다.

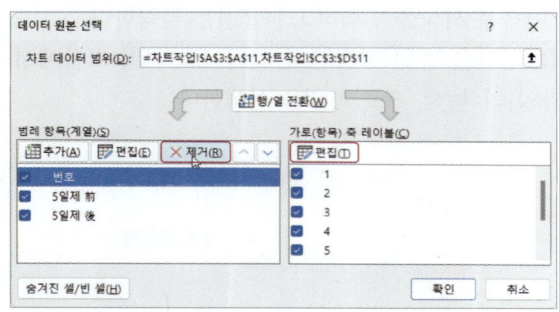

③ [축 레이블]에서 [B4:B11] 영역을 선택하고 [확인]을 클릭하고 [데이터 원본 선택]에서 [확인]을 클릭한다.

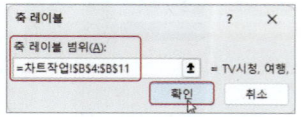

④ 차트를 선택한 후 [차트 요소](田)에서 '차트 제목'을 체크한 후 **주말 여가 변화**를 입력한다.

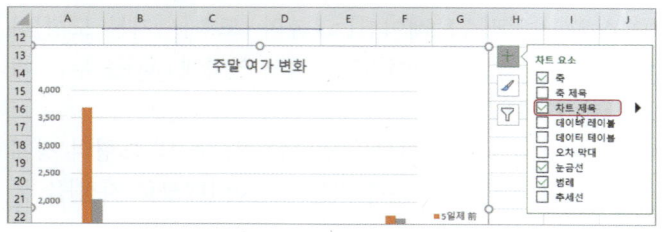

⑤ 차트 제목을 선택한 후 [홈]-[글꼴] 그룹에서 크기는 '20'으로 지정한다.
⑥ '5일제後' 계열에서 오른쪽 버튼을 클릭한 후 [계열 차트 종류 변경]을 클릭한다.

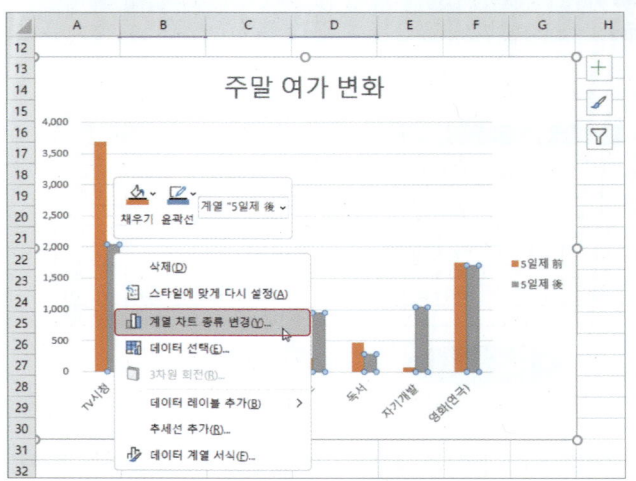

⑦ [차트 종류 변경]에서 '꺾은선형'의 '표식이 있는 꺾은선형'을 선택하고 [확인]을 클릭한다.
⑧ 차트를 선택한 후 [차트 요소](田)에서 [범례]-[아래쪽]을 클릭한다.
⑨ 차트 영역에서 마우스 오른쪽 버튼을 누르고 [차트 영역 서식]을 클릭한다.
⑩ [차트 영역 서식]에서 '테두리 스타일'에서 너비 '3'을 선택하고, '둥근 모서리'를 체크하고 [닫기]를 클릭한다.

실전 모의고사 08회

작업파일 : '26컴활2급(기출)₩실전모의고사'에서 '실전모의고사8회' 파일을 열어 작업하세요.

문제1 기본작업(20점) 주어진 시트에서 다음 과정을 수행하고 저장하시오.

1 '기본작업-1' 시트에 다음의 자료를 주어진 대로 입력하시오. (5점)

	A	B	C	D	E	F	G
1	문화센터 강좌						
2							
3	지점	강좌코드	강좌명	강사명	강좌기간	수강료	수강인원
4	송파점	10010	스트레스 NO! 행복한 노래교실	서인석	03.06 ~ 05.22	40000	20
5	잠실점	12063	한국의 美~ 한국무용	김동민	03.03 ~ 05.26	60000	15
6	영등포점	15030	건강생활 힐링 & 다이어트 요가	김명옥	03.02 ~ 05.18	70000	15
7	구로점	18901	퓨전 라인댄스	배경란	03.05 ~ 05.21	90000	25
8	중계점	14290	숙면에 좋은 몸과 마음의 명상 & 힐링	윤진희	03.08 ~ 05.26	80000	20
9	수지점	20178	연필과 파스텔 인물화	최지미	03.07 ~ 05.23	100000	20
10	안산점	26981	보테니컬아트(꽃그림 그리기)	강은경	03.04 ~ 05.20	100000	10
11	계양점	22560	하와이언 미니기타! 우쿨렐레	김명희	03.09 ~ 05.27	80000	15
12	안성점	27097	아름다운 감성글씨! 캘리그라피	박준근	03.05 ~ 05.21	64000	30

2 '기본작업-2' 시트에 대하여 다음의 지시사항을 처리하시오. (각 2점)

① [B1:H1] 영역은 '병합하고 가운데 맞춤', 크기 20, 글꼴 색은 '표준 색 – 자주'로 지정하시오.
② [B4:B6], [B7:B9], [B10:B12] 영역은 '병합하고 가운데 맞춤', 글꼴 스타일 '굵게'로 지정하시오.
③ [E4:E12], [G4:G12] 영역은 사용자 지정 서식을 이용하여 천 단위 구분 기호를 지정하고 숫자 뒤에 "천원"을 표시하되, 셀 값이 0일 경우에는 "0천원"으로 표시하시오. [표시 예 : 1000 → 1,000천원]
④ [D3] 셀의 "제품명"을 한자 "製品名"으로 변환하시오.
⑤ [B3:H12] 영역은 '모든 테두리'(田)를 적용하여 표시하시오.

3 '기본작업-3' 시트에 대하여 다음의 지시사항을 처리하시오. (5점)

'사원 현황' 표에서 부서명이 "영업부" 이거나 성별이 "남"인 데이터를 고급 필터를 사용하여 검색하시오.
▶ 고급 필터 조건은 [A16:D19] 범위 내에 알맞게 입력하시오.
▶ 고급 필터 결과 복사 위치는 동일 시트의 [A20] 셀에서 시작하시오.

문제2 계산작업(40점) '계산작업' 시트에서 다음 과정을 수행하고 저장하시오.

1 [표1]에서 성적의 순위를 구하여 1등이면 '★★★', 2등이면 '★★', 3등이면 '★'로 표시하고 나머지는 공백으로 비고 [D3:D10] 영역에 표시하시오. (8점)

▶ IFERROR, CHOOSE, RANK.EQ 함수 사용

2 [표2]에서 품목명과 품목코드를 이용하여 품목별 단가표[F10:J11]를 참조하여 금액[I3:I7] 영역에 계산하여 표시하시오. (8점)

▶ 〈품목별 단가표〉의 품목은 품목명에 품목코드의 세 번째 코드를 연결하여 참조
▶ 금액 = 단가 * 수량
▶ HLOOKUP, MID 함수와 & 연산자 사용

3 [표3]에서 전기 사용량[C14:C22]이 가장 많은 사용자명[A14:A22]을 찾아 [C25] 셀에 표시하시오. (8점)

▶ INDEX, MATCH, MAX 함수 사용

4 [표4]의 중간, 수행, 기말의 표준편차가 전체 [G15:I21]의 표준편차 이상이면 "평균점수 이상"을 이외에는 공백을 비고 [J15:J21]에 표시하시오. (8점)

▶ IF와 STDEV.S 함수 사용

5 [표5]에서 주민등록번호의 8번째 글자가 홀수이면 '남자', 짝수이면 '여자'로 성별[D29:D36] 영역에 표시하시오. (8점)

▶ IF, MOD, MID 함수 사용

문제3 분석작업(20점) 주어진 시트에서 다음 과정을 수행하고 저장하시오.

1 '분석작업-1' 시트에 대하여 다음의 지시사항을 처리하시오. (10점)

'대리점별 매출 현황' 표를 이용하여 대리점은 '행', 차종은 '열'로 처리하고, '값'에 목표량, 판매량, 목표액, 매출액의 합계를 계산한 후 'Σ 값'을 '행'으로 설정하는 피벗 테이블을 작성하시오.
▶ 피벗 테이블 보고서는 동일 시트의 [A23] 셀에서 시작하시오.
▶ 값 영역의 표시 형식은 '셀 서식' 대화상자에서 '숫자' 범주의 '1000 단위 구분 기호 사용'을 이용하여 지정하시오.

2 '분석작업-2' 시트에 대하여 다음의 지시사항을 처리하시오. (10점)

데이터 통합 기능을 이용하여 [표1], [표2], [표3]에 대한 제품명별 '판매가', '수량', '판매액'의 평균을 '전자제품별 판매 현황(1/4분기)' 표의 [F10] 셀부터 시작하여 표시하시오.

문제4 기타작업(20점) 주어진 시트에서 다음 과정을 수행하고 저장하시오.

1 '매크로작업' 시트에서 다음과 같은 기능을 수행하는 매크로를 현재 통합 문서에 작성하고 실행하시오. (각 5점)

① [A3:A4], [B3:C3], [D3:E3], [F3:G3]을 '병합하고 가운데 맞춤'으로 지정하는 매크로를 생성하여 실행하시오.
- ▶ 매크로 이름 : 병합서식
- ▶ [도형] → [사각형]의 '사각형: 둥근 모서리'(▢)를 동일 시트의 [B13:C14] 영역에 생성한 후 텍스트를 "병합서식"으로 입력하고, 도형을 클릭할 때 '병합서식' 매크로가 실행되도록 설정하시오.

② [B11:G11] 영역에 합계를 계산하는 매크로를 생성하여 실행하시오.
- ▶ 매크로 이름 : 합계
- ▶ SUM 함수 사용
- ▶ [개발 도구] → [삽입] → [양식 컨트롤]의 '단추'(▢)를 동일 시트의 [E13:F14] 영역에 생성한 후 텍스트를 "합계"로 입력하고, 단추를 클릭할 때 '합계' 매크로가 실행되도록 설정하시오.

※ 셀 포인터의 위치에 상관없이 현재 통합 문서에서 매크로가 실행되어야 정답으로 인정됨

2 '기타작업' 시트에서 다음 지시사항에 따라 〈그림〉과 같이 차트를 수정하시오. (각 2점)

※ 차트는 반드시 문제에서 제공한 차트를 사용하여야 하며, 신규로 작성 시 0점 처리됨
① '상식' 점수 데이터가 차트에 표시되도록 데이터 범위를 추가하고, 행/열 전환을 수행하시오.
② 차트 제목과 축 제목은 〈그림〉과 같이 입력하시오.
③ 모든 계열에 데이터 레이블 '값(바깥쪽 끝에)'을 지정하시오.
④ 범례는 위쪽에 배치하고, 도형 스타일 '미세 효과 – 파랑, 강조1'로 지정하시오.
⑤ 차트 영역의 테두리 스타일은 '둥근 모서리'로 지정하시오.

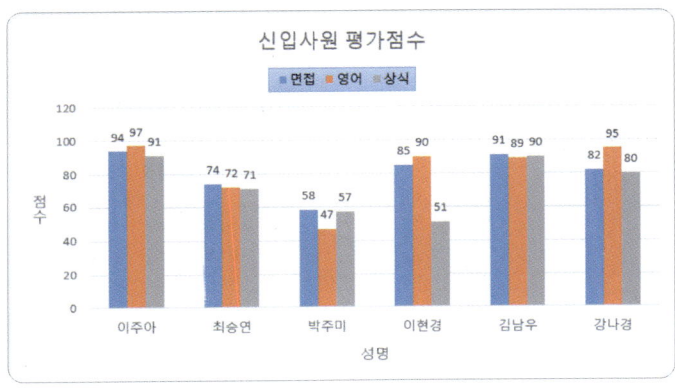

정답 & 해설 실전 모의고사 08회

문제1 기본작업

1 자료 입력

정답

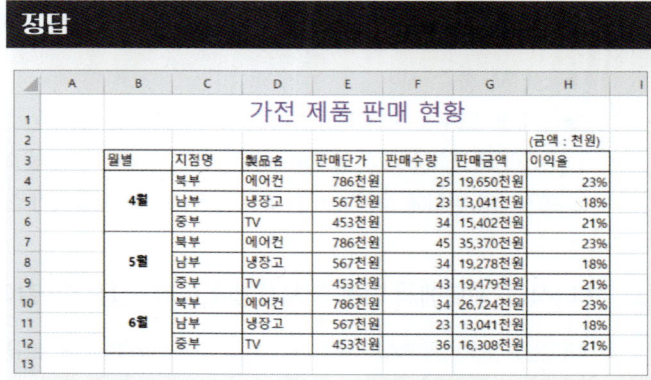

[A3:G12] 셀까지 문제를 보고 오타 없이 작성한다.

2 서식 지정

정답

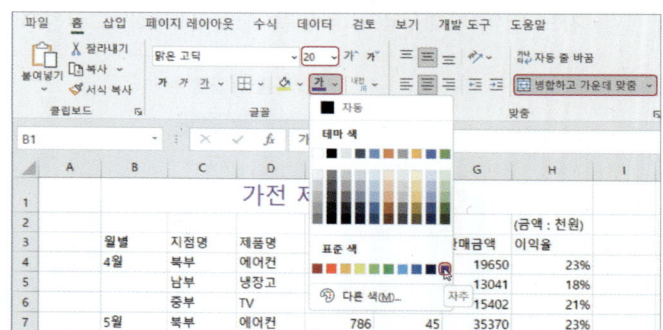

① [B1:H1] 영역을 범위 지정한 후 [홈]-[맞춤] 그룹에서 [병합하고 가운데 맞춤](圄)을 클릭하고, [글꼴] 그룹에서 크기는 '20', 글꼴 색은 '표준 색 - 자주'를 선택한다.

② [B4:B6], [B7:B9], [B10:B12] 영역을 Ctrl 을 이용하여 범위 지정한 후 [홈]-[맞춤] 그룹에서 [병합하고 가운데 맞춤](圄)을 클릭하고, [글꼴] 그룹에서 '굵게'를 선택한다.

③ [E4:E12], [G4:G12] 영역을 Ctrl을 이용하여 범위 지정한 후 마우스 오른쪽 버튼을 눌러 [셀 서식]을 클릭하여 [표시 형식] 탭에서 '사용자 지정'을 선택하고 #,##0"천원"를 입력하고 [확인]을 클릭한다.

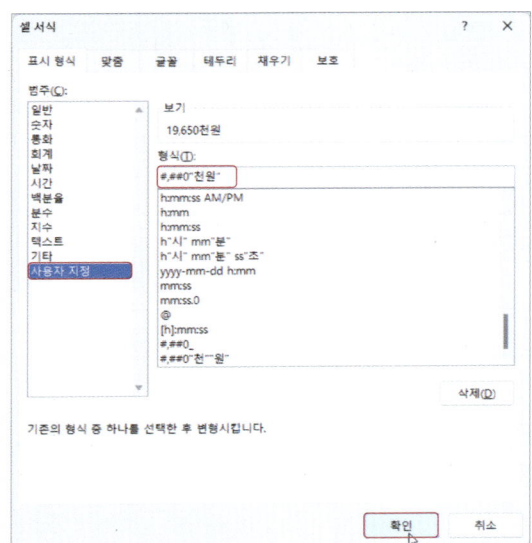

④ [D3] 셀 '명' 뒤에서 더블 클릭한 후 키보드의 한자를 누른 후 '製品'을 선택한 후 [변환]을 클릭하고, 다시 한번 '名'을 선택한 후 [변환]을 클릭한다.

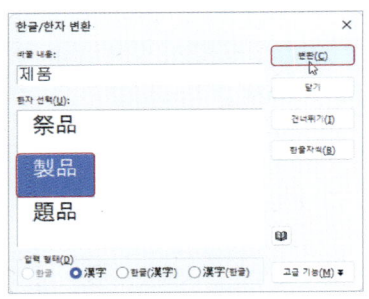

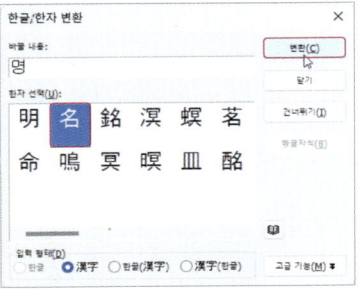

⑤ [B3:H12] 영역을 범위 지정한 후 [홈]-[글꼴] 그룹에서 [테두리](⊞ ▾) 도구의 [모든 테두리](⊞)를 클릭한다.

3 고급 필터

정답

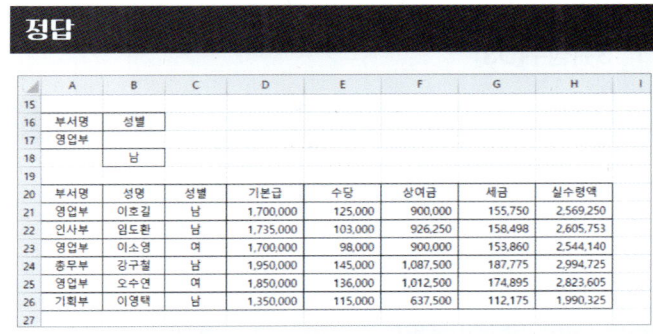

① [A16:B18] 영역에 다음과 같이 조건을 입력한다.

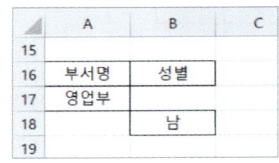

② [데이터]-[정렬 및 필터] 그룹의 [고급]을 클릭하여 다음과 같이 지정하고 [확인]을 클릭한다.

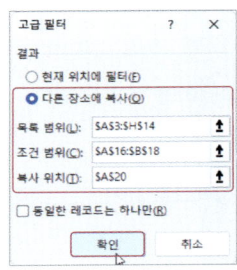

- 결과 : '다른 장소에 복사'
- 목록 범위 : [A3:H14]
- 조건 범위 : [A16:B18]
- 복사 위치 : [A20]

문제2 계산작업

1 3위점수[D3]

정답

	A	B	C	D	E
1	[표1]	성적현황			
2	이름	학과	성적	비고	
3	강소영	전자과	89.5		
4	이소영	기계과	91.6	★★	
5	현승수	기계과	85.4		
6	나하나	경영과	90.5	★	
7	장하나	경영과	93.6	★★★	
8	김장희	기계과	83.4		
9	이문성	경영과	78.5		
10	문혜성	전자과	81.7		
11					

[D3] 셀에 =IFERROR(CHOOSE(RANK.EQ(C3,$C$3:$C$10),"★★★","★★","★"),"")을 입력하고 [D10] 셀까지 수식을 복사한다.

함수 설명

❶ RANK.EQ(C3,$C$3:$C$10) : [C3] 셀의 값을 [C3:C10] 영역에서 순위를 구함
❷ CHOOSE(❶,"★★★","★★","★") : ❶의 값이 1이면 '★★★', 2이면 '★★', 3이면 '★'로 표시

=IFERROR(❷,"") : ❷의 값의 오류가 있다면 공백으로 표시

2 금액[I3:I7]

정답

	F	G	H	I	J	K
1	[표2]	판매 현황				
2	품목코드	품목명	수량	금액		
3	3-T-001	프린터	5	1,170,500		
4	4-P-324	용지	35	343,000		
5	2-O-456	USB	120	600,000		
6	9-S-345	스피커	12	780,000		
7	7-I-556	잉크	18	810,000		
8						
9		품목별 단가표				
10	프린터T	용지P	USBO	스피커S	잉크I	
11	234,100	9,800	5,000	65,000	45,000	
12						

[I3] 셀에 =HLOOKUP(G3&MID(F3,3,1),$F$10:$J$11,2,FALSE)*H3을 입력하고 [I7] 셀까지 수식을 복사한다.

함수 설명

❶ MID(F3,3,1) : [F3] 셀에서 왼쪽에서부터 3번째부터 1글자를 추출함
❷ HLOOKUP(G3&❶,$F$10:$J$11,2,FALSE) : [G3] 셀과 ❶을 연결한 후 [F10:J11] 영역의 첫 번째 행에서 찾아 같은 열의 2번째 행의 값을 찾아옴

=❷*H3 : ❷의 값에 [H3] 셀을 곱하여 표시

3 영업용 전기요금 평균[C25]

정답

	A	B	C	D	E
12	[표3]	전기 사용 현황			
13	사용자명	구분	사용량	전기요금	
14	장하나	영업용	678	135,600	
15	이윤수	가정용	534	106,800	
16	장명식	산업용	1,234	246,800	
17	김선희	산업용	1,090	218,000	
18	김온정	가정용	689	137,800	
19	강명수	영업용	532	106,400	
20	이영구	가정용	966	193,200	
21	윤수인	산업용	1,345	269,000	
22	최이선	영업용	775	155,000	
23					
24			사용량이 많은 사용자		
25			윤수인		
26					

[C25] 셀에 =INDEX(A14:A22,MATCH(MAX(C14:C22),C14:C22,0))을 입력한다.

함수 설명

❶ MAX(C14:C22) : [C14:C22] 영역의 최대값을 구함
❷ MATCH(❶,C14:C22,0) : ❶ 값을 [C14:C22] 영역에서 몇 번째 위치하는지를 숫자로 반환

=INDEX(A14:A22,❷) : [A14:A22] 영역에서 2번째 행에 있는 값을 찾아서 표시

4 비고[J15:J21]

정답

	F	G	H	I	J	K
13	[표4]	1학기 국어 성적				
14	성명	중간	수행	기말	비고	
15	김정훈	78.45	45.78	87.23	평균점수 이상	
16	오석현	88.79	87.34	90.45		
17	이영선	92.45	80.23	78.23		
18	임현재	88.45	77.54	98.56		
19	남정왕	88.66	89.12	89.54		
20	고문섭	90	90.23	77.45		
21	라동훈	48.54	94.35	67.79	평균점수 이상	
22						

[J15] 셀에 =IF(STDEV.S(G15:I15)>=STDEV.S($G$15:$I$21),"평균점수 이상","")를 입력하고 [J21] 셀까지 수식을 복사한다.

5 부서명[C29:C36]

정답

	A	B	C	D	E
27	[표5]	사원 현황			
28	사원번호	성명	주민등록번호	성별	
29	SA-23	배순용	950208-1******	남자	
30	TB-34	이길순	030504-4******	여자	
31	RC-11	하길주	960209-2******	여자	
32	YB-44	이선호	040904-3******	남자	
33	CC-22	강성수	011014-3******	남자	
34	AA-32	김보견	941017-2******	여자	
35	TB-13	천수만	880409-1******	남자	
36	SA-21	이성수	031124-4******	여자	
37					

[D29] 셀에 =IF(MOD(MID(C29,8,1),2)=1,"남자","여자")을 입력하고 [D36] 셀까지 수식을 복사한다.

함수 설명

❶ MID(C29,8,1) : [C29] 셀에서 왼쪽에서부터 시작하여 8번째에 1글자를 추출함
❷ MOD(❶,2) : ❶의 값을 2로 나눈 나머지를 구함

=IF(❷=1,"남자","여자") : ❷의 값이 1이면 '남자', 그 외는 '여자'로 표시

문제3 분석작업

1 피벗 테이블

정답

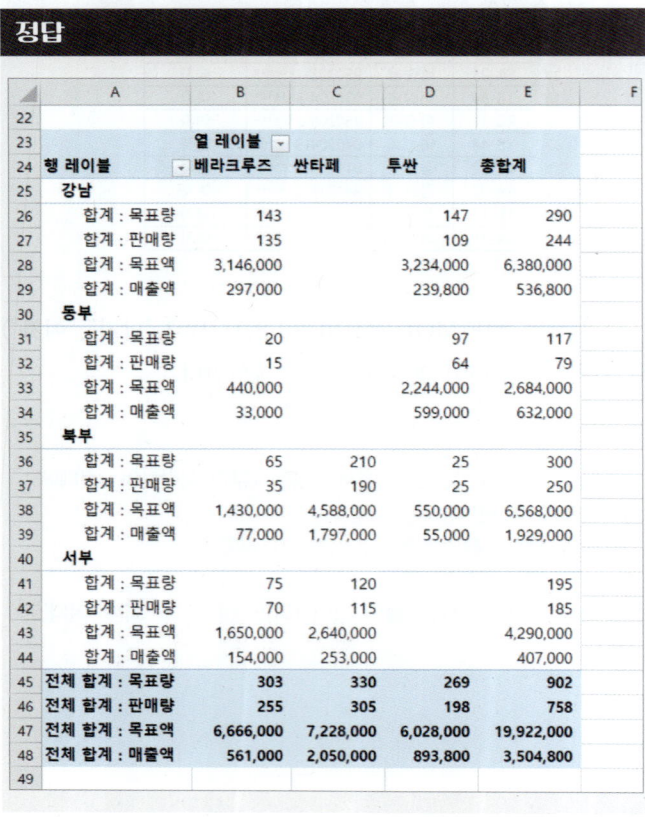

① 데이터 안쪽에 커서를 두고 [삽입]-[표] 그룹의 [피벗 테이블]()을 클릭한다.
② [피벗 테이블 만들기]에서 '표/범위'는 [A3: G20], '기존 워크시트' [A23]을 지정하고 [확인]을 클릭한다.

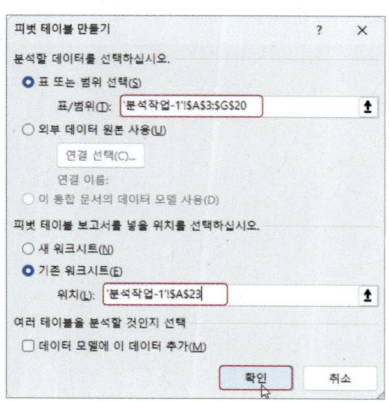

③ 다음 그림과 같이 '차종' 필드는 '열', '대리점' 필드는 '행', '목표량', '판매량', '목표액', '매출액' 필드는 '값'으로 드래그한다. 열 레이블에 있는 'Σ값' 필드는 행으로 드래그한다.

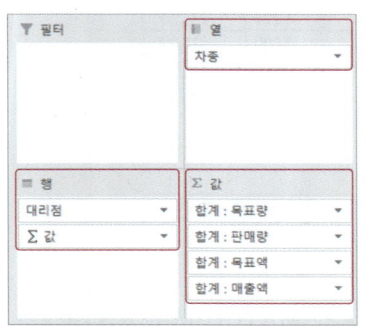

④ 합계 : 목표량[A26] 셀에서 마우스 오른쪽 버튼을 눌러 [값 필드 설정]을 클릭한다.

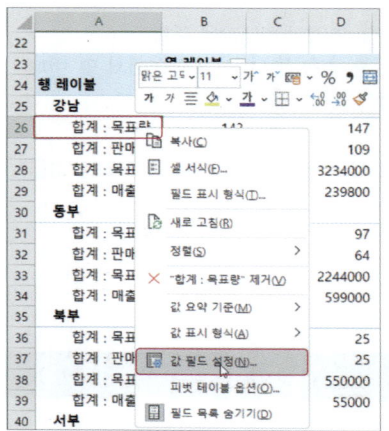

⑤ [값 필드 설정]에서 [표시 형식]을 클릭한 후 [셀 서식]에서 '숫자'를 선택한 후 '1000 단위 구분 기호(,) 사용'을 체크하고 [확인]을 클릭한다.

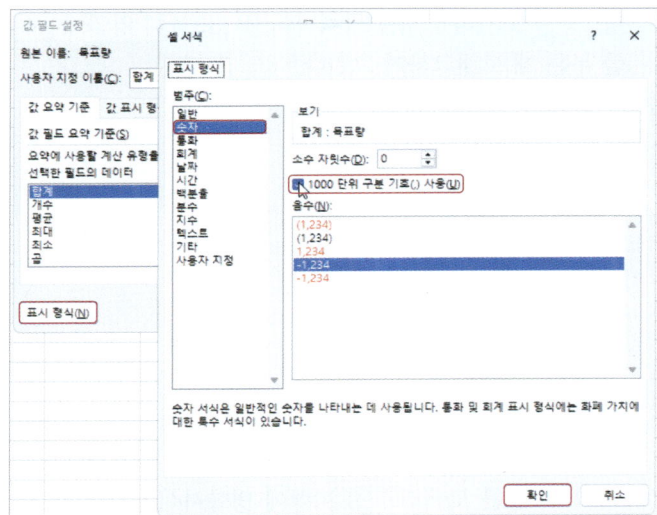

⑥ 같은 방법으로 '합계 : 판매량', '합계 : 목표액', '합계 : 매출액'도 '1000 단위 구분 기호'를 표시한다.

2 데이터 통합

정답

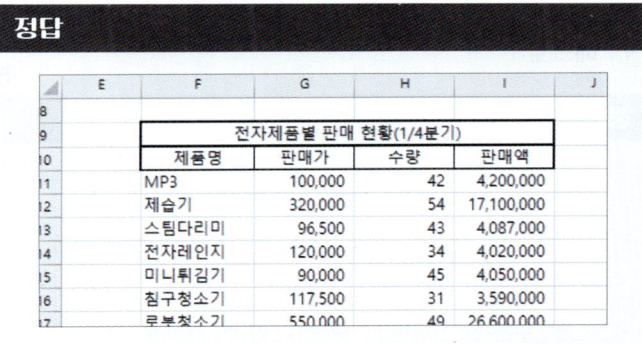

① [F10] 셀을 선택한 후 [데이터]-[데이터 도구] 그룹의 [통합]()을 클릭한다.

② [통합]에서 '함수'는 '평균', '모든 참조 영역'은 [A2:D7], [A10:D15], [A18:D23] 영역에 추가한 후 '사용할 레이블'은 '첫 행', '왼쪽 열'을 체크하고 [확인]을 클릭한다.

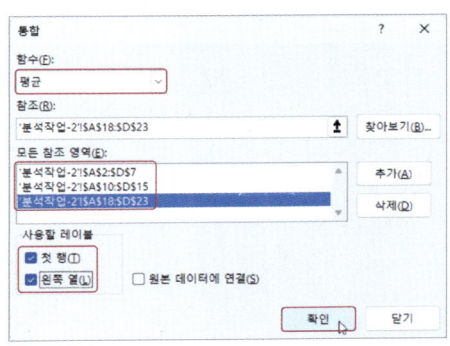

문제4 기타작업

1 매크로

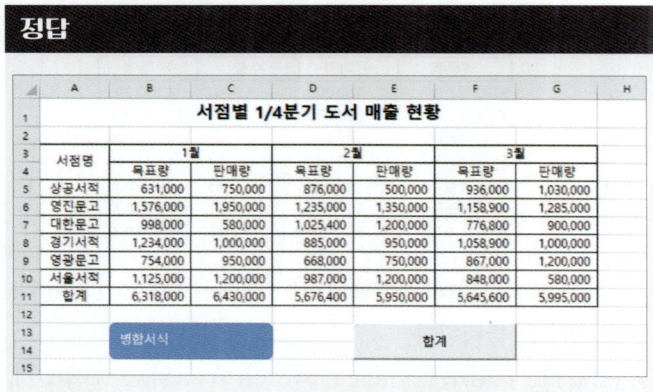

① [개발 도구]-[코드] 그룹의 [매크로 기록](圖)을 클릭한다.
② 매크로 이름에 **병합서식**을 입력하고 [확인]을 클릭한다.

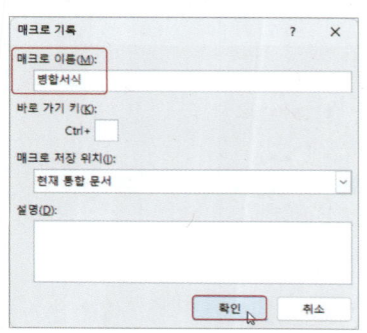

③ [A3:A4], [B3:C3], [D3:E3], [F3:G3] 영역을 Ctrl을 이용하여 선택한 후 [홈]-[맞춤] 그룹의 [병합하고 가운데 맞춤](圖)을 클릭한다.

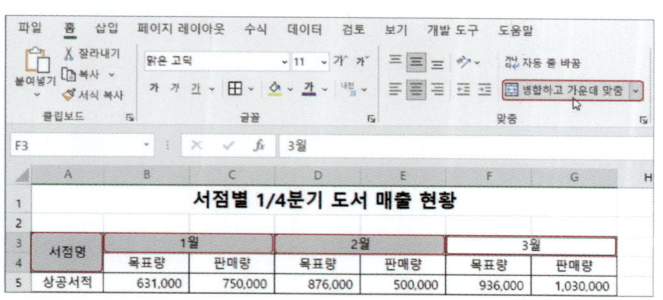

④ [개발 도구]-[코드] 그룹의 [기록 중지](□)를 클릭한다.

⑤ [삽입]-[일러스트레이션] 그룹의 [도형]-[사각형]의 '사각형: 둥근 모서리'(□)를 클릭하여 [B13:C14] 영역에 Alt 를 누른 채 드래그하여 그린다.

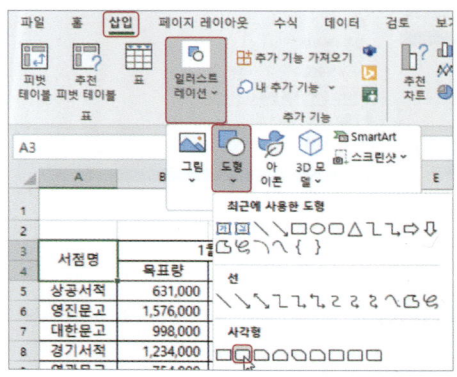

⑥ '사각형: 둥근 모서리'(□) 도형에 **병합서식**을 입력한 후, '병합서식' 도형의 경계라인에서 마우스 오른쪽 버튼을 눌러 [매크로 지정]을 클릭한다.
⑦ '병합서식'을 선택하고 [확인]을 클릭한다.
⑧ [개발 도구]-[코드] 그룹의 [매크로 기록](圖)을 클릭한다.
⑨ 매크로 이름은 **합계**를 입력하고 [확인]을 클릭한다.
⑩ [B5:G11] 영역을 범위 지정한 후 [수식]-[함수 라이브러리] 그룹에서 [자동 합계](Σ)를 클릭한다.

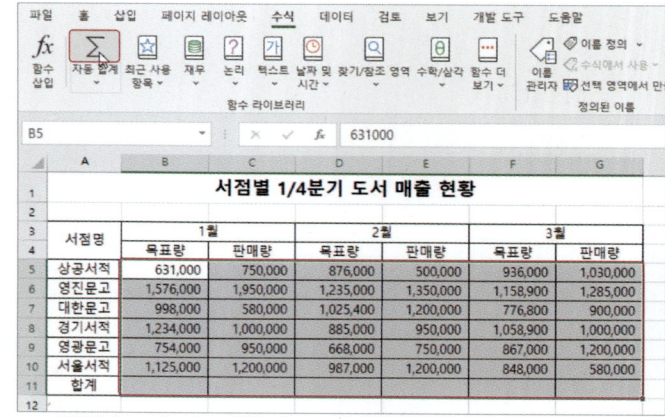

⑪ [개발 도구]-[코드] 그룹의 [기록 중지](□)를 클릭한다.
⑫ [개발 도구]-[컨트롤] 그룹의 [삽입]-[양식 컨트롤]에서 '단추'(□)를 클릭하여 [E13:F14] 영역에 Alt 를 누른 채 드래그하여 그린다.
⑬ [매크로 지정]에서 '합계'를 선택하고 [확인]을 클릭한다.
⑭ 단추에 **합계**를 입력한다.

2 차트

정답

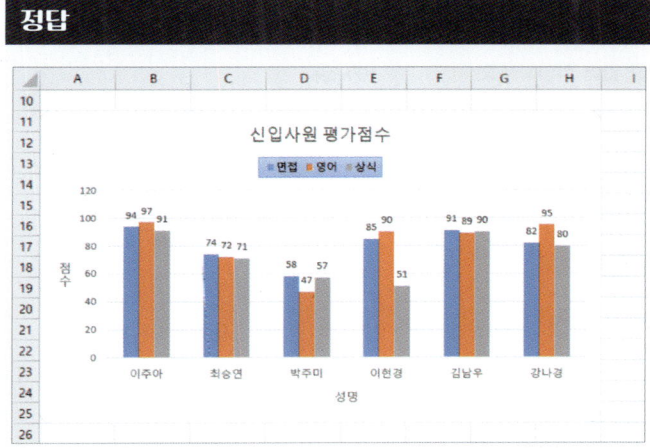

① 차트에서 마우스 오른쪽 버튼을 눌러 [데이터 선택]을 클릭한다.
② 차트 데이터 범위를 기존 범위를 삭제하고 [A3:D9]로 수정한 후, [행/열 전환]을 클릭한다.

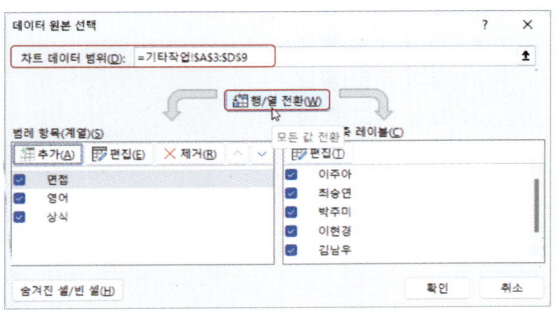

③ 차트를 선택한 후 [차트 요소](田)에서 '차트 제목'을 체크한 후 **신입사원 평가점수**를 입력한다.

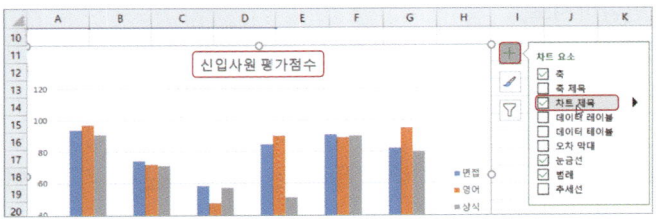

④ [차트 요소](田)에서 [축 제목]-[기본 가로]를 체크한 후 **성명**을 입력한다.
⑤ [차트 요소](田)에서 [축 제목]-[기본 세로]를 체크한 후 **점수**를 입력한다.

⑥ 축 제목 '점수'를 선택한 후 마우스 오른쪽 버튼을 눌러 [축 제목 서식]을 클릭한 후 [축 제목 서식]-[제목 옵션]-[크기 및 속성]의 '맞춤'에서 '텍스트 방향'을 '세로'를 선택한다.

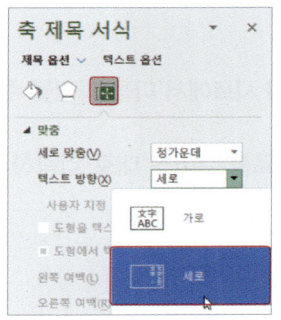

⑦ 차트를 선택한 후 [차트 요소](田)에서 [데이터 레이블]-[바깥쪽 끝에]를 클릭한다.

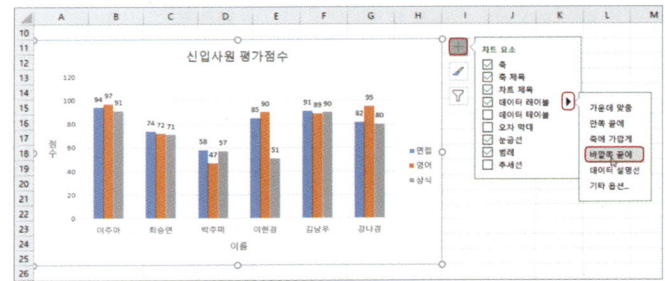

⑧ 차트를 선택한 후 [차트 요소](田)에서 [범례]-[위쪽]을 클릭한다.

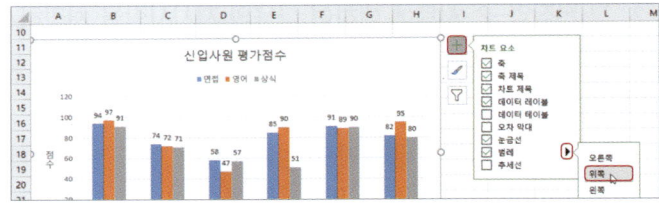

⑨ 범례를 선택한 후 [서식]-[도형 스타일]에서 '미세 효과 - 파랑, 강조 1'을 클릭한다.
⑩ 차트 영역을 선택한 후 [차트 영역 서식]-[차트 옵션]-[채우기 및 선]에서 '테두리'의 '둥근 모서리'를 체크한다.

실전 모의고사 09회

작업파일: '26컴활2급(기출)₩실전모의고사'에서 '실전모의고사9회' 파일을 열어 작업하세요.

문제1 기본작업(20점) 주어진 시트에서 다음 과정을 수행하고 저장하시오.

1. '기본작업-1' 시트에 다음의 자료를 주어진 대로 입력하시오. (5점)

	A	B	C	D	E	F
1	아이스링크 용품 재고 현황					
2						
3	용품코드	종목	용품명	브랜드	재고수량	추가 주문
4	SKT-30	스피드 스케이팅	스케이트화-일반용	K2	24	추가 주문 필요
5	UTM-20	스피드 스케이팅	스케이트화-선수용	울티마	11	추가 주문 필요
6	SRD-40	쇼트트랙	스케이트화-일반용	리델	102	추가 주문 필요
7	EST-35	쇼트트랙	스케이트화-선수용	이스턴	14	보유 재고 적정
8	BAU-40	아이스하키	스케이트화-하키용	바우어	35	보유 재고 적정
9	BAU-50	아이스하키	숄더	바우어	19	보유 재고 적정
10	BAU-70	아이스하키	스틱	바우어	10	추가 주문 필요
11	BSP-10	컬링	컬링화	밸런스플러스	45	추가 주문 필요
12	GLD-20	컬링	컬링 브룸	골드라인	27	보유 재고 적정
13	SPE-10	공통	헬멧	세이프	108	보유 재고 적정

2. '기본작업-2' 시트에 대하여 다음의 지시사항을 처리하시오. (각 2점)

   ① [A1:G1] 영역은 '병합하고 가운데 맞춤', 글꼴은 '굴림', 글꼴 크기는 '20', 글꼴 스타일 '굵게', 글꼴 색은 '표준 색 – 파랑'으로 지정하시오.
   ② [G3] 셀에 입력된 문자열 '참가종목'을 한자 '參加種目'으로 변환하시오.
   ③ [D4:F23] 영역은 사용자 지정 표시 형식을 이용하여 천 단위 구분 기호와 숫자 뒤에 "명"을 [표시 예]와 같이 표시하시오. [표시 예 : 2000 → 2,000명, 0 → 0명]
   ④ [A23:C23] 영역은 '병합하고 가운데 맞춤'을, [A3:G3] 영역은 채우기 색을 '표준 색 – 연한 파랑'으로 지정하시오.
   ⑤ [A3:G3], [A4:C22] 영역은 텍스트 맞춤을 가로 '가운데'로 설정하고, [A3:G23] 영역은 '모든 테두리'(⊞)를 적용하여 표시하시오.

3. '기본작업-3' 시트에 대하여 다음의 지시사항을 처리하시오. (5점)

   ▶ [C4:C15] 영역의 체험코드에서 'K'가 포함된 셀에 배경색을 '표준 색 – 노랑'으로 지정하는 조건부 서식을 작성하시오.
   ▶ [F4:F15] 영역의 학생수에서 상위 3까지 글꼴 스타일 '굵은 기울임꼴', 글꼴 색은 '표준 색 – 파랑'으로 지정하는 조건부 서식을 작성하시오.

문제 2 계산작업(40점) '계산작업' 시트에서 다음 과정을 수행하고 저장하시오.

1 [표1]에서 국가명[C3:C12]의 첫 문자를 대문자로 변환하고, 팀명[D3:D12]의 전체 문자를 대문자로 변환하여 국가명(팀명)[E3:E12]에 표시하시오. (8점)

- ▶ [표시 예 : 국가명이 'sweden', 팀명이 'hasselborg'인 경우 'Sweden(HASSELBORG)'로 표시]
- ▶ UPPER, PROPER 함수와 & 연산자 사용

2 [표2]에서 K포인트[I3:I12]가 세 번째로 많은 회원을 찾아 회원명을 [J13] 셀에 표시하시오. (8점)

- ▶ VLOOKUP과 LARGE 함수 사용

3 [표3]에서 총점[D16:D25]에 대한 순위를 구하여 1위는 '대상', 2위는 '금상', 3위는 '은상, 나머지는 공백으로 수상[E16:E25]에 표시하시오. (8점)

- ▶ 순위는 총점이 높은 것이 1위임
- ▶ IF와 RANK.EQ 함수 사용

4 [표4]에서 직업[I17:I29]와 볼링점수[J17:J29]를 이용하여 직업별 볼링점수의 평균을 구하여 등급표[L17:M19]를 참조하여 평균실력[M23:M26] 영역에 표시하시오. (8점)

- ▶ 직업별 볼링점수의 평균이 70점 이상 120 미만은 '초보', 120점 이상 150 미만은 '중급', 150점 이상이면 '고급'으로 표시
- ▶ VLOOKUP과 AVERAGEIF 함수 사용

5 [표5]에서 판매지역[A29:A37]이 '서울'인 판매금액[E29:E37]의 평균을 [E38] 셀에 계산하시오. (8점)

- ▶ SUMIFS, COUNTIF, AVERAGEIF 함수 중 알맞은 함수 사용

문제 3 분석작업(20점) 주어진 시트에서 다음 과정을 수행하고 저장하시오.

1 '분석작업-1' 시트에 대하여 다음의 지시사항을 처리하시오. (10점)

[피벗 테이블] 기능을 이용하여 '팀별 급여 지급 현황' 표의 팀명을 '행'으로 처리하고, 값에 '월급여', '상여금', '기타수당'의 평균을 순서대로 계산하시오.
- ▶ 피벗 테이블 보고서는 동일 시트의 [H3] 셀에서 시작하시오.
- ▶ 값 영역의 표시 형식은 '셀 서식' 대화상자에서 '숫자' 범주의 '1000 단위 구분 기호 사용'을 이용하여 지정하시오.
- ▶ 피벗 테이블 스타일은 '연한 노랑, 피벗 스타일 보통 12'로 설정하시오.

2 '분석작업-2' 시트에 대하여 다음의 지시사항을 처리하시오. (10점)

데이터 도구 [통합] 기능을 이용하여 [표1], [표2], [표3]에서 품명별 데이터의 '입고수량', '출고수량', '재고수량'의 평균을 [표4]의 [G14:I21] 영역에 계산하시오.

문제4 기타작업(20점) 주어진 시트에서 다음 과정을 수행하고 저장하시오.

1 '매크로작업' 시트의 [표]에서 다음과 같은 기능을 수행하는 매크로를 현재 통합 문서에 작성하고 실행하시오. (각 5점)

① [E4:E13] 영역에 총점을 계산하는 매크로를 생성하여 실행하시오.
- ▶ 매크로 이름 : 총점
- ▶ 총점 = 쇼트 + 프리
- ▶ [개발 도구] → [삽입] → [양식 컨트롤]의 '단추'(□)를 동일 시트의 [G3:H5] 영역에 생성하고, 텍스트를 "총점"으로 입력한 후 단추를 클릭할 때 '총점' 매크로가 실행되도록 설정하시오.

② [A3:E3] 영역에 셀 스타일을 '황금색, 강조색4'로 적용하는 매크로를 생성하여 실행하시오.
- ▶ 매크로 이름 : 셀스타일
- ▶ [도형] → [사각형]의 '사각형: 둥근 모서리'(□)를 동일 시트의 [G7:H9] 영역에 생성하고, 텍스트를 "셀스타일"로 입력하고, 도형을 클릭할 때 '셀스타일' 매크로가 실행되도록 설정하시오.

※ 셀 포인터의 위치에 상관없이 현재 통합 문서에서 매크로가 실행되어야 정답으로 인정됨

2 '차트작업' 시트의 차트에서 다음 지시사항에 따라 아래 〈그림〉과 같이 차트를 수정하시오. (각 2점)

※ 차트는 반드시 문제에서 제공한 차트를 사용하여야 하며, 신규로 작성 시 0점 처리됨

① 2/4분기(4~6월)에 해당하는 '수출금액'과 '수입금액'만 차트에 표시되도록 차트의 범위를 변경하시오.
② 차트 종류는 '표식이 있는 꺾은선형'으로 변경하시오.
③ 차트 제목은 '차트 위'로 추가하여 〈그림〉과 같이 입력하고, 범례는 서식을 이용하여 위치를 '아래쪽'으로 배치하시오.
④ '수입금액' 계열의 '4월' 요소에만 데이터 레이블 '값'을 표시하되, 레이블의 위치를 '아래쪽'으로 지정하시오.
⑤ 차트 영역에 그림자는 '안쪽: 가운데', 테두리 스타일은 '둥근 모서리'로 지정하시오.

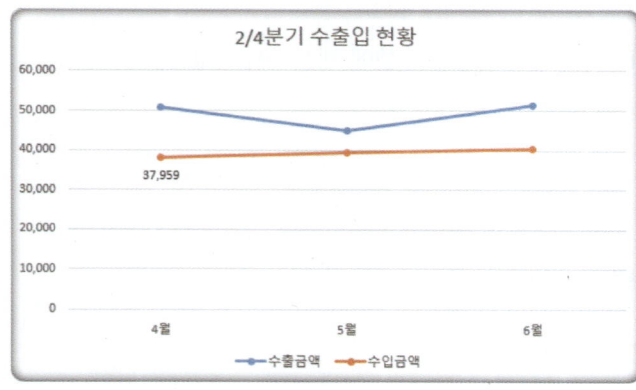

정답 & 해설 실전 모의고사 09회

문제1 기본작업

1 자료 입력

정답

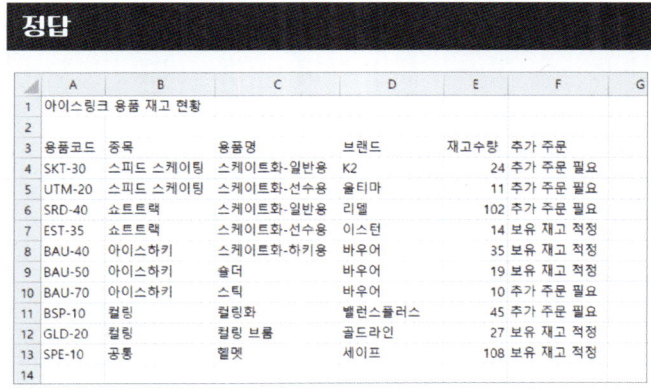

[A3:F13] 셀까지 문제를 보고 오타 없이 작성한다.

2 서식 지정

정답

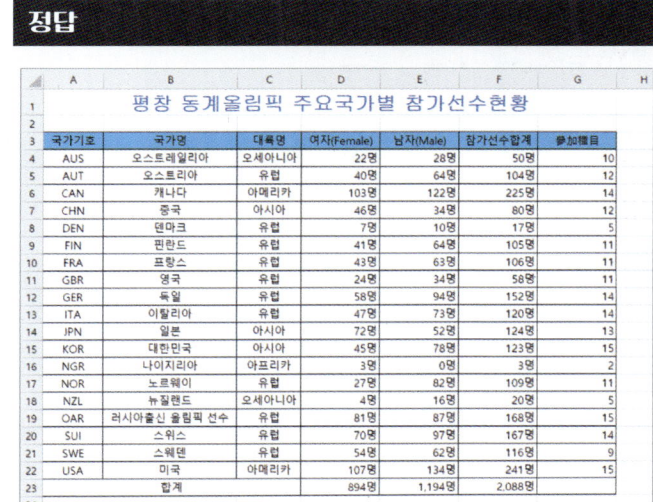

① [A1:G1] 영역을 범위 지정한 후 [홈]-[맞춤] 그룹에서 [병합하고 가운데 맞춤](🔲)을 클릭하고, [글꼴] 그룹에서 글꼴은 '굴림', 크기는 '20', '굵게', 글꼴 색은 '표준 색 – 파랑'을 선택한다.

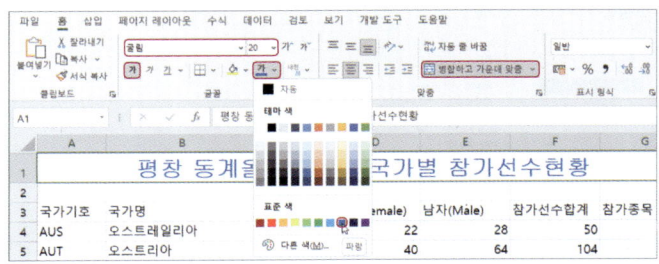

② [G3] 셀에서 더블 클릭하여 '참가종목' 글자 맨 뒤에 마우스 커서를 두고 키보드의 [한자]를 눌러 '參加'를 선택하고 [변환], 다시 한 번 '種目'을 선택하고 [변환]을 클릭한다.

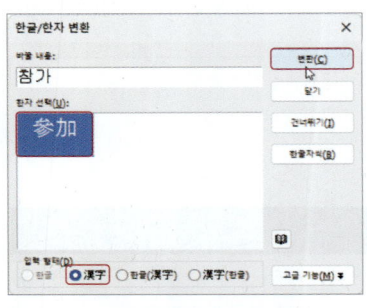

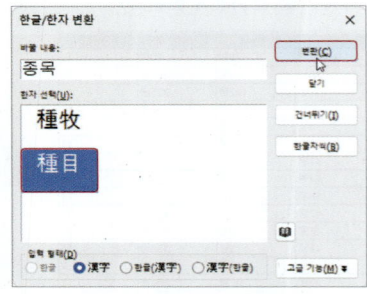

③ [D4:F23] 영역을 범위 지정한 후 마우스 오른쪽 버튼을 눌러 [셀 서식]을 클릭한 후 [표시 형식] 탭에서 '사용자 지정'에 #,##0명을 입력한 후 [확인]을 클릭한다.

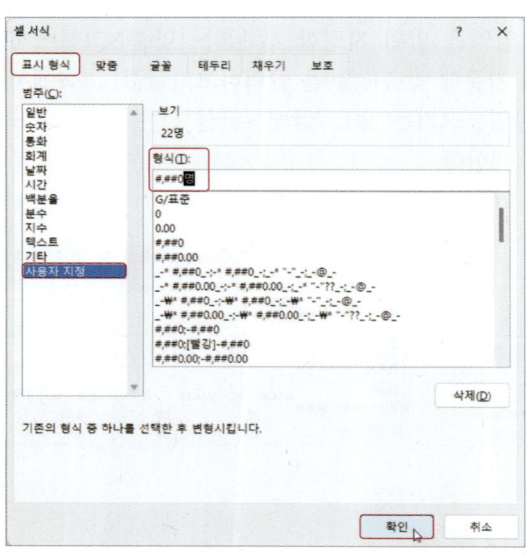

④ [A23:C23] 영역을 범위 지정한 후 [홈]-[맞춤] 그룹에서 [병합하고 가운데 맞춤](圖)을 클릭한다.

⑤ [A3:G3] 영역을 범위 지정한 후 [홈]-[글꼴] 그룹에서 [채우기 색](🖌️) 도구를 클릭하여 '표준 색 – 연한 파랑'을 선택한다.

⑥ [A3:G3], [A4:C22] 영역을 범위 지정한 후 [홈]-[맞춤] 그룹에서 가로 [가운데 맞춤](≡)을 클릭한다.

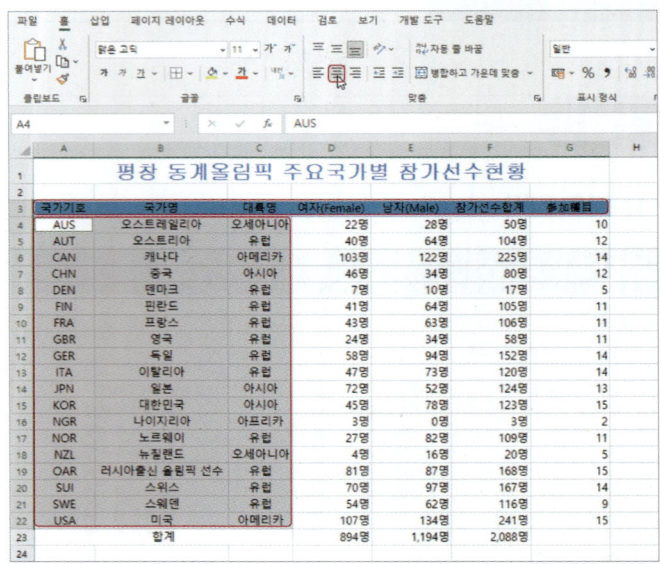

⑦ [A3:G23] 영역을 범위 지정한 후 [홈]-[글꼴] 그룹에서 [테두리](田▼) 도구의 [모든 테두리](田)를 클릭한다.

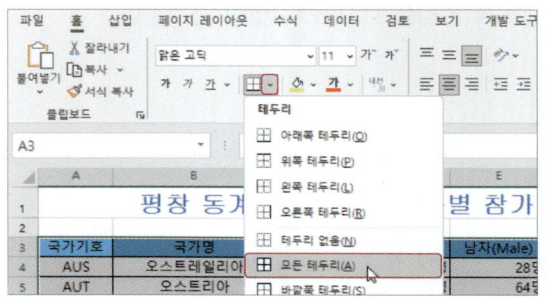

3 조건부 서식

정답

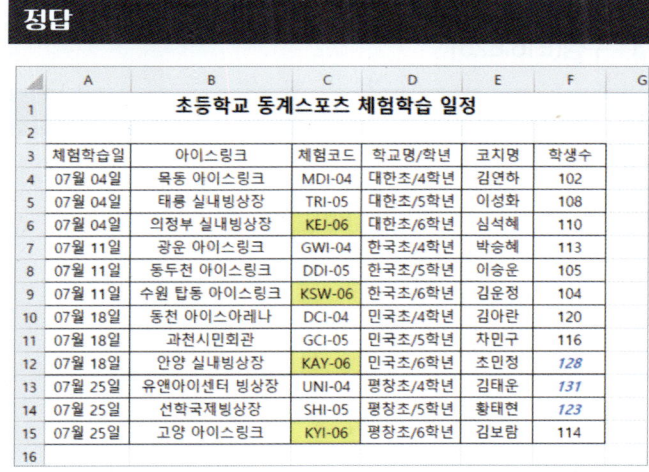

① [C4:C15] 영역을 범위 지정한 후 [홈]-[스타일] 그룹에서 [조건부 서식]-[새 규칙]을 클릭한다.
② '▶ 다음을 포함하는 셀만 서식 지정'을 선택하고, '특정 텍스트', '포함'을 선택하고 K를 입력한 후 [서식]을 클릭한다.

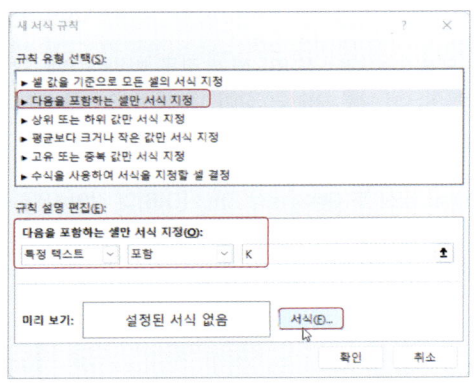

③ [셀 서식]의 [채우기] 탭에서 '표준 색 – 노랑'을 선택하고 [확인]을 클릭한 후 [새 서식 규칙]에서 [확인]을 클릭한다.

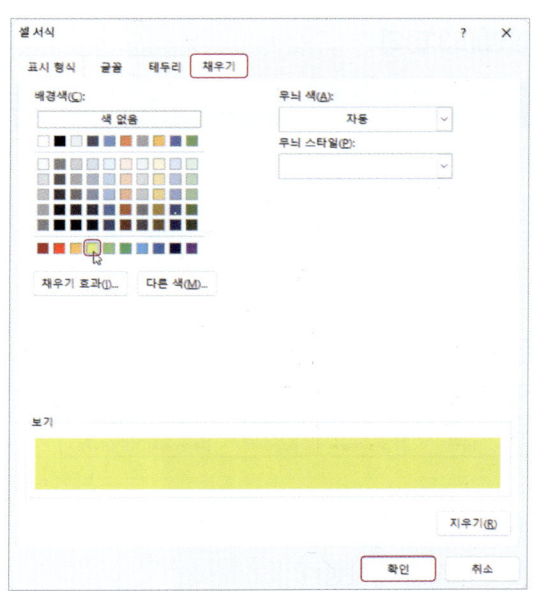

④ [F4:F15] 영역을 범위 지정한 후 [홈]-[스타일] 그룹에서 [조건부 서식]-[새 규칙]을 클릭한다.
⑤ '▶ 상위 또는 하위 값만 서식 지정'을 선택하고, '상위'를 선택하고 3을 입력한 후 [서식]을 클릭한다.

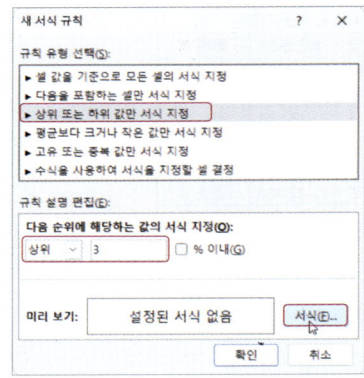

⑥ [셀 서식]의 [글꼴] 탭에서 글꼴 스타일 '굵은 기울임꼴', 색은 '표준 색 – 파랑'을 선택하고 [확인]을 클릭한 후 [새 서식 규칙]에서 다시 한 번 [확인]을 클릭한다.

문제2 계산작업

1 국가명(팀명)[E3:E12]

정답

	A	B	C	D	E
1	[표1]	여자 컬링 순위			
2	순위	메달	국가명	팀명	국가명(팀명)
3	1	금메달	sweden	hasselborg	Sweden(HASSELBORG)
4	2	은메달	korea	kim	Korea(KIM)
5	3	동메달	japan	fujisawa	Japan(FUJISAWA)
6	4	4위	gbritain	muirhead	Gbritain(MUIRHEAD)
7	5	5위	china	wang	China(WANG)
8	6	6위	canada	homan	Canada(HOMAN)
9	7	7위	switzerland	tirinzoni	Switzerland(TIRINZONI)
10	8	8위	usa	roth	Usa(ROTH)
11	9	9위	oar	moiseeva	Oar(MOISEEVA)
12	10	10위	denmark	dupont	Denmark(DUPONT)

[E3] 셀에 =PROPER(C3)&"("&UPPER(D3)&")"를 입력하고 [E12] 셀까지 수식을 복사한다.

2 K포인트 3번째 많은 회원명[J13]

정답

	G	H	I	J	K
1	[표2]	KTTX고속철도 이용 현황			
2	회원코드	회원등급	K포인트	회원명	
3	KT-1801	다이아	98,000	김연하	
4	KT-1802	플래티넘	87,000	이성화	
5	KT-1803	실버	65,000	심석혜	
6	KT-1804	브론즈	56,000	박송혜	
7	KT-1805	플래티넘	89,500	이승운	
8	KT-1806	플래티넘	82,000	김운정	
9	KT-1807	골드	78,000	김아란	
10	KT-1808	아이언	35,000	차민구	
11	KT-1809	브론즈	51,000	초민정	
12	KT-1810	아이언	41,000	김태운	
13	K포인트 3번째 많은 회원명			이성화	

[J13] 셀에 =VLOOKUP(LARGE(I3:I12,3),I3:J12,2,0)를 입력한다.

3 수상[E16:E25]

정답

	A	B	C	D	E
14	[표3]	여자 피겨 스케이팅 결과			
15	선수명	쇼트프로그램	프리스타일	총점	수상
16	OSMOND	79	152	231	은상
17	NAGASU	67	120	187	
18	ZAGITOVA	83	157	240	대상
19	CHOI	68	131	199	
20	MEDVEDEVA	82	157	239	금상
21	KOSTNER	73	139	212	
22	TENNELL	64	128	192	
23	SAKAMOTO	73	137	210	
24	SOTSKOVA	64	134	198	
25	MIYAHARA	76	146	222	

[E16] 셀에 =IF(RANK.EQ(D16,$D$16:$D$25)=1,"대상",IF(RANK.EQ(D16,$D$16:$D$25)=2,"금상",IF(RANK.EQ(D16,$D$16:$D$25)=3,"은상","")))를 입력하고 [E25] 셀까지 수식을 복사한다.

함수 설명

❶ RANK.EQ(D16, $D$16:$D$25): [D16] 셀의 값을 범위([$D$16:$D$25])에서 기본적으로 내림차순(큰 값이 1위)으로 순위를 매기도록 지정

=IF(❶=1,"대상",IF(❶=2,"금상",IF(❶=3,"은상",""))) : [D16]의 값이 1위일 경우 "대상"을, 2위일 경우 "금상", 3위일 경우 "은상"을 반환하며, 3위 미만일 경우 공백("")을 반환

4 평균실력[M23:M26]

정답

	G	H	I	J	K	L	M	N
15	[표4]	볼링 동호회 현황				<등급표>		
16	이름	성별	직업	볼링점수		평균점수	등급	
17	김초롱	여	학생	80		70	초보	
18	한인수	남	경로	125		120	중급	
19	김우람	남	학생	132		150	고급	
20	고은정	여	주부	135				
21	박보미	여	학생	109		직업별 볼링실력		
22	이민우	남	직장인	158		직업	평균실력	
23	강서연	여	주부	127		학생	초보	
24	김풍	남	직장인	145		주부	중급	
25	고만석	남	직장인	168		직장인	고급	
26	최다해	여	학생	102		경로	중급	
27	민수린	여	직장인	172				
28	소여진	여	학생	115				
29	김반석	남	경로	125				
30								

[M23] 셀에 =VLOOKUP(AVERAGEIF($I$17:$I$29,L23, $J$17:$J$29),$L$17:$M$19,2)를 입력하고 [M26] 셀까지 수식을 복사한다.

함수 설명

❶ AVERAGEIF($I$17:$I$29, L23, $J$17:$J$29): 범위[$I$17:$I$29] 에서 L23과 일치하는 값을 찾아 해당 행의 [$J$17:$J$29] 범위 에서 평균 계산

=VLOOKUP(❶, $L$17:$M$19,2) : 계산된 ❶의 결과 값이 범위[$L $17:$M$19]의 첫 번째 열에 있으면, 해당 행의 두 번째(2) 열에 있 는 값을 반환

5 서울지역 판매금액 평균[E38]

정답

	A	B	C	D	E	F
27	[표5]	올림픽 티켓 센터별 입장권 판매				
28	판매지역	센터명	소속기관	판매기간	판매금액	
29	서울	시청	서울시	20일	535,000,000	
30	대전	대전역	철도청	25일	254,000,000	
31	인천	송도	인천시	25일	156,000,000	
32	서울	서울역	철도공사	20일	485,000,000	
33	광주	터미널	광주시	20일	382,000,000	
34	부산	센텀시티	부산시	25일	450,000,000	
35	서울	센트럴	도로공사	20일	523,000,000	
36	부산	해운대	부산시	25일	427,000,000	
37	서울	코엑스	무역협회	20일	468,000,000	
38	서울지역 판매금액 평균				502,750,000	
39						

[E38] 셀에 =AVERAGEIF(A29:A37,"서울",E29:E37)를 입력한다.

문제3 분석작업

1 피벗 테이블

정답

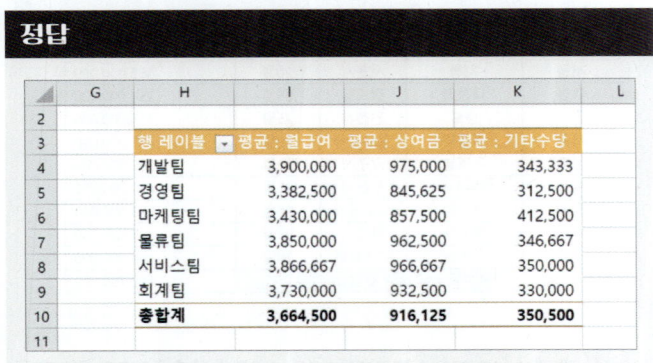

① 데이터 안쪽에 커서를 두고 [삽입]-[표] 그룹의 [피벗 테이블](🔲)을 클릭한다.
② [피벗 테이블 만들기]에서 '표/범위'는 [A3:F23], '기존 워크시트' [H3]을 지정하고 [확인]을 클릭한다.

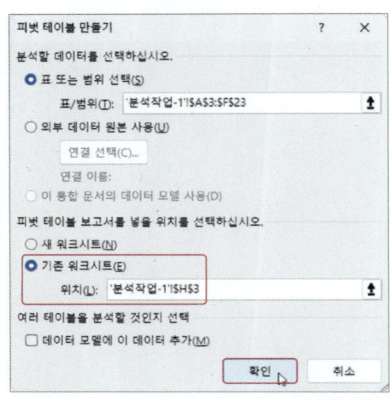

③ 다른 그림과 같이 필드를 드래그하여 배치한다.

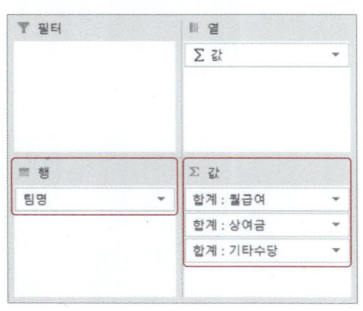

④ [I3] 셀에서 마우스 오른쪽 버튼을 눌러 [값 요약 기준]-[평균]을 클릭한다.

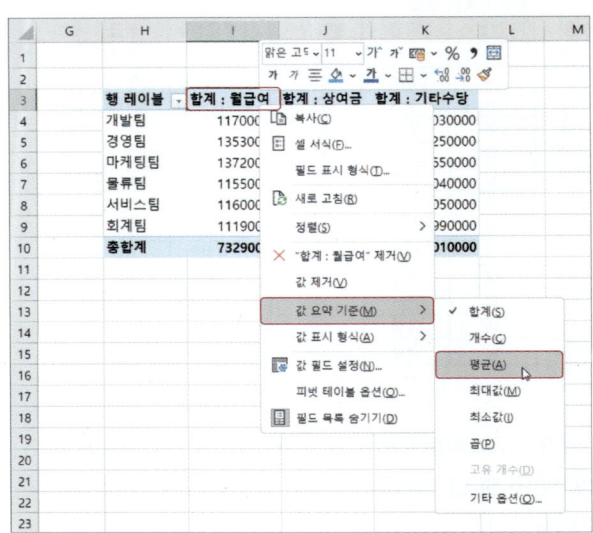

⑤ 같은 방법으로 합계:상여금[J3], 합계:기타수당[K3]에서도 마우스 오른쪽 버튼을 눌러 [값 요약 기준]-[평균]을 클릭한다.
⑥ [I3] 셀에서 마우스 오른쪽 버튼을 눌러 [값 필드 설정]을 클릭한 후 [표시 형식]을 클릭한다.

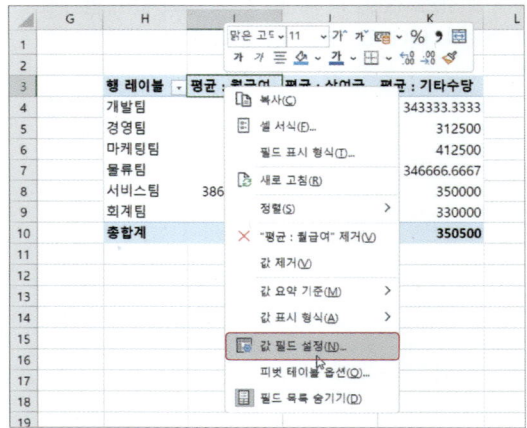

⑦ [표시 형식] 탭에서 범주는 '숫자', '1000 단위 구분 기호
(,) 사용'을 체크하고 [확인]을 클릭하고, [값 필드 설정]에
서 [확인]을 클릭한다.

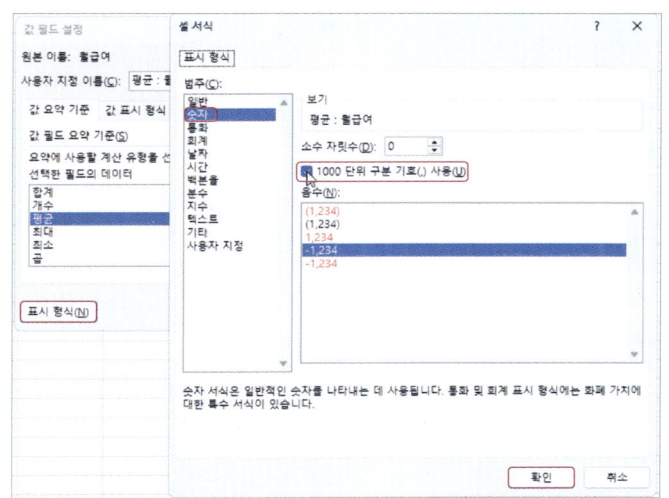

⑧ 같은 방법으로 상여금[J3], 기타수당[K3]도 [값 필드 설
정]에서 '숫자', '1000 단위 구분 기호(,) 사용'을 체크한다.
⑨ [디자인]-[피벗 테이블 스타일]에서 '연한 노랑, 피벗 스
타일 보통 12'를 클릭한다.

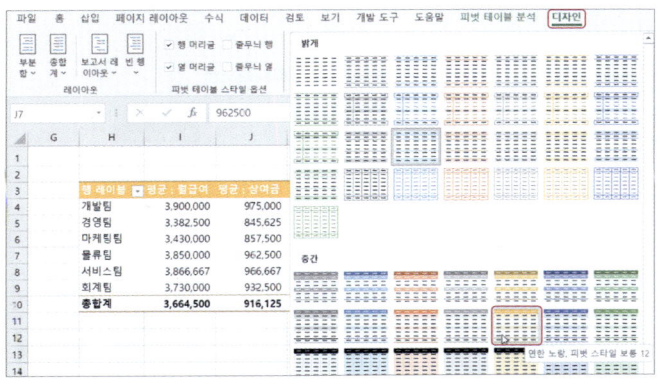

2 데이터 통합

정답

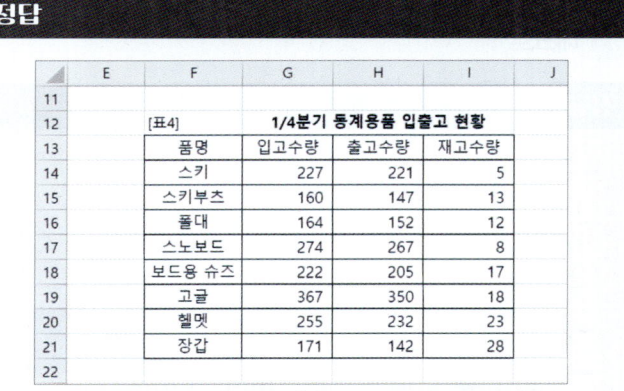

① [F13:I21] 영역을 범위 지정한 후 [데이터]-[데이터 도
구] 그룹의 [통합]( )을 클릭한다.
② [통합]에서 '함수'는 '평균', '모든 참조 영역'은 [A2:D10],
[A13:D21], [A24:D32] 영역에 추가한 후 '사용할 레이
블'은 '첫 행', '왼쪽 열'을 체크하고 [확인]을 클릭한다.

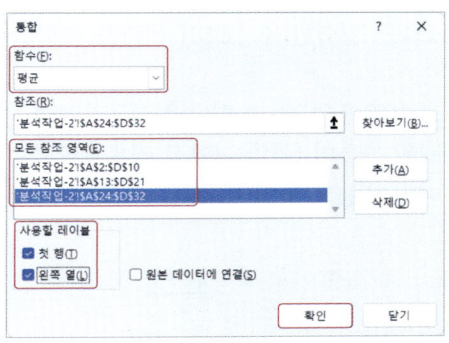

문제4 기타작업

1 매크로

정답

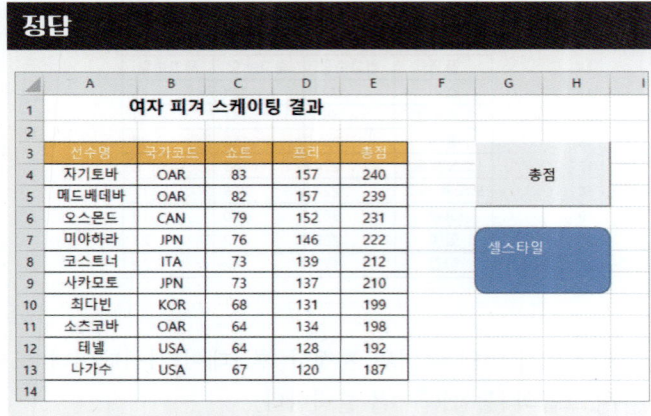

① [E4] 셀을 제외한 나머지 셀을 선택하고 [개발 도구]–[코드] 그룹의 [매크로 기록]( )을 클릭한다.
② 매크로 이름에 **총점**을 입력하고 [확인]을 클릭한다.
③ [E4] 셀에 **=C4+D4**를 입력한 후 [E13] 셀까지 수식을 복사한다.
④ [개발 도구]–[코드] 그룹의 [기록 중지]( )를 클릭한다.
⑤ [개발 도구]–[컨트롤] 그룹의 [삽입]–[양식 컨트롤]의 '단추'( )를 클릭하여 [G3:H5] 영역에 Alt 를 누른 채 드래그하여 그린다.

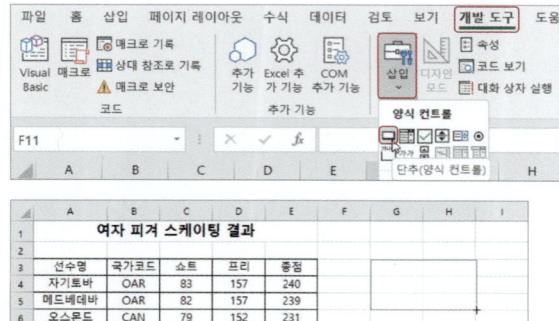

⑥ [매크로 지정]에서 '총점'을 선택한 후 [확인]을 클릭한다. '단추1'의 텍스트를 지우고 **총점**을 입력한다.

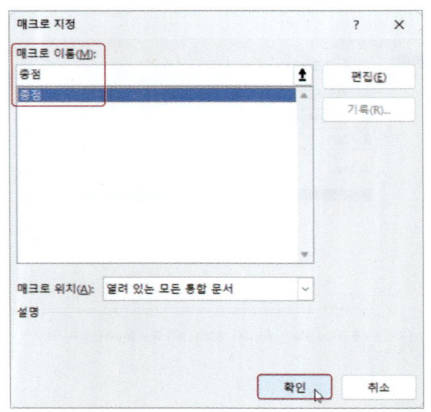

⑦ [개발 도구]–[코드] 그룹의 [매크로 기록]( )을 클릭한다.
⑧ 매크로 이름은 **셀스타일**을 입력하고 [확인]을 클릭한다.
⑨ [A3:E3] 영역을 범위 지정한 후 [홈]–[스타일] 그룹에서 [셀 스타일]의 '황금색, 강조색4'를 클릭한다.

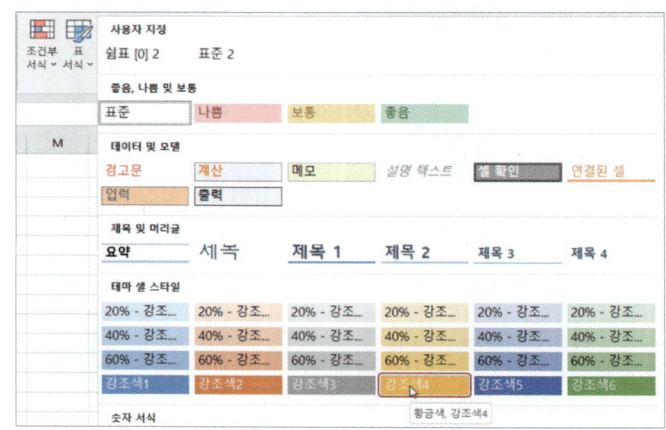

⑩ [개발 도구]–[코드] 그룹의 [기록 중지]( )를 클릭한다.
⑪ [삽입]–[일러스트레이션] 그룹의 [도형]–[사각형]의 '사각형: 둥근 모서리'( )를 클릭하여 [G7:H9] 영역에 Alt 를 누른 채 드래그하여 그린다.
⑫ 도형에 **셀스타일**을 입력한 후, '셀스타일' 도형의 경계라인에서 마우스 오른쪽 버튼을 눌러 [매크로 지정]을 클릭한다.
⑬ '셀스타일'을 선택하고 [확인]을 클릭한다.

2 차트

정답

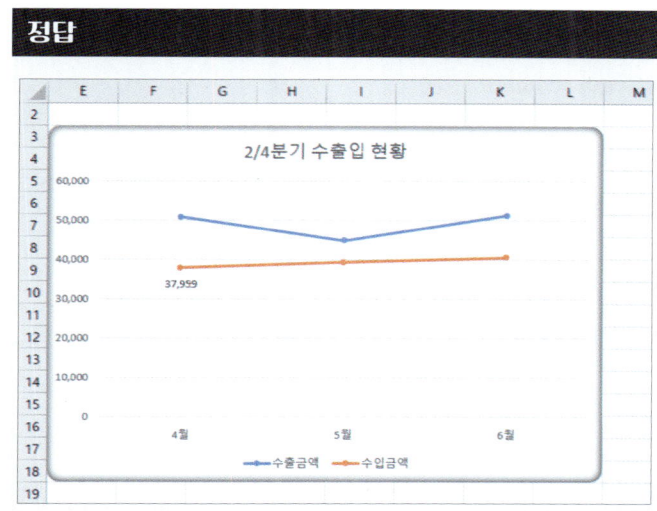

① 차트 안에서 마우스 오른쪽 버튼을 눌러 [데이터 선택]을 클릭한다.

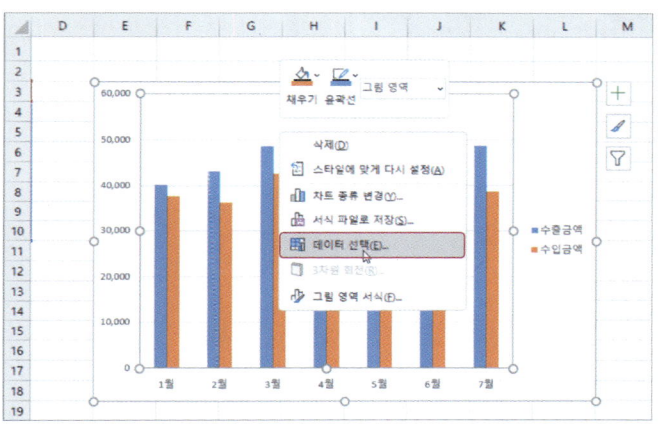

② 차트 데이터 범위에 기존 범위를 지우고 [A3:C3], [A7:C9] 영역으로 수정한 후 [확인]을 클릭한다.

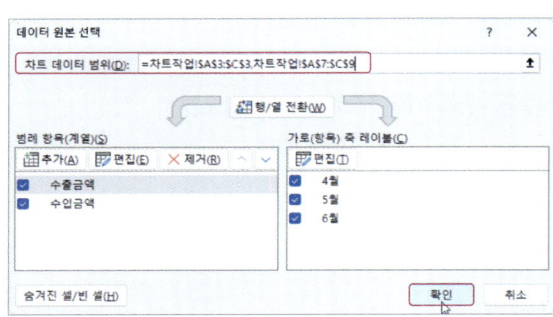

③ 차트 안에서 마우스 오른쪽 버튼을 눌러 [차트 종류 변경]을 클릭한다.

④ '표식이 있는 꺾은선형'을 선택하고 [확인]을 클릭한다.

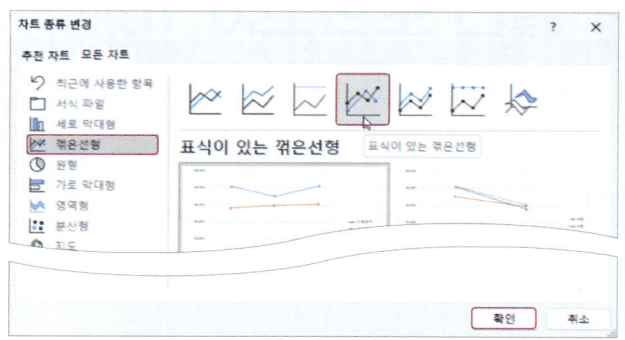

⑤ 차트를 선택한 후 [차트 요소](田)에서 '차트 제목'을 체크한 후 **2/4분기 수출입 현황**을 입력한다.

⑥ 차트를 선택한 후 [차트 요소](田)에서 [범례]-[아래쪽]을 클릭한다.

⑦ '수입금액'의 '4월' 요소를 천천히 2번 클릭한 후 [차트 요소](田)에서 [데이터 레이블]-[아래쪽]을 클릭한다.

⑧ 차트 영역에서 마우스 오른쪽 버튼을 눌러 [차트 영역 서식]을 클릭하고 [효과]의 '그림자'에서 '미리 설정'을 클릭하여 '안쪽 : 가운데'를 선택한다.

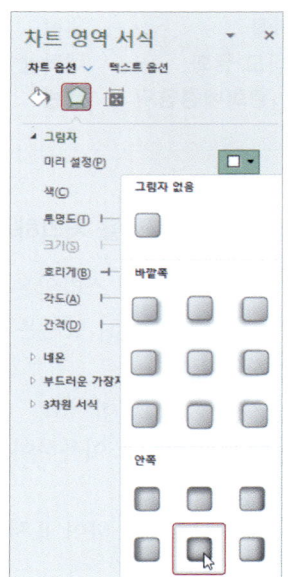

⑨ [차트 영역 서식]의 [채우기 및 선]에서 '테두리'의 '둥근 모서리'를 체크한다.

실전 모의고사 10회

작업파일 : '26컴활2급(기출)₩실전모의고사'에서 '실전모의고사10회' 파일을 열어 작업하세요.

문제1 기본작업(20점) 주어진 시트에서 다음 과정을 수행하고 저장하시오.

1 '기본작업-1' 시트에 다음의 자료를 주어진 대로 입력하시오. (5점)

	A	B	C	D	E	F
1	방학중 영화 아카데미 모집 현황					
2						
3	강의코드	강의명	교육대상	강의요일	모집정원	등록비
4	MOV-01	셰프와 함께보는 영화속 음식	일반	토요일	20	150000
5	MOV-02	영화로 보는 미국문화	일반	수요일	15	120000
6	MOV-03	애니메이션과 일본문화	대학생	금요일	15	100000
7	MOV-04	영화와 함께하는 Easy English	초등학생	수요일	20	50000
8	MOV-05	SF영화속의 미래기술	중고등생	목요일	25	80000
9	MOV-06	Fun Fun 애니메이션	중고등생	금요일	30	80000
10	MOV-07	책과 영화, 그 속에 음악을 담다	전체	목요일	20	120000
11	MOV-08	전쟁을 담은 영화들	일반	월요일	20	120000
12	MOV-09	세계의 종교, 그리고 영화	대학생	금요일	15	100000
13	MOV-10	영화보다 유명한 영화배경음악	일반	화요일	30	150000

2 '기본작업-2' 시트에 대하여 다음의 지시사항을 처리하시오. (각 2점)

① [A1:G1] 영역은 '병합하고 가운데 맞춤', 셀 스타일은 '제목 1', 행의 높이를 '28'로 지정하시오.
② [A4:A6], [A7:A9], [A10:A12], [A13:A15] 영역은 '병합하고 가운데 맞춤'을, [A3:G3], [A4:A15] 영역은 채우기 색을 '표준 색 - 주황'으로 지정하시오.
③ 제목의 문자열 앞뒤에 특수문자 '◈'을 삽입하시오.
④ [D4:D15] 영역은 사용자 지정 표시 형식을 이용하여 문자 뒤에 '까지'를 [표시 예]와 같이 표시하시오.
  [표시 예 : 8월 31일 → 8월 31일까지]
⑤ [A3:G15] 영역은 '모든 테두리'(⊞)를 적용하여 표시하고, 텍스트 맞춤을 가로 '가운데'로 설정하시오.

3 '기본작업-3' 시트에 대하여 다음의 지시사항을 처리하시오. (5점)

'YJ시네마 프리미엄 스크린 예약현황' 표에서 구분이 '회원'이고 할인금액이 20,000 이하인 데이터를 고급 필터를 사용하여 검색하시오.
▶ 고급 필터 조건은 [A18:D20] 범위 내에 알맞게 입력하시오.
▶ 고급 필터 결과 복사 위치는 동일 시트의 [A22] 셀에서 시작하시오.

문제2 계산작업(40점) '계산작업' 시트에서 다음 과정을 수행하고 저장하시오.

1. [표1]에서 주문코드[A3:A12]의 첫 번째 문자가 'A'이면 '조조', 'D'이면 '주간', 'N'이면 '심야'로 구분[D3:D12]에 표시하시오. (8점)
   - ▶ IF와 LEFT 함수 사용

2. [표2]에서 이용건수[H3:H12]를 기준으로 순위를 구하여 1~3등은 '인기'로 표시하고, 나머지는 공백을 비고[I3:I12]에 표시하시오. (8점)
   - ▶ 이용건수가 가장 많은 것이 1등
   - ▶ IF, RANK.EQ 함수 사용

3. [표3]에서 원작국가[B16:B24]가 '대한민국'이면서 판매금액[E16:E24]이 500,000 이상 600,000 미만인 완구수를 [E25] 셀에 표시하시오. (8점)
   - ▶ 계산된 개수 뒤에 '개'를 포함하여 표시 [표시 예 : 3개]
   - ▶ SUMIFS, AVERAGEIFS, COUNTIFS 함수 중 알맞은 함수와 & 연산자 사용

4. [표4]에서 팀명이 '영화기획팀' 이거나 직책이 '부팀장'인 급여액의 합계를 [J25] 셀에 표시하시오. (8점)
   - ▶ [L23:M25] 영역에 조건 입력
   - ▶ DSUM 함수 사용

5. [표5]에서 티켓구입액[C29:C37]의 순위를 구하여 등급표[G28:J29]에서 멤버십등급을 찾아 [D29:D37]에 표시하시오. (8점)
   - ▶ 티켓구입액을 오름차순으로 순위를 구함
   - ▶ HLOOKUP, RANK.EQ 함수 사용

문제3 분석작업(20점) 주어진 시트에서 다음 과정을 수행하고 저장하시오.

1 '분석작업-1' 시트에 대하여 다음의 지시사항을 처리하시오. (10점)

[부분합] 기능을 이용하여 '2학년 전국 연합 학력평가 성적' 표에 반별로 '국어', '수학', '영어', '사회탐구', '과학탐구', '한국사' 합계와 '평균'의 최대값을 계산하시오.

▶ 정렬은 '반'을 기준으로 오름차순으로 하시오.
▶ 합계와 최대값은 위에 명시된 순서대로 처리하시오.

	A	B	C	D	E	F	G	H	I	J
1				**2학년 전국 연합 학력평가 성적**						
2										
3	반	성명	국어	수학	영어	사회탐구	과학탐구	한국사	합계	평균
4	1	김예솔	74	78	82	68	96	94	492	82.0
5	1	배성진	68	87	88	96	74	92	505	84.2
6	1	허연하	91	96	92	88	91	94	552	92.0
7	1	김규선	92	91	89	87	75	82	516	86.0
8	1 최대									92.0
9	1 요약		325	352	351	339	336	362		
10	2	최민성	74	83	58	92	69	87	463	77.2
11	2	이주미	96	94	88	74	86	75	513	85.5
12	2	이도운	78	87	90	92	88	86	521	86.8
13	2	최진희	91	94	96	90	84	93	548	91.3
14	2 최대									91.3
15	2 요약		339	358	332	348	327	341		
16	3	이재운	58	78	90	87	93	92	498	83.0
17	3	윤수준	90	87	78	84	88	91	518	86.3
18	3	김수랑	86	92	95	94	96	84	547	91.2
19	3	산드라김	78	95	82	87	91	86	519	86.5
20	3 최대									91.2
21	3 요약		312	352	345	352	368	353		
22	4	강아람	58	75	74	68	92	88	455	75.8
23	4	김홍빈	96	82	74	85	87	94	518	86.3
24	4	박다함	94	92	90	87	92	96	551	91.8
25	4	고운비	89	90	94	86	88	78	525	87.5
26	4 최대									91.8
27	4 요약		337	339	332	326	359	356		
28	5	마혜은	87	94	96	82	58	75	492	82.0
29	5	안다솔	92	92	91	87	94	91	547	91.2
30	5	한가람	87	75	78	92	90	74	496	82.7
31	5	송선경	82	92	75	68	88	77	482	80.3
32	5 최대									91.2
33	5 요약		348	353	340	329	330	317		
34	전체 최대값									92.0
35	총합계		1661	1754	1700	1694	1720	1729		

2 '분석작업-2' 시트에 대하여 다음의 지시사항을 처리하시오. (10점)

'씨네카페 9월 판매수익' 표는 판매단가[B2], 판매수량[B3], 판매원가[B5], 세금[B6], 인건비[B7], 임대료[B8]을 이용하여 판매수익[B9]을 계산한 것이다. [데이터 표] 기능을 이용하여 판매단가와 판매수량의 변동에 따른 판매이익의 변화를 [C16:G20] 영역에 계산하시오.

문제4 기타작업(20점) 주어진 시트에서 다음 과정을 수행하고 저장하시오.

1 '매크로작업' 시트의 [표]에서 다음과 같은 기능을 수행하는 매크로를 현재 통합 문서에 작성하고 실행하시오. (각 5점)

① [E16] 셀에 예매총액의 합계를 계산하는 매크로를 생성하여 실행하시오.
- ▶ 매크로 이름 : 합계
- ▶ SUM 함수 사용
- ▶ [개발 도구] → [삽입] → [양식 컨트롤]의 '단추'(□)를 동일 시트의 [G3:H4] 영역에 생성하고, 텍스트를 "합계"로 입력한 후 단추를 클릭할 때 '합계' 매크로가 실행되도록 설정하시오.

② [A3:E3], [A16] 영역에 채우기 색 '표준 색 – 연한 파랑'을 적용하는 매크로를 생성하여 실행하시오.
- ▶ 매크로 이름 : 채우기색
- ▶ [도형] → [사각형]의 '사각형: 둥근 모서리'(□)를 동일 시트의 [G6:H7] 영역에 생성하고, 텍스트를 "채우기색"으로 입력한 후 도형을 클릭할 때 '채우기색' 매크로가 실행되도록 설정하시오.

※ 셀 포인터의 위치에 상관없이 현재 통합 문서에서 매크로가 실행되어야 정답으로 인정됨

2 '차트작업' 시트의 차트에서 다음 지시사항에 따라 아래 〈그림〉과 같이 차트를 수정하시오. (각 2점)

※ 차트는 반드시 문제에서 제공한 차트를 사용하여야 하며, 신규로 작성 시 0점 처리됨
① '티켓비'와 '스낵음료비' 계열만 차트에 표시되도록 데이터 범위를 지정하시오.
② 차트 제목은 '차트 위'로 추가하여 〈그림〉과 같이 입력하고, 글꼴은 '굴림', 글꼴 스타일 '굵은 기울임꼴', 크기는 '16', 밑줄은 '실선'으로 지정하시오.
③ 세로(값) 축의 최대값을 '12,000'으로 지정하시오.
④ 차트 영역에 '데이터 테이블'을 표시하고, 기본 주 세로 눈금선을 표시하시오.
⑤ 차트 영역의 테두리 스타일은 '너비' 2pt와 '둥근 모서리'로 지정하시오.

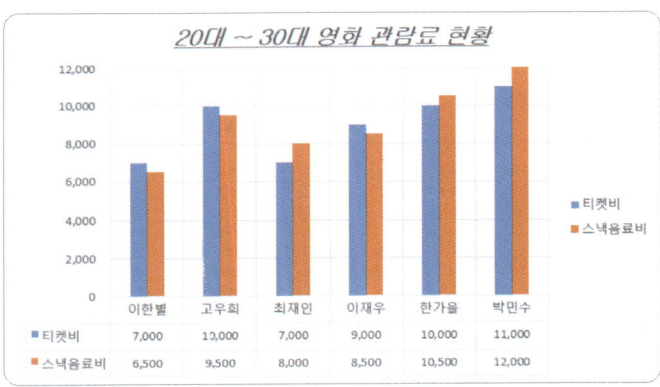

정답 & 해설 실전 모의고사 10회

문제1 기본작업

1 자료 입력

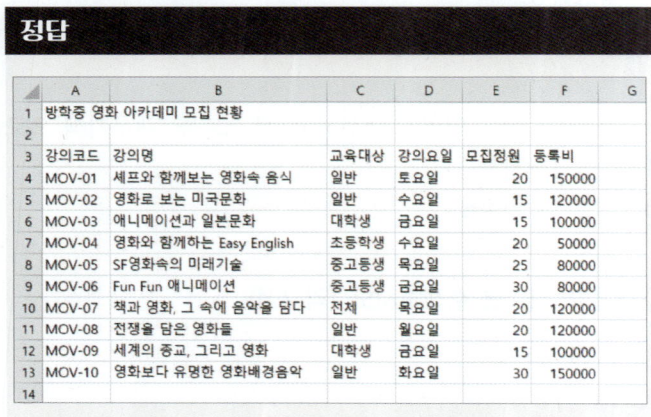

[A3:F13] 셀까지 문제를 보고 오타 없이 작성한다.

2 서식 지정

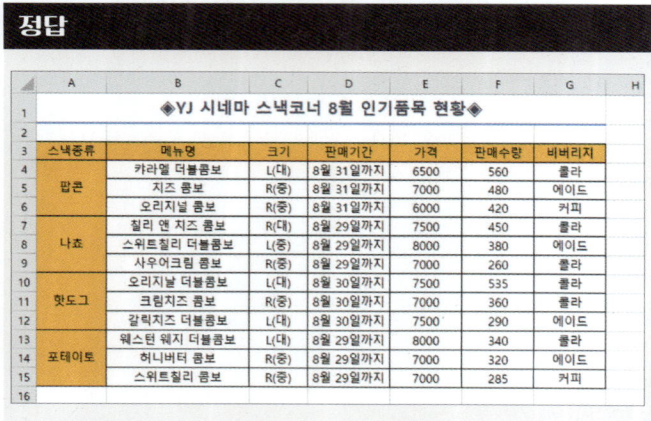

① [A1:G1] 영역을 범위 지정한 후 [홈]-[맞춤] 그룹에서 [병합하고 가운데 맞춤](🔳)을 클릭하고, [스타일] 그룹의 [셀 스타일]에서 '제목1'을 선택한다.

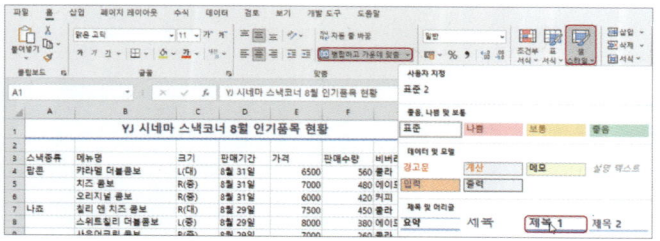

② 1행 머리글에서 마우스 오른쪽 버튼을 눌러 [행 높이]를 클릭하여 28을 입력하고 [확인] 클릭한다.

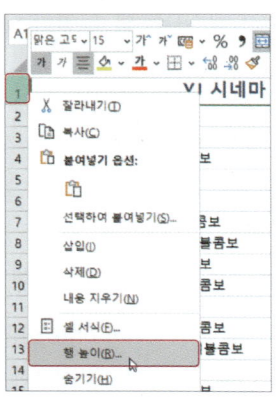

③ [A4:A6], [A7:A9], [A10:A12], [A13:A15] 영역을 범위 지정한 후 [홈]-[맞춤] 그룹에서 [병합하고 가운데 맞춤](🔳)을 클릭한다.

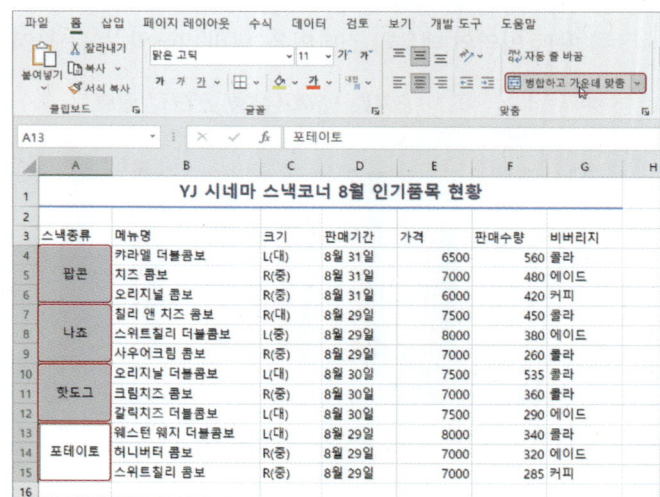

④ [A3:G3], [A4:A15] 영역을 범위 지정한 후 [홈]-[글꼴] 그룹에서 [채우기 색](🎨) 도구를 클릭하여 '표준 색 - 주황'을 선택한다.

⑤ [A1] 셀의 'Y' 앞에서 더블 클릭하여 한글 자음 ㅁ을 입력하고 키보드의 [한자]를 눌러 [보기 변경](⊞)을 클릭하여 '◆'을 클릭한다. 같은 방법으로 '황' 뒤에도 '◆'을 입력한다.

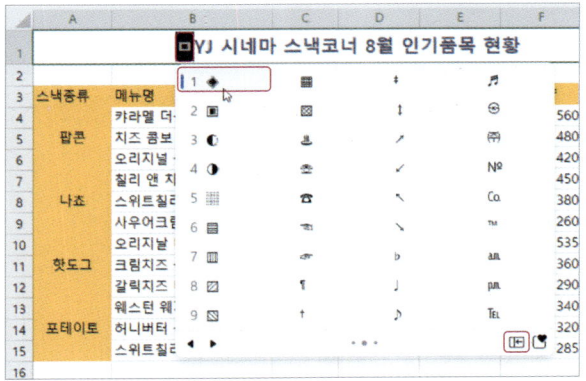

⑥ [D4:D15] 영역을 범위 지정한 후 마우스 오른쪽 버튼을 눌러 [셀 서식]을 클릭한 후 [표시 형식] 탭에서 '사용자 지정'에 @"까지"를 입력한 후 [확인]을 클릭한다.

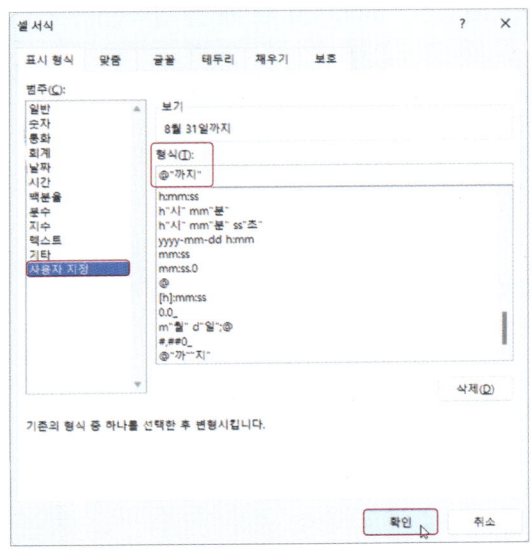

⑦ [A3:G15] 영역을 범위 지정한 후 [홈]-[글꼴] 그룹에서 [테두리](⊞▼) 도구의 [모든 테두리](⊞)를 클릭한 후 [홈]-[맞춤] 그룹에서 [가운데 맞춤](≡)을 클릭한다.

3 고급 필터

정답

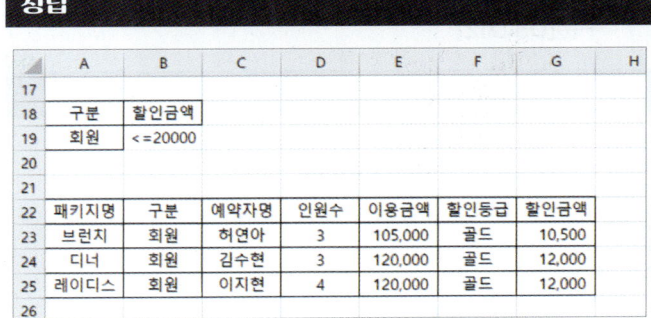

① [A18:B19] 영역에 다음과 같이 조건을 입력한다.

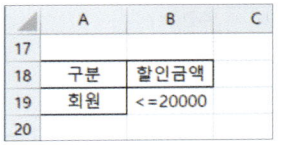

② [A3:G15] 영역을 범위 지정한 후 [데이터]-[정렬 및 필터] 그룹에서 [고급](🔽)을 클릭한다.

③ [고급 필터]에서 다음과 같이 지정하고 [확인]을 클릭한다.

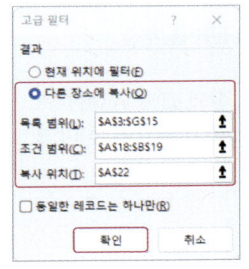

- 결과 : 다른 장소에 복사
- 목록 범위 : [A3:G15]
- 조건 범위 : [A18:B19]
- 복사 위치 : [A22]

문제2 계산작업

1 구분[D3:D12]

정답

	A	B	C	D	E
1	[표1]	영화티켓 예약 현황			
2	주문코드	티켓가격	예약건수	구분	
3	A-M-01	6,000	150	조조	
4	D-M-02	9,000	650	주간	
5	A-S-03	6,000	50	조조	
6	N-M-02	8,000	180	심야	
7	A-W-02	6,000	350	조조	
8	D-W-04	10,000	980	주간	
9	N-W-01	9,000	320	심야	
10	A-Y-03	4,000	30	조조	
11	D-Y-04	5,000	80	주간	
12	D-S-04	8,000	580	주간	
13					

[D3] 셀에 =IF(LEFT(A3,1)="A","조조",IF(LEFT(A3,1)="D","주간","심야"))를 입력하고 [D12] 셀까지 수식을 복사한다.

함수 설명

❶ LEFT(A3,1): [A3] 셀의 문자열 중 첫 번째 문자를 추출

=IF(❶="A","조조", IF(❶="D","주간","심야") : ❶의 값이 "A"이면 '조조', ❶의 값이 "D"이면 '주간'을 반환하고, 그렇지 않으면 "심야"를 반환

3 완구수[E25]

정답

	A	B	C	D	E	F
14	[표3]	에니메이션 캐릭터 완구 판매현황				
15	캐릭터	원작국가	판매가격	판매수량	판매금액	
16	뽀통통	대한민국	12,000	48	576,000	
17	트랜스포멀	미국	11,000	42	462,000	
18	피카츙	일본	8,500	43	365,500	
19	로보카포리	대한민국	15,000	35	525,000	
20	앵구리버드	핀란드	6,500	28	182,000	
21	거울왕국	미국	21,000	26	546,000	
22	타오	대한민국	9,000	52	468,000	
23	곤담	일본	25,000	15	375,000	
24	머니언즈	미국	13,000	38	494,000	
25	조건에 맞는 개수				2개	
26						

[E25] 셀에 =COUNTIFS(B16:B24,"대한민국",E16:E24,">=500000",E16:E24,"<600000")&"개"를 입력한다.

함수 설명

❶ B16:B24 범위의 셀이 "대한민국"과 일치하는 경우.
❷ E16:E24 범위의 셀이 500,000 이상인 경우.
❸ E16:E24 범위의 셀이 600,000 미만인 경우.
❶❷❸ 모두 만족하는 행의 개수를 반환.

=COUNTIFS(❶,❷,❸)&"개": COUNTIFS의 결과에 "개"라는 문자열을 붙여서 출력

2 비고[I3:I12]

정답

	F	G	H	I	J
1	[표2]	영화 VOD 순위			
2	영화명	장르	이용건수	비고	
3	명량	역사	1,761	인기	
4	아바타	SF	1,362		
5	7번방의 선물	가족	1,207		
6	암살	역사	1,270		
7	신과함께-죄와벌	드라마	1,441	인기	
8	광해, 왕이 된 남자	역사	1,231		
9	베테랑	드라마	1,341		
10	도둑들	액션	1,298		
11	국제시장	드라마	1,425	인기	
12	괴물	SF	1,301		
13					

[I3] 셀에 =IF(RANK.EQ(H3,$H$3:$H$12)<=3,"인기","")를 입력하고 [I12] 셀까지 수식을 복사한다.

4 영화기획팀 이거나 부팀장 급여액 합계[J25]

정답

	G	H	I	J	K	L	M	N
14	[표4]	팀별 급여 지급 현황						
15	사원번호	팀명	직책	급여액				
16	S1002	영화기획팀	팀장	5,500,000				
17	S6013	영화기획팀	부팀장	4,800,000				
18	S8008	영화기획팀	팀원	3,800,000				
19	M2003	마케팅팀	팀장	6,000,000				
20	M5016	마케팅팀	팀원	3,500,000				
21	M8025	마케팅팀	팀원	3,400,000				
22	C5006	고객팀	팀장	5,800,000		<조건>		
23	C7012	고객팀	부팀장	5,100,000		팀명	직책	
24	C9018	고객팀	팀원	3,200,000		영화기획팀		
25	영화기획팀이거나 부팀장 급여액 합계			19,200,000			부팀장	
26								

① [L23:M25] 영역에 다음과 같이 조건을 입력한다.

	K	L	M	N
22		<조건>		
23		팀명	직책	
24		영화기획팀		
25			부팀장	
26				

② [J25] 셀에 =DSUM(G15:J24,J15,L23:M25)를 입력한다.

함수 설명

=DSUM(G15:J24,J15,L23:M25) : [G15:J24] 영역에서 [L23:M25] 영역의 조건에 만족한 데이터를 J열(급여액)의 합계를 구함

5 멤버십등급[D29:D37]

정답

	A	B	C	D	E	F	G	H	I	J	K
27	[표5]	YJ시네마 멤버십 우수회원 관리 현황				<멤버십등급표>					
28	회원명	예약횟수	티켓구입액	멤버십등급		티켓구입액		1	3	5	7
29	허여아	95	760,000	루비		멤버십등급		루비	사파이어	오팔	다이아
30	김예나	127	1,270,000	오팔							
31	다니엘	83	830,000	루비							
32	배서진	115	1,035,000	사파이어							
33	최민서	190	1,805,000	다이아							
34	이도원	185	1,665,000	다이아							
35	최진혁	95	950,000	사파이어							
36	이주아	139	1,320,500	다이아							
37	김수현	105	1,050,000	오팔							
38											

[D29] 셀에 =HLOOKUP(RANK.EQ(C29,$C$29:$C$37,1),$G$28:$J$29,2)를 입력하고 [D37] 셀까지 수식을 복사한다.

함수 설명

❶ RANK.EQ(C29,$C$29:$C$37,1) : [C29] 셀의 값이 [C29:C37] 영역에서 오름차순으로 순위를 구함

=HLOOKUP(❶,$G$28:$J$29,2) : ❶의 값을 [G28:J29] 영역의 첫 번째 행에서 찾아 2번째 행의 값을 찾아옴

문제3 분석작업

1 부분합

정답

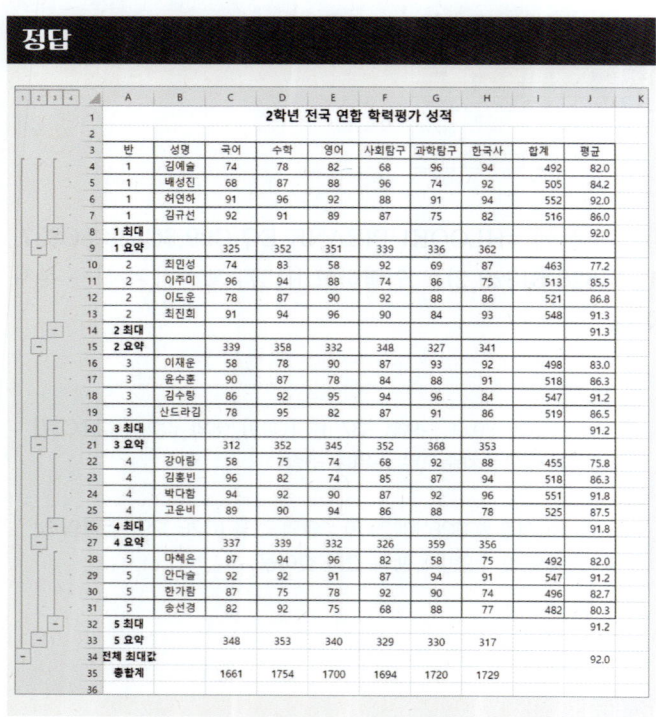

① [A3] 셀을 클릭하고 [데이터]-[정렬 및 필터] 그룹의 [텍스트 오름차순 정렬](⬇)을 클릭하여 '반' 별로 오름차순 정렬한다.

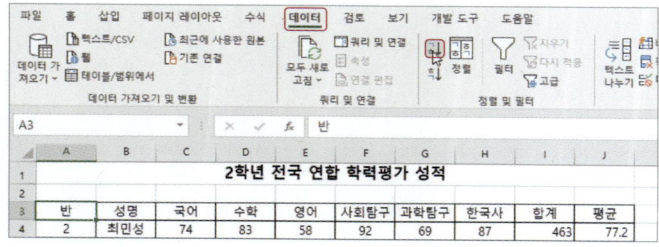

② 데이터 안에 마우스 포인터를 두고, [데이터]-[개요] 그룹의 [부분합](▦)을 클릭한다.

③ 다음과 같이 지정하고 [확인]을 클릭한다.

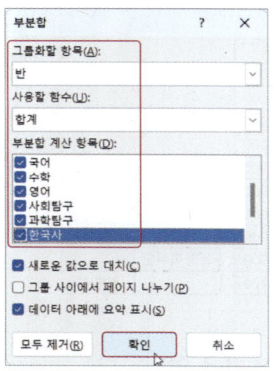

- 그룹화할 항목 : 반
- 사용할 함수 : 합계
- 부분합 계산 항목 : 국어, 수학, 영어, 사회탐구, 과학탐구, 한국사

④ 다시 한 번 [데이터]-[개요] 그룹의 [부분합](▦)을 클릭하여 다음과 같이 지정하고 [확인]을 클릭한다.

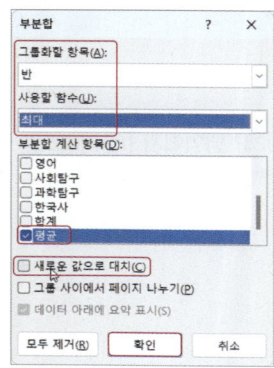

- 그룹화할 항목 : 반
- 사용할 함수 : 최대
- 부분합 계산 항목 : 평균
- '새로운 값으로 대치' 체크 해제

2 데이터 표

정답

	A	B	C	D	E	F	G	H
11								
12	판매단가와 판매수량 변동에 따른 판매이익 계산							
13								
14			판매수량					
15		4,800,000	5,500	6,000	6,500	7,000	7,500	
16	판매단가	6,000	4,800,000	6,600,000	8,400,000	10,200,000	12,000,000	
17		6,500	6,450,000	8,400,000	10,350,000	12,300,000	14,250,000	
18		7,000	8,100,000	10,200,000	12,300,000	14,400,000	16,500,000	
19		7,500	9,750,000	12,000,000	14,250,000	16,500,000	18,750,000	
20		8,000	11,400,000	13,800,000	16,200,000	18,600,000	21,000,000	
21								

① [B15] 셀에 =를 입력하고 [B9] 셀을 클릭한 후 Enter 를 눌러 [B9] 셀과 연결한다.

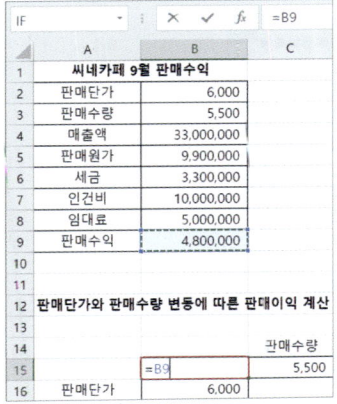

② [B15:G20] 영역을 범위 지정한 후 [데이터]-[예측] 그룹의 [가상 분석]-[데이터 표]를 클릭한다.

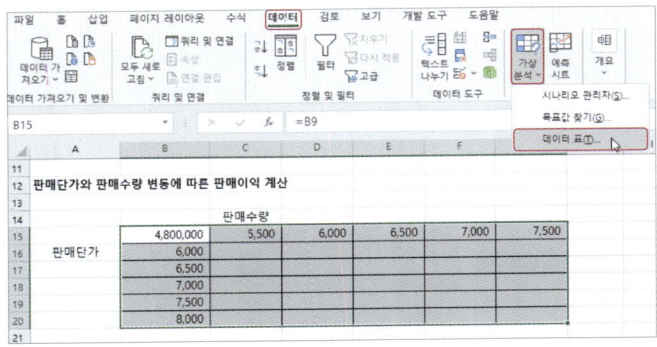

③ [데이터 테이블]의 '행 입력 셀'에 [B3], '열 입력 셀'에 [B2] 셀로 지정한 후 [확인]을 클릭한다.

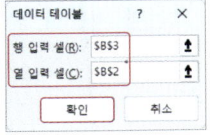

문제4 기타작업

1 매크로

정답

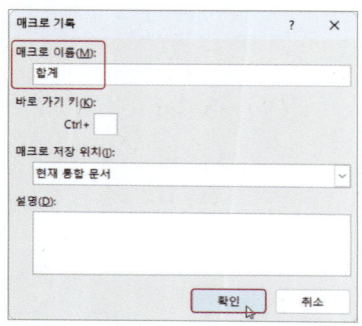

① [E4] 셀을 제외한 나머지 셀을 선택하고 [개발 도구]–[코드] 그룹의 [매크로 기록](📷)을 클릭한다.
② 매크로 이름에 **합계**를 입력하고 [확인]을 클릭한다.

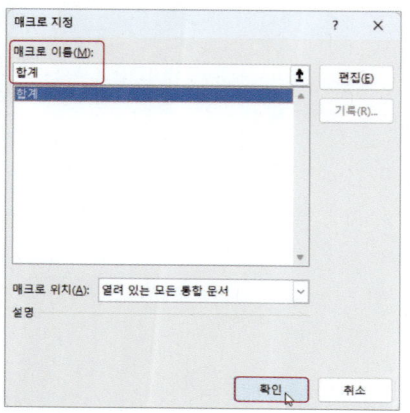

③ [E16] 셀에 =SUM(E4:E15)를 입력한다.
④ [개발 도구]–[코드] 그룹의 [기록 중지](□)를 클릭한다.
⑤ [개발 도구]–[컨트롤] 그룹의 [삽입]–[양식 컨트롤]의 '단추'(□)를 클릭하여 [G3:H4] 영역에 Alt를 누른 채 드래그하여 그린다.
⑥ [매크로 지정]에서 '합계'를 선택한 후 '단추1'의 텍스트를 지우고 **합계**를 입력한다.

⑦ [개발 도구]–[코드] 그룹의 [매크로 기록](📷)을 클릭한다.
⑧ 매크로 이름은 **채우기색**을 입력하고 [확인]을 클릭한다.
⑨ [A3:E3], [A16] 영역을 범위 지정한 후 [홈]–[글꼴] 그룹에서 [채우기 색](🎨)도구를 클릭하여 '표준 색 – 연한 파랑'을 선택한다.

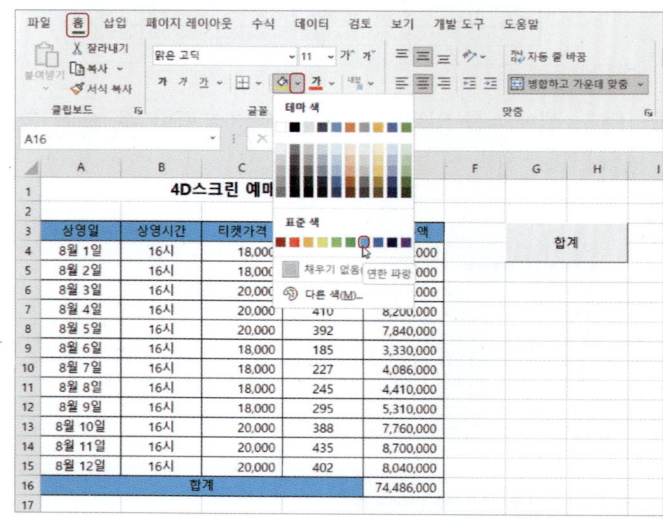

⑩ [개발 도구]–[코드] 그룹의 [기록 중지](□) 도구를 클릭한다.
⑪ [삽입]–[일러스트레이션] 그룹의 [도형]–[사각형]의 '사각형: 둥근 모서리'(□)를 클릭하여 [G6:H7] 영역에 Alt를 누른 채 드래그하여 그린다.

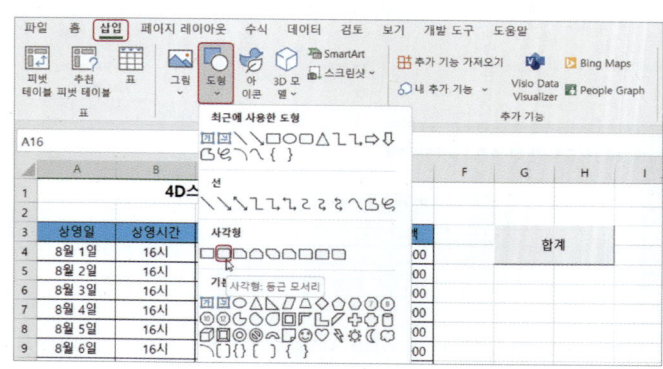

⑫ '사각형: 둥근 모서리'(□) 도형에 **채우기색**을 입력한 후, '채우기색' 도형의 경계라인에서 마우스 오른쪽 버튼을 눌러 [매크로 지정]을 클릭한다.
⑬ '채우기색'을 선택하고 [확인]을 클릭한다.

2 차트

정답

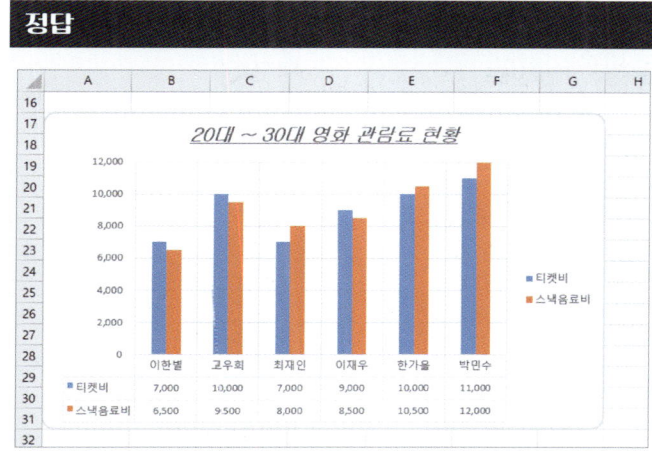

① '관람료 합계' 계열에서 마우스 오른쪽을 클릭하여 [삭제]를 클릭한다.

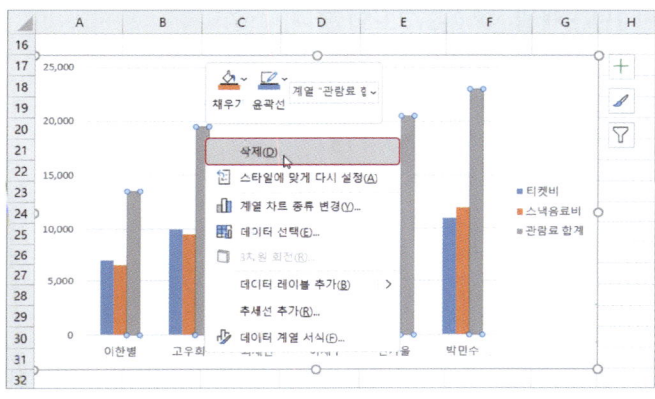

② 차트를 선택한 후 [차트 요소](田)에서 '차트 제목'을 체크한 후 20대 ~ 30대 영화 관람료 현황을 입력한다.

③ 차트 제목을 선택한 후 [홈]-[글꼴] 그룹에서 글꼴은 '굴림', 크기는 '16', '굵게', '기울임꼴', '밑줄'을 클릭한다.

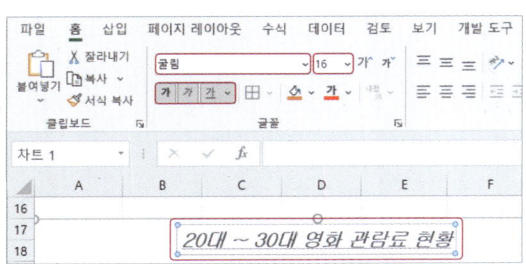

④ 세로(값) 축에서 마우스 오른쪽 버튼을 눌러 [축 서식]을 클릭한다.

⑤ [축 서식]의 '축 옵션'에서 '최대값'에 12,000을 입력한다.

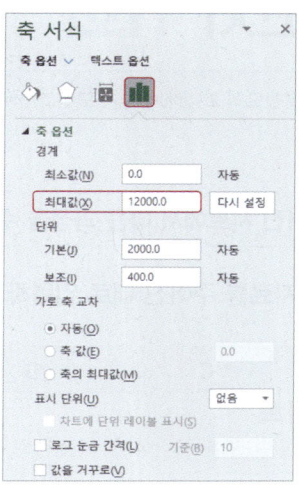

⑥ 차트를 선택한 후 [차트 요소](田)-[데이터 테이블]에서 '범례 표지 포함'을 선택하고, [눈금선]-[기본 주 세로]를 체크한다.

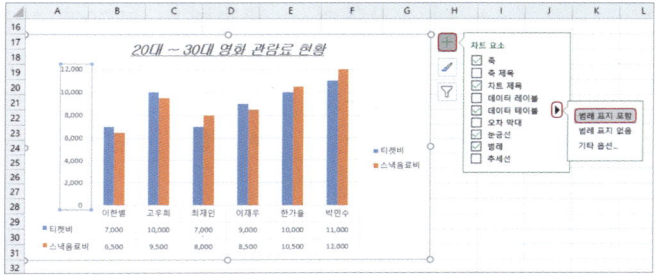

⑦ 차트 영역을 선택한 후 [차트 영역 서식]의 [채우기 및 선]에서 '테두리'의 '둥근 모서리'를 체크하고, '너비'에서 2를 입력한다.

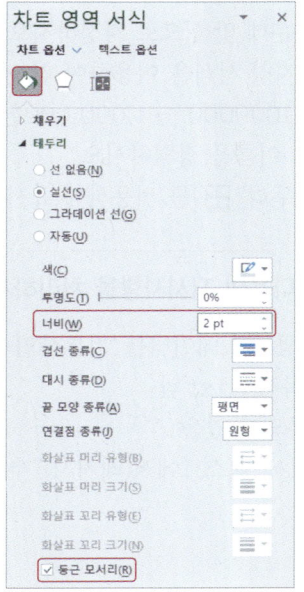

실전 모의고사 11회

작업파일: '26컴활2급(기출)₩실전모의고사'에서 '실전모의고사11회' 파일을 열어 작업하세요.

문제1 기본작업(20점) 주어진 시트에서 다음 과정을 수행하고 저장하시오.

1 '기본작업-1' 시트에 다음의 자료를 주어진 대로 입력하시오. (5점)

	A	B	C	D	E	F
1	원도 컴퍼니 직원 자료					
2						
3	직원코드	직원명	부서명	주민등록번호	경력	연락처
4	tere-51	이수창	경리부	820921-1234567	5년 9개월	010-5758-8757
5	qbrs-52	유전미	기획부	821121-2345678	6년 4개월	010-3587-5173
6	sblo-51	한현미	생산부	891229-2123455	2년 5개월	010-3778-5177
7	wbtr-53	강연숙	영업부	870925-1038726	4년 2개월	010-5735-1877
8	cowi-52	임창조	연구실	850515-1129868	9년 5개월	010-8877-5733
9	hebr-51	최윤초	실험실	881225-2368544	2년 2개월	010-5757-1137
10	qure-51	박미영	비서실	830630-1728759	4년 8개월	010-5733-7077

2 '기본작업-2' 시트에 대하여 다음의 지시사항을 처리하시오. (각 2점)

① [A1:G1] 영역은 '병합하고 가운데 맞춤', 글꼴은 '궁서체', 크기는 '17', 글꼴 스타일 '굵게', 밑줄은 '이중 밑줄'로 지정하시오.
② [A14:C14] 영역은 '병합하고 가운데 맞춤'을, [A3:G3] 영역은 글꼴은 '궁서', 크기는 '12', 글꼴 색은 '흰색, 배경1', 채우기 색 '표준 색 – 파랑', '가운데 맞춤'으로 지정하시오.
③ [D4:G14] 영역은 사용자 지정 서식을 이용하여 천 단위 구분 기호와 숫자 뒤에 "원"을 표시하고, [C4:C13] 영역은 '명'을 표시하시오. [표시 예 : 1000000 → 1,000,000원, 3 → 3명]
④ [B4:B6] 영역을 '아파트'로 이름을 정의하시오.
⑤ [A3:G14] 영역은 '모든 테두리'(⊞)를 적용하여 표시하시오.

3 '기본작업-3' 시트에 대하여 다음의 지시사항을 처리하시오. (5점)

다음의 텍스트 파일을 열어, 생성된 데이터를 '기본작업-3' 시트의 [B3:J13] 영역에 붙여 넣으시오.
▶ 외부 데이터 파일명은 '과목점수.txt'임
▶ 외부 데이터는 탭으로 구분되어 있음
▶ [파일]-[옵션]의 '데이터'에서 '텍스트에서(레거시)' 추가한 후 레거시 마법사를 이용
▶ '합계' 열은 제외할 것

문제2 계산작업(40점) '계산작업' 시트에서 다음 과정을 수행하고 저장하시오.

1 [표1]에서 주민등록번호[D3:D9]를 이용하여 생년월일[E3:E9]를 구하시오. (8점)
- ▶ 생년월일의 '연도'는 1900+주민등록번호 1~2번째 자리, '월'은 주민등록번호 3~4번째 자리, '일'은 주민등록번호 5~6번째 자리
- ▶ NOW, DATE, AND, OR, MID 중 알맞은 함수 사용

2 [표2]에서 외국어[I3:I9]가 80 이상이면서 일반상식[J3:J9] 또는 면접[K3:K9]이 70 이상이면 합격여부[L3:L9]에 '합격'을, 이 외에는 공백으로 표시하시오. (8점)
- ▶ IF, AND, OR 함수 사용

1 [표3]에서 점수[C13:C21]와 등급표[B24:E25]를 이용하여 등급[D13:D21]을 구하시오. 단, 점수가 등급표에 존재하지 않는 경우 등급에 '불합격'이라고 표시하시오. (8점)
- ▶ 등급표의 의미 : 점수가 100~199 이면 'D', 200~299 이면 'C', 300~399 이면 'B', 400 이상이면 'A'를 적용함
- ▶ HLOOKUP, VLOOKUP, IFERROR, INDEX 중 알맞은 함수 사용

4 [표4]에서 제품명[I13:I23]이 세탁기이면서 판매량[K13:K23]이 60 이상인 대리점 수를 [L25] 셀에 표시하시오. (8점)
- ▶ SUMIF, SUMIFS, COUNTIF, COUNTIFS 중 알맞은 함수 사용

5 [표5]에서 평균[E29:E36]을 기준으로 순위를 구하여 1~3위는 "선발", 나머지는 공백으로 최종결과[F29:F36]에 표시하시오. (8점)
- ▶ IF와 RANK.EQ 함수 사용 (순위는 오름차순으로 구함)

문제3 분석작업(20점) 주어진 시트에서 다음 과정을 수행하고 저장하시오.

1 '분석작업-1' 시트에 대하여 다음의 지시사항을 처리하시오. (10점)

데이터 통합 기능을 이용하여 [표1], [표2], [표3]에 대한 제품명별 '총생산량', '불량품', '출고량'의 평균을 '가전제품 생산현황(3/4분기까지)'표의 [I13:K19] 영역에 계산하시오.

2 '분석작업-2' 시트에 대하여 다음의 지시사항을 처리하시오. (10점)

'출장비 지출내역' 표에서 식대[B15]가 다음과 같이 변동하는 경우 직위가 '과장'인 사원들의 '총합계'의 변동 시나리오를 작성하시오.
- ▶ 셀 이름 정의 : [B15] 셀은 '식대', [I4] 셀은 '이민주', [I9] 셀은 '강호동', [I12] 셀은 '백두희'로 정의하시오.
- ▶ 시나리오1 : 시나리오 이름은 '식대인상', 식대를 20,000으로 설정하시오.
- ▶ 시나리오2 : 시나리오 이름은 '식대인하', 식대를 12,000으로 설정하시오.
- ▶ 위 시나리오에 의한 '시나리오 요약' 보고서는 '분석작업-2' 시트 바로 앞에 위치시키시오.
- ※ 시나리오 요약 보고서 작성 시 정답과 일치하여야 하며, 오자로 인한 부분점수는 인정하지 않음

문제4 기타작업(20점) 주어진 시트에서 다음 과정을 수행하고 저장하시오.

1 '매크로작업' 시트의 [표1]에서 다음과 같은 기능을 수행하는 매크로를 현재 통합 문서에 작성하고 실행하시오. (각 5점)

① [H4:H13] 영역에 SUM 함수를 이용하여 실지급액을 계산하는 매크로를 생성하여 실행하시오.
▶ 실지급액 = (기본급 + 초과근로수당 + 상여금) − 세금
▶ 매크로 이름 : 지급액
▶ [도형] → [사각형]의 '직사각형'(□)을 동일 시트의 [B15:C16] 영역에 생성하고, 텍스트를 "지급액"으로 입력한 후, 도형을 클릭할 때 '지급액' 매크로가 실행되도록 설정하시오.

② [A3:H3] 영역에 대하여 셀 스타일은 '입력'을 적용하는 매크로를 생성하여 실행하시오.
▶ 매크로 이름 : 서식
▶ [도형] → [기본 도형]의 '사각형: 빗면'(□)을 동일 시트의 [E15:F16] 영역에 생성하고, 텍스트를 "서식"으로 입력한 후, 도형을 클릭할 때 '서식' 매크로가 실행되도록 설정하시오.

※ 셀 포인터의 위치에 상관없이 현재 통합 문서에서 매크로가 실행되어야 정답으로 인정됨

2 '차트작업' 시트의 차트를 지시사항에 따라 아래 그림과 같이 수정하시오. (각 2점)

※ 차트는 반드시 문제에서 제공한 차트를 사용하여야 하며, 신규로 작성 시 0점 처리됨

① 모델이 'C-4029'인 데이터가 차트에 표시되도록 데이터 범위를 추가하고, '마진율' 데이터 계열의 차트 종류를 '표식이 있는 꺾은 선형'으로 변경하고 '보조 축'으로 표시하시오.
② 차트 제목을 그림과 같이 입력하고, 글꼴은 '굴림체', 크기는 '17', '굵게'로 지정하시오.
③ '마진율' 데이터 계열 중 'S-4013'만 데이터 레이블 '값'을 표시하시오.
④ 보조 세로(값) 축의 기본 단위는 0.1 로 지정하시오.
⑤ 차트 영역의 테두리 스타일은 '둥근 모서리'로 지정하시오.

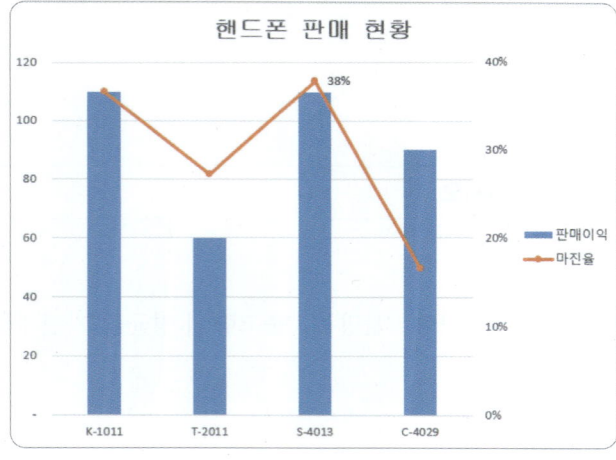

정답 & 해설 실전 모의고사 11회

문제1 기본작업

1 자료 입력

정답

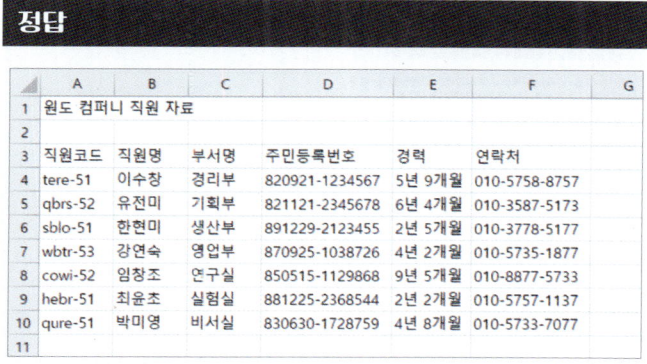

[A3:F10] 셀까지 문제를 보고 오타 없이 작성한다.

2 서식 지정

정답

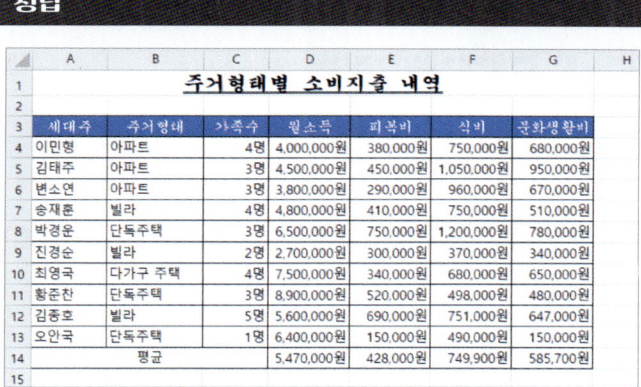

① [A1:G1] 영역을 범위 지정한 후 [홈]-[맞춤] 그룹에서 [병합하고 가운데 맞춤](圖)을 클릭하고, [글꼴] 그룹에서 글꼴은 '궁서체', 크기는 '17', '굵게', '이중 밑줄'을 선택한다.

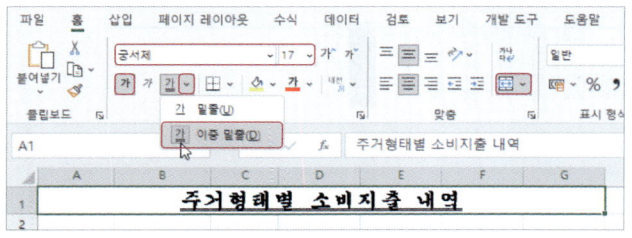

② [A14:C14] 영역을 범위 지정한 후 [홈]-[맞춤] 그룹에서 [병합하고 가운데 맞춤](圖)을 클릭한다.

③ [A3:G3] 영역을 범위 지정한 후 [홈]-[글꼴] 그룹에서 글꼴은 '궁서', 크기는 '12', [글꼴 색](가▼) 도구를 클릭하여 '흰색, 배경 1', [채우기 색](◆▼)도구를 클릭하여 '표준 색 – 파랑'으로 선택하고, [맞춤] 그룹에서 [가운데 맞춤](三)을 클릭한다.

④ [D4:G14] 영역을 범위 지정한 후 Ctrl + 1 을 눌러 [표시 형식] 탭에서 '사용자 지정'을 선택하고 #,##0"원"을 입력하고 [확인]을 클릭한다.

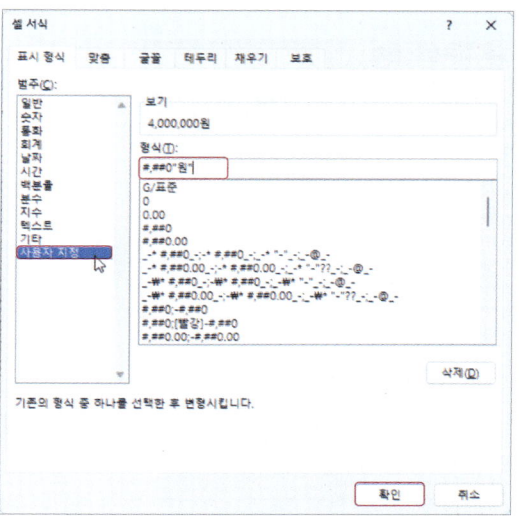

⑤ [C4:C13] 영역을 범위 지정한 후 Ctrl + 1 을 [표시 형식] 탭에서 '사용자 지정'을 선택하고 G/표준"명"을 입력하고 [확인]을 클릭한다.

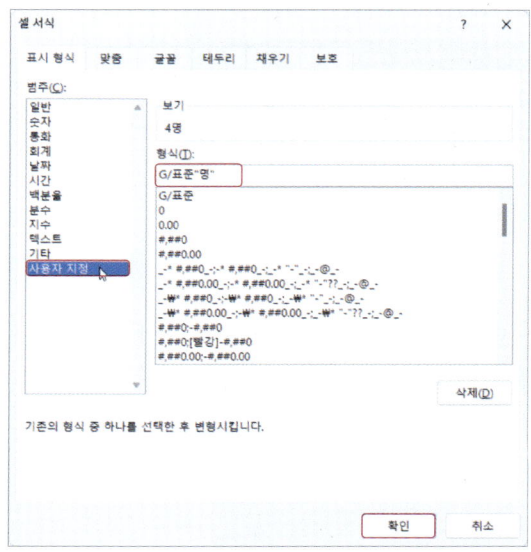

⑥ [B4:B6] 영역을 범위 지정한 후 '이름 상자'에 **아파트** 입력하고 Enter 를 누른다.

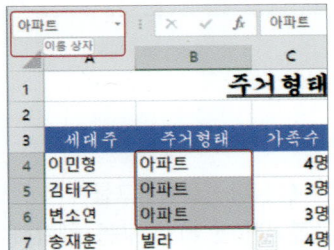

⑦ [A3:G14] 영역을 범위 지정한 후 [홈]-[글꼴] 그룹에서 [테두리](⊞ ▼) 도구의 [모든 테두리](⊞)를 클릭한다.

3 외부 데이터 가져오기

정답

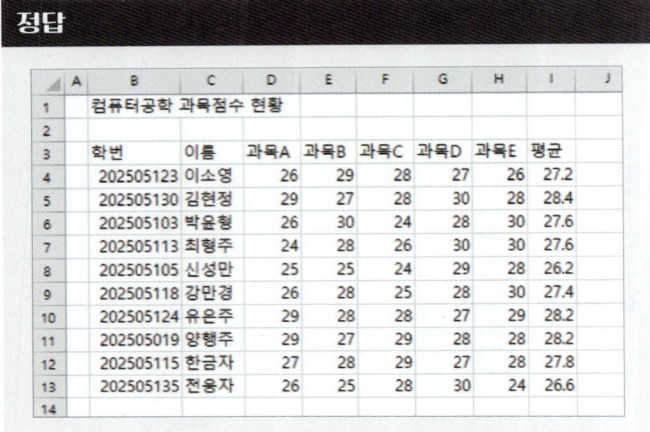

① [파일]-[옵션]을 클릭하여 [데이터]에서 '텍스트에서(레거시)'를 체크하고 [확인]을 클릭한다.

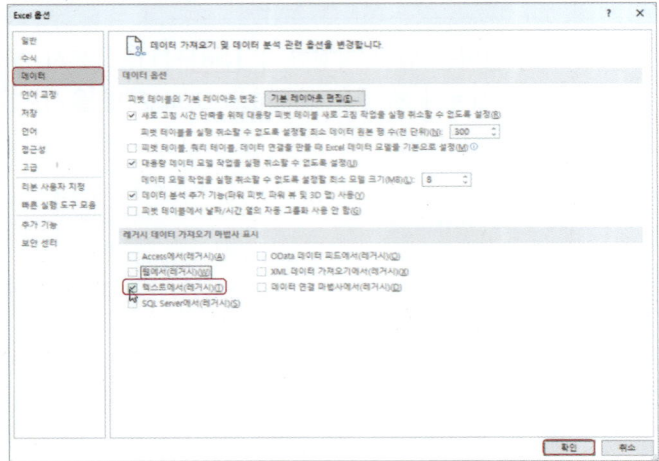

② [데이터]-[데이터 가져오기 및 변환] 그룹의 [데이터 가져오기]-[레거시 마법사]-[텍스트(레거시)]를 클릭한다.

③ [1단계]에서 '구분 기호로 분리됨'을 선택하고 [다음]을 클릭한다.

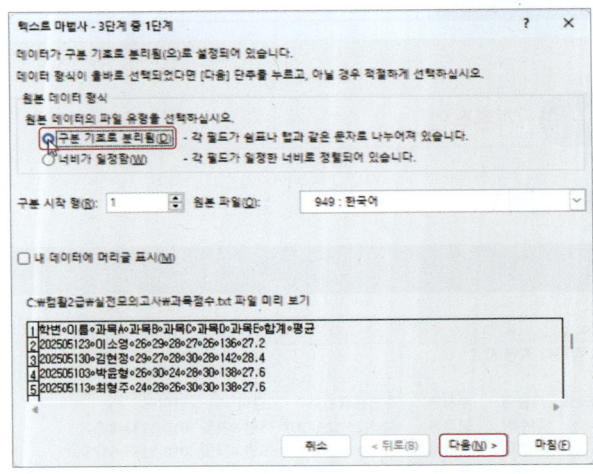

④ [2단계]에서 '탭'을 선택하고 [다음]을 클릭한다.

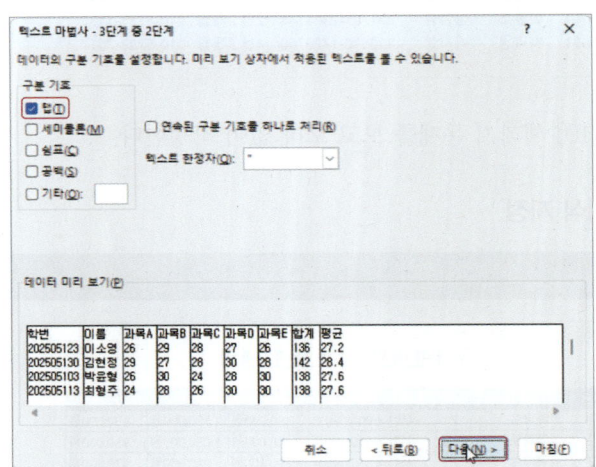

⑤ [3단계]에서 '합계'를 선택하고 '열 가져오지 않음(건너뜀)'을 선택하고 [마침]을 클릭한다.

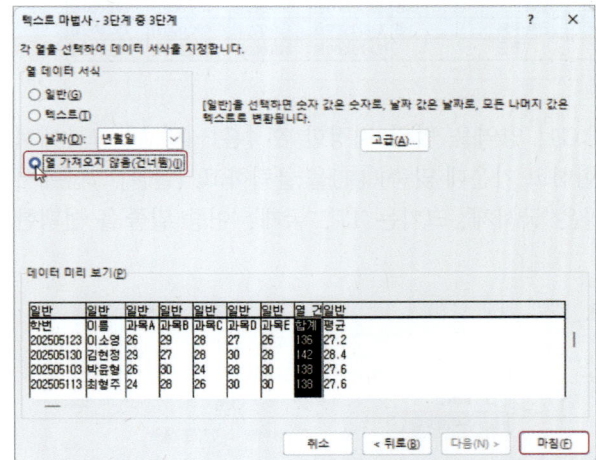

⑥ '기존 워크시트'의 [B3] 셀을 지정하고 [확인]을 클릭한다.

문제2 계산작업

1 생년월일[E3:E9]

정답

	A	B	C	D	E	F
1	[표1]	자전거 동호회 회원				
2	이름	성별	지역	주민등록번호	생년월일	
3	이주연	여	서초동	900424-2416488	1990년 04월 24일	
4	정민찬	남	잠원동	911211-1166461	1991년 12월 11일	
5	강미경	여	반포	920614-2244986	1992년 06월 14일	
6	최영찬	남	양재동	901011-1269844	1990년 10월 11일	
7	황영미	여	우면동	910206-2249896	1991년 02월 06일	
8	박소희	여	논현동	891119-2426946	1989년 11월 19일	
9	김지영	여	역삼동	880808-2446914	1988년 08월 08일	
10						

[E3] 셀에 =DATE(1900+MID(D3,1,2),MID(D3,3,2),MID(D3,5,2))를 입력하고 [E9] 셀까지 수식을 복사한다.

함수 설명

① MID(D3, 1, 2) : [D3] 셀의 문자열에서 첫 번째 문자부터 두 자리(연도)를 추출

② 1900 + ① : 추출한 연도 값에 1900을 더하여 실제 연도로 변환

③ MID(D3, 3, 2) : [D3] 셀의 문자열에서 세 번째와 네 번째 자리(월)를 추출

④ MID(D3, 5, 2) : [D3] 셀의 문자열에서 다섯 번째와 여섯 번째 자리(일)를 추출

=DATE(②,③,④) : DATE 함수는 추출된 연도, 월, 일 값을 조합하여 날짜 형식으로 반환

2 합격여부[L3:L9]

정답

	G	H	I	J	K	L	M
1	[표2]	신입사원 성적현황					
2	이름	성별	외국어	일반상식	면접	합격여부	
3	박현주	여	85	60	85	합격	
4	강진욱	남	57	70	80		
5	고유경	여	84	65	65		
6	이수창	남	81	80	65	합격	
7	한현숙	여	70	90	89		
8	나영림	여	80	50	80	합격	
9	최영수	남	90	70	80	합격	
10							

[L3] 셀에 =IF(AND(I3>=80,OR(J3>=70,K3>=70)),"합격","")를 입력하고 [L9] 셀까지 수식을 복사한다.

3 등급[D13:D21]

정답

	A	B	C	D	E
11	[표3]	등급 분류표			
12	번호	성명	점수	등급	
13	130255	최창희	389	B	
14	130525	임경모	38	불합격	
15	130515	강현숙	325	B	
16	130235	김지혜	49	불합격	
17	130455	전우진	356	B	
18	130215	강호영	235	C	
19	130355	박수창	157	D	
20	130553	이건모	222	C	
21	130155	황우식	52	불합격	
22					
23	[등급표]				
24	점수	100	200	300	400
25	등급	D	C	B	A
26					

[D13] 셀에 =IFERROR(HLOOKUP(C13,$B$24:$E$25,2),"불합격")를 입력하고 [D21] 셀까지 수식을 복사한다.

함수 설명

① HLOOKUP(C13, $B$24:$E$25, 2) : [C13] 셀의 값을 데이터 범위([$B$24:$E$25]) 첫 번째 행에서 [C13]의 값을 찾고 검색한 값과 같은 열의 두 번째(2) 행에서 값을 반환

=IFERROR(①, "불합격") : ①값에 오류가 발생할 경우, "불합격"을 반환

4 대리점수[L25]

정답

	G	H	I	J	K	L	M
11	[표4]	대리점별 제품 판매 현황					
12	대리점	제품코드	제품명	판매가	판매량	판매금액	
13	인천	SR-1025	에어컨	1,250,000	57	71,250,000	
14	강원	VO-0823	세탁기	800,000	37	29,600,000	
15	경기	TV-1201	TV	1,100,000	57	62,700,000	
16	서울	SR-1025	에어컨	1,250,000	62	77,500,000	
17	대구	VO-0823	세탁기	800,000	71	56,800,000	
18	부산	SR-1025	에어컨	1,250,000	65	81,250,000	
19	서울	VO-0823	세탁기	800,000	66	52,800,000	
20	대전	VO-0823	세탁기	800,000	56	44,800,000	
21	원주	TV-1201	TV	1,100,000	37	40,700,000	
22	제주	TV-1201	TV	1,100,000	56	61,600,000	
23	전주	SR-1025	에어컨	1,250,000	39	48,750,000	
24							
25		세탁기 판매 우수 대리점				2	
26							

[L25] 셀에 =COUNTIFS(I13:I23,"세탁기",K13:K23,">=60")를 입력한다.

5 최종결과[F29:F36]

정답

	A	B	C	D	E	F	G
27	[표5]	100m 달리기 대표선수 선발 결과					
28	이름	1차	2차	3차	평균	최종결과	
29	금시은	10.2	11	10.5	10.6		
30	강나경	11.2	12	11.5	11.6		
31	유전수	9.5	9.1	9.8	9.5	선발	
32	이진호	12.5	11.2	11.5	11.7		
33	최현경	11.4	11.1	10.6	11.0		
34	이민영	10.1	9.9	10.4	10.1	선발	
35	황유경	9.9	10.1	10.2	10.1	선발	
36	문지은	11.3	11.4	10.9	11.2		
37							

[F29] 셀에 =IF(RANK.EQ(E29,$E$29:$E$36,1)<=3,"선발","")를 입력하고 [F36] 셀까지 수식을 복사한다.

함수 설명

❶ RANK.EQ(E29, $E$29:$E$36, 1): [E29] 셀의 값을 범위([$E$29:$E$36])에서 오름차순(1)으로 순위를 구함

=IF(❶<=3, "선발", " ") : ❶의 3이하이면 '선발'을 반환하고, 그렇지 않으면 공백("")을 반환

문제3 분석작업

1 데이터 통합

정답

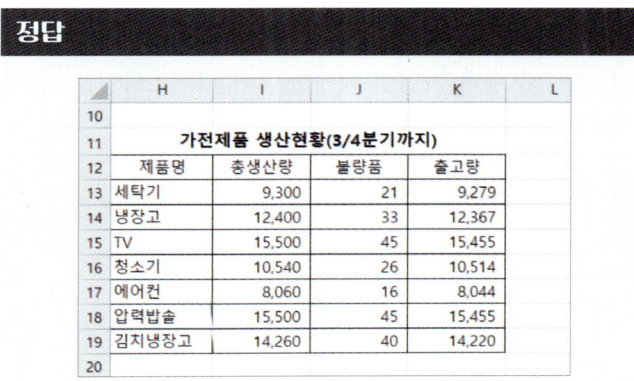

① [H12:K19] 영역을 범위 지정한 후 [데이터]-[데이터 도구] 그룹의 [통합](📋)을 클릭한다.

② [통합]에서 '함수'는 '평균', '모든 참조 영역'은 [A2:F9], [H2:M9], [A12:F19] 영역에 추가한 후 '사용할 레이블'은 '첫 행', '왼쪽 열'을 체크하고 [확인]을 클릭한다.

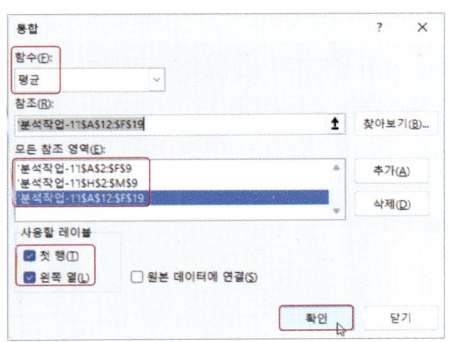

2 시나리오

정답

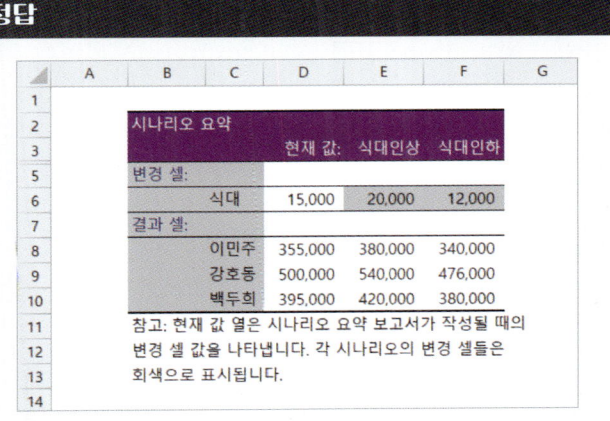

① [B15] 셀을 클릭하고 '이름 상자'에 **식대**를 입력하고 Enter 를 누른다.

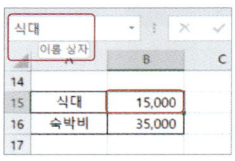

② 같은 방법으로 [I4] 셀은 **이민주**, [I9] 셀은 **강호동**, [I12] 셀은 **백두희**로 이름을 정의한다.

③ [B15] 셀을 선택한 후 [데이터]-[예측] 그룹의 [가상 분석]-[시나리오 관리자]를 클릭한다.

④ [시나리오 관리자]에서 [추가]를 클릭한다.

⑤ [시나리오 추가]에서 '시나리오 이름'은 **식대인상**을 입력하고, '변경 셀'은 [B15] 셀을 지정한 후 [확인]을 클릭한다.

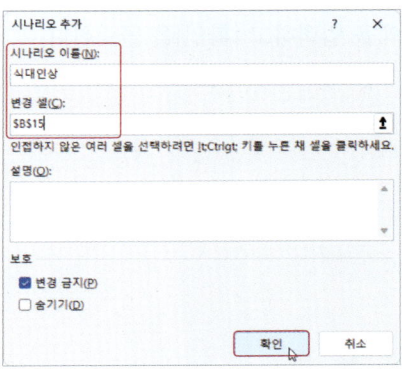

⑥ [시나리오 값]에서 '식대'에 20000을 입력한 후 [추가]를 클릭한다.

⑦ [시나리오 추가]에서 '시나리오 이름'은 **식대인하**를 입력하고, '변경 셀'을 확인한 후 [확인]을 클릭한다.

⑧ [시나리오 값]에서 '식대'에 12000을 입력한 후 [확인]을 클릭한다.

⑨ [시나리오 관리자]에서 [요약]을 클릭하고, [시나리오 요약]에서 '결과 셀'이 [I4, I9, I12] 셀을 지정하고 [확인]을 클릭한다.

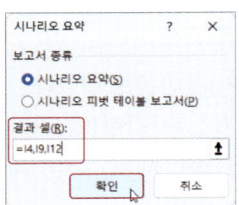

⑩ '시나리오 요약' 시트가 '분석작업-2' 시트 앞에 위치해 있는지 확인한다.

문제4 기타작업

1 매크로

정답

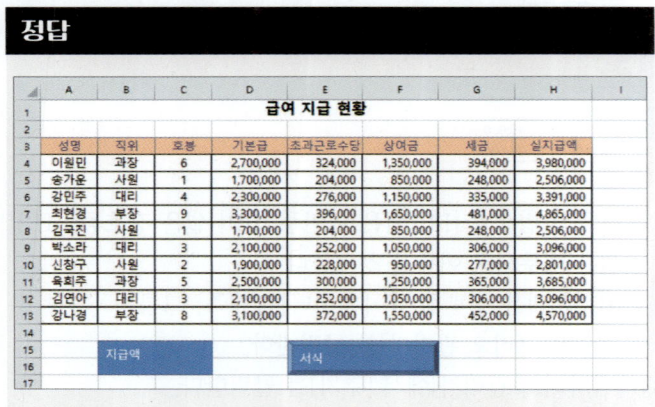

① [H4] 셀을 제외한 나머지 셀을 선택하고 [개발 도구]-[코드] 그룹의 [매크로 기록](🞄)을 클릭한다.
② '매크로 이름'에 **지급액**을 입력하고 [확인]을 클릭한다.

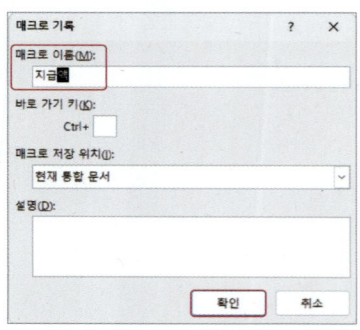

③ [H4] 셀에 =SUM(D4:F4)-G4를 입력하고 [H13] 셀까지 수식을 복사한다.

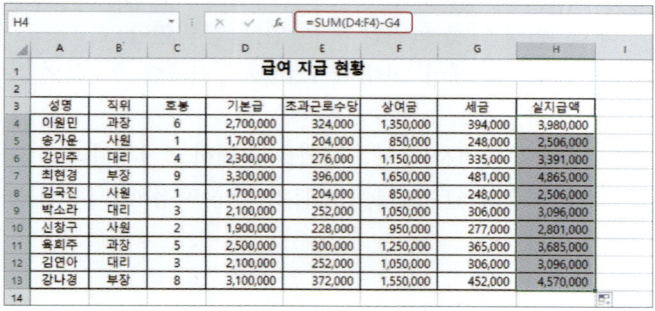

④ [개발 도구]-[코드] 그룹의 [기록 중지](🞄)를 클릭한다.
⑤ [삽입]-[일러스트레이션] 그룹의 [도형]-[사각형]의 '직사각형'(🞄)을 클릭하여 [B15:C16] 영역에 Alt를 누른 채 드래그하여 그린다.
⑥ '직사각형'(🞄) 도형에 **지급액**을 입력한 후, '지급액' 도형의 경계라인에서 마우스 오른쪽 버튼을 눌러 [매크로 지정]을 클릭한다.

⑦ '지급액'을 선택하고 [확인]을 클릭한다.
⑧ [개발 도구]-[코드] 그룹의 [매크로 기록](🞄)을 클릭한다.
⑨ 매크로 이름은 **서식**을 입력하고 [확인]을 클릭한다.
⑩ [A3:H3] 영역을 범위 지정한 후 [홈]-[스타일] 그룹의 [셀 스타일]에서 '입력'을 선택한다.

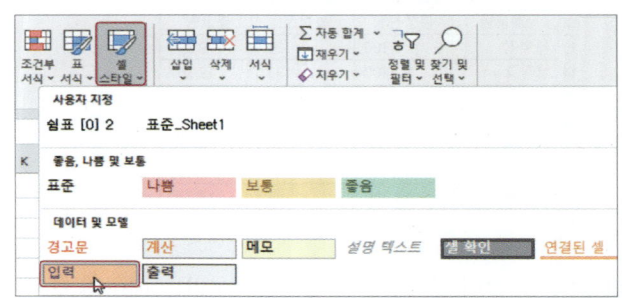

⑪ [개발 도구]-[코드] 그룹의 [기록 중지](🞄)를 클릭한다.
⑫ [삽입]-[일러스트레이션] 그룹의 [도형]-[기본 도형]에서 '사각형: 빗면'(🞄) 도형을 클릭하여 [E15:F16] 영역에 Alt를 누른 채 드래그하여 그린다.
⑬ 도형에 **서식**을 입력한 후, '서식' 도형의 경계라인에서 마우스 오른쪽 버튼을 눌러 [매크로 지정]을 클릭한다.
⑭ '서식'을 선택하고 [확인]을 클릭한다.

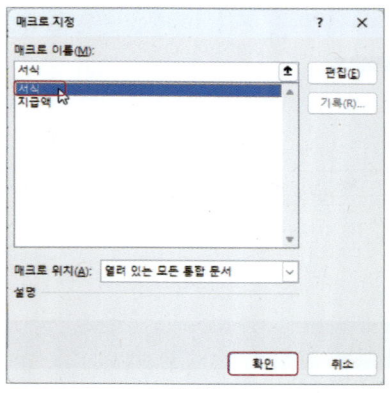

2 차트

정답

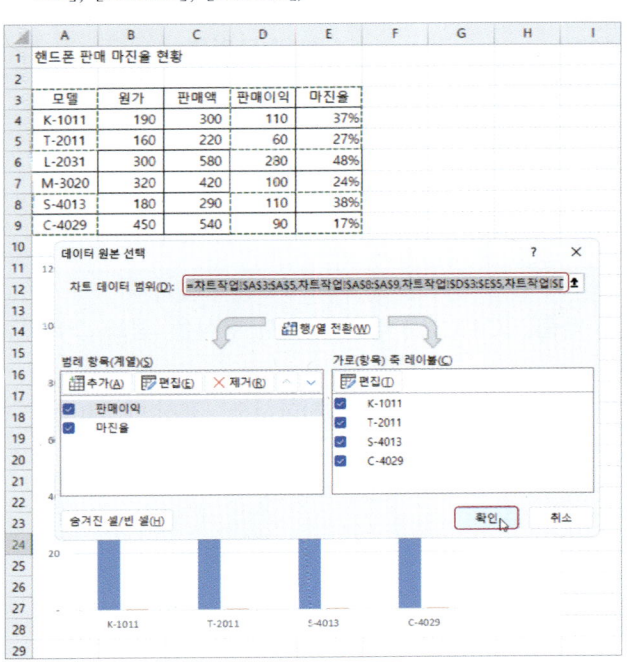

① 차트에서 마우스 오른쪽 버튼을 눌러 [데이터 선택]을 클릭한다.
② 다음과 같이 지정하고 [확인]을 클릭한다. ([A3:A5], [D3:E5], [A8:A9], [D8:E9])

> **기적의 TIP**
>
> [A9], [D9:E9] 영역을 선택한 후 Ctrl+C를 눌러 복사하고 차트를 선택하여 Ctrl+V를 붙여 넣기 할 수 있다.

③ 차트에서 마우스 오른쪽 버튼을 눌러 [차트 종류 변경]을 클릭한다.

④ 차트 종류를 '혼합'을 선택하고, '마진율' 계열을 선택한 후 '표식이 있는 꺾은선형'을 선택하고, '보조 축'을 체크하고 [확인]을 클릭한다.

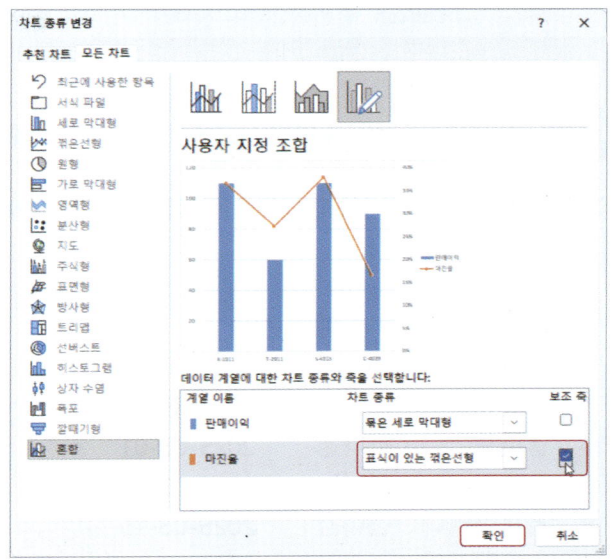

⑤ 차트를 선택한 후 [차트 요소](﹢)-[차트 제목]을 선택한 후 **핸드폰 판매 현황**을 입력한다.
⑥ '차트 제목'을 선택한 후 [홈]-[글꼴] 그룹에서 글꼴은 '굴림체', 크기는 '17', '굵게'를 지정한다.
⑦ '마진율' 계열의 'S-4013'을 천천히 두 번 클릭한 후 마우스 오른쪽 버튼을 눌러 [데이터 레이블 추가]를 클릭한다.
⑧ 보조 세로 (값) 축을 선택한 후 마우스 오른쪽 버튼을 눌러 [축 서식]을 클릭한다.
⑨ [축 서식]의 '축 옵션'에서 단위 '기본'에 0.1을 입력한다.

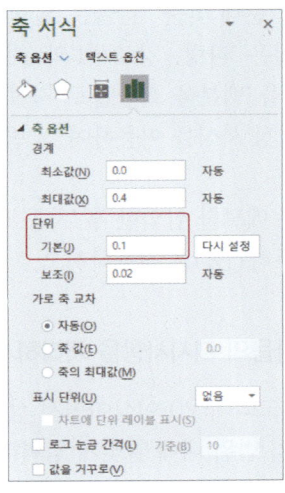

⑩ 차트를 선택한 후 [차트 영역 서식]에서 [채우기 및 선]에서 '테두리'에서 '둥근 모서리'를 체크한다.

실전 모의고사 12회

작업파일 : '26컴활2급(기출)\실전모의고사'에서 '실전모의고사12회' 파일을 열어 작업하세요.

문제1 기본작업(20점) 주어진 시트에서 다음 과정을 수행하고 저장하시오.

1. '기본작업-1' 시트에 다음의 자료를 주어진 대로 입력하시오. (5점)

	A	B	C	D	E	F	G
1	리조트 여름 휴가 예약 현황						
2							
3	리조트명	고객명	예약일자	사용일수(박)	예약번호	사용인원(명)	구분
4	델피노	강나경	2025-08-01	2	dpn-001	4	회원(기명)
5	쏠비치	이한나	2025-07-30	3	sbch-008	4	회원(무기명)
6	거제마리나	김미경	2025-08-15	4	mrn-090	3	일반
7	소노펠리체	박수하	2025-07-28	2	pfch-003	4	회원초청
8	비발디파크	최영찬	2025-08-02	4	bbd-004	6	회원(기명)
9	제주	황준형	2025-08-03	3	jj-006	3	회원(기명)
10	변산	오민경	2025-07-29	2	bs-010	4	회원(무기명)
11	경주	유명희	2025-07-31	3	kj-203	5	회원(무기명)
12	엠블호텔	전수영	2025-08-04	2	mb-290	2	회원초청

2. '기본작업-2' 시트에 대하여 다음의 지시사항을 처리하시오. (각 2점)

① [A1:G1] 영역은 '병합하고 가운데 맞춤', 글꼴은 '굴림체', 크기는 '18', 글꼴 스타일 '굵게'로 지정하시오.
② [A3:G3] 영역은 셀 스타일은 '파랑, 강조색1'과 '가로 가운데 맞춤', [C4:C12] 영역은 표시 형식을 '쉼표 스타일', [F4:F12] 영역은 표시 형식을 '백분율 스타일'로 지정하시오.
③ [D4:D12] 영역은 사용자 지정 서식을 이용하여 천 단위 구분 기호와 숫자 뒤에 "원"을 표시하시오. [표시 예 : 1000 → 1,000원].
④ [F5] 셀에 "우수지점"이라는 메모를 삽입한 후 '자동 크기'로 지정하고, 항상 표시되도록 하시오.
⑤ [A3:G12] 영역은 '모든 테두리'(田)로 적용하시오.

3. '기본작업-3' 시트에 대하여 다음의 지시사항을 처리하시오. (5점)

'사원별 급여 현황' 표에서 인사고과가 20 이상이면서 상여비율이 7% 이상인 데이터를 고급 필터를 사용하여 검색하시오.
▶ 고급 필터 조건은 [A17:B18] 범위 내에 알맞게 입력하시오.
▶ 고급 필터 결과 복사 위치는 동일 시트의 [A20] 셀에서 시작하시오.

문제2 계산작업(40점) '계산작업' 시트에서 다음 과정을 수행하고 저장하시오.

1 [표1]에서 과목별 80점대인 학생수를 구하여 [B11:E11] 영역에 표시하시오. (8점)
- 숫자 뒤에 "명"을 표시 [표시 예 : 2명]
- AVERAGEIFS, COUNTIFS, SUMIFS 중 알맞은 함수와 & 연산자를 사용

2 [표2]에서 자유형 50m 기록[H3:H11]이 빠른 5명은 "결승진출", 그 외에는 공백을 결과[I3:I11]에 표시하시오. (8점)
- IF와 SMALL 함수 사용

3 [표3]에서 직업코드[C15:C20]와 조건표[F15:G20]를 이용하여 직업[D15:D20]을 표시하시오. (8점)
- 조건표의 의미 : 직업코드 왼쪽의 한 자리가 1이면 학생, 2이면 군인, 3이면 공무원, 4이면 교사, 5이면 회사원임
- VLOOKUP과 LEFT, VALUE 함수 사용

4 [표4]에서 생년월일[B24:B30]부터 오늘 날짜까지의 날 수 계산[C24:C30]를 계산하시오. (8점)
- DAYS과 TODAY 함수 사용

5 [표5]에서 초과근무시간의 누적합계가 150 이상이면 "경고", 100 이상이면 "과다", 30 이상이면 "보통", 30 미만이면 공백으로 초과근무누적합계[I24:I30] 영역에 표시하시오. (8점)
- IF와 SUM 함수 사용

문제3 분석작업(20점) 주어진 시트에서 다음 과정을 수행하고 저장하시오.

1 '분석작업-1' 시트에 대하여 다음의 지시사항을 처리하시오. (10점)

'건강식품 판매 실적' 표에서 이익액[B18:B20]이 다음과 같이 변동하는 경우 순이익합계[G15]의 변동 시나리오를 작성하시오.
- 셀 이름 정의 : [B18] 셀은 '영지차이익액', [B19] 셀은 '사슴녹용이익액', [B20] 셀은 '홍삼정이익액', [G15] 셀은 '순이익합계'로 정의하시오.
- 시나리오1 : 시나리오 이름은 '이익액증가', 이익액을 영지차 1500, 사슴녹용 11000, 홍삼정 3500으로 설정하시오.
- 시나리오2 : 시나리오 이름은 '이익액감소', 이익액을 영지차 800, 사슴녹용 9000, 홍삼정 2500으로 설정하시오.
- 위 시나리오에 의한 '시나리오 요약' 보고서는 '분석작업-1' 시트 바로 앞에 위치시키시오.
※ 시나리오 요약 보고서 작성 시 정답과 일치하여야 하며, 오자로 인한 부분점수는 인정하지 않음

2 '분석작업-2' 시트에 대하여 다음의 지시사항을 처리하시오. (10점)

'사원임금 계산표'를 이용하여 사원이름은 '필터', 부서명은 '행', 직급명 '열'로 처리하고, '값'에 판매금액과 총수령액의 합계를 계산한 후 행/열의 총합계는 표시하지 않는 피벗 테이블을 작성하시오.
▶ 피벗 테이블 보고서는 동일 시트의 [A20] 셀에서 시작하시오.
▶ 보고서 레이아웃은 '개요 형식'으로 지정하시오.
▶ 판매금액과 총수령액의 합계는 셀 서식을 이용하여 표시 형식을 숫자 범주의 '1000 단위 구분 기호'로 지정하시오.

문제4 기타작업(20점) 주어진 시트에서 다음 과정을 수행하고 저장하시오.

1 '매크로작업' 시트에서 다음과 같은 기능을 수행하는 매크로를 현재 통합 문서에 작성하고 실행하시오. (각 5점)

① [F4:F9] 영역에 합계를 계산하는 매크로를 생성하여 실행하시오.
▶ 매크로 이름 : 합계
▶ SUM 함수 사용
▶ [도형] → [사각형]의 '직사각형'(□)을 동일 시트의 [B11:C12] 영역에 생성한 후 텍스트를 "합계"로 입력하고, 도형을 클릭할 때 '합계' 매크로가 실행되도록 설정하시오.

② [A3:F3] 영역에 채우기 색 '표준 색 – 자주', 글꼴 색은 '표준 색 – 노랑'을 적용하는 매크로를 생성하여 실행하시오.
▶ 매크로 이름 : 서식
▶ [개발 도구] → [삽입] → [양식 컨트롤]의 '단추'(□)를 동일 시트의 [E11:F12] 영역에 생성한 후 텍스트를 "서식"으로 입력하고, 도형을 클릭할 때 '서식' 매크로가 실행되도록 설정하시오.

※ 셀 포인터의 위치에 상관없이 현재 통합 문서에서 매크로가 실행되어야 정답으로 인정됨

2 '차트작업' 시트에서 다음 지시사항에 따라 〈그림〉과 같이 차트를 수정하시오. (각 2점)

※ 차트는 반드시 문제에서 제공한 차트를 사용하여야 하며, 신규로 작성 시 0점 처리됨
① '컴퓨터' 전공학과의 '기말고사'가 차트에 표시되도록 데이터 범위를 추가하시오.
② 차트 제목을 〈그림〉과 같이 입력하고, 글꼴은 '굴림체', 글꼴 색은 '표준 색 – 자주', 채우기 색 '표준 색 – 노랑'으로 지정하시오.
③ '구기자' 요소에만 데이터 레이블 '값(안쪽 끝에)'을 표시하시오.
④ 세로(값) 축의 최대값을 100, 기본 단위를 10으로 지정하시오.
⑤ 차트 영역의 테두리에 '그림자(오프셋: 아래쪽)'와 '둥근 모서리'를 지정하시오.

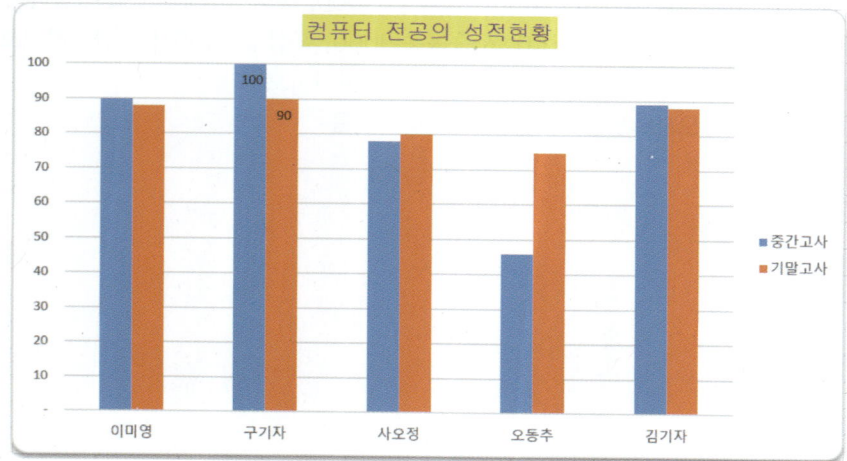

정답 & 해설 실전 모의고사 12회

문제1 기본작업

1 자료 입력

정답

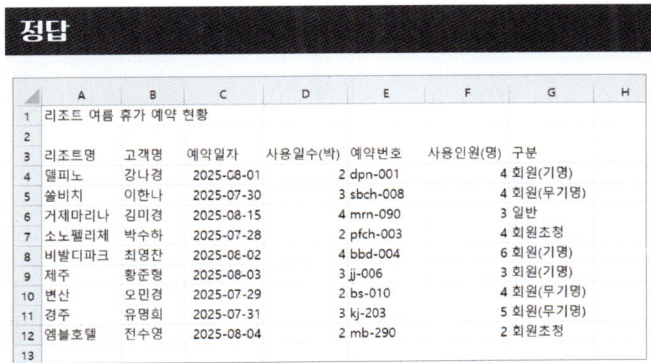

[A3:G12] 셀까지 문제를 보고 오타 없이 작성한다.

2 서식 지정

정답

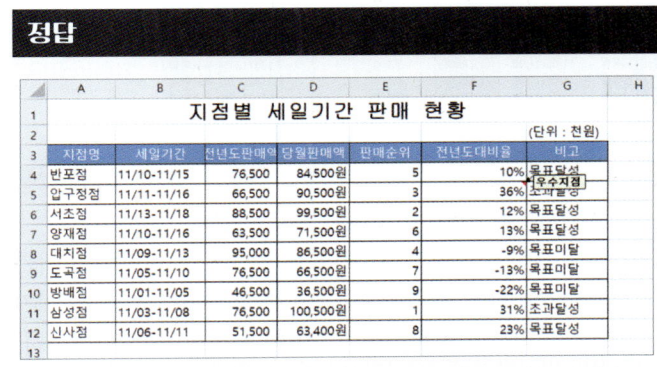

① [A1:G1] 영역을 범위 지정한 후 [홈]-[맞춤] 그룹에서 [병합하고 가운데 맞춤](을)을 클릭하고, [글꼴] 그룹에서 글꼴은 '굴림체', 크기는 '18', '굵게'를 선택한다.

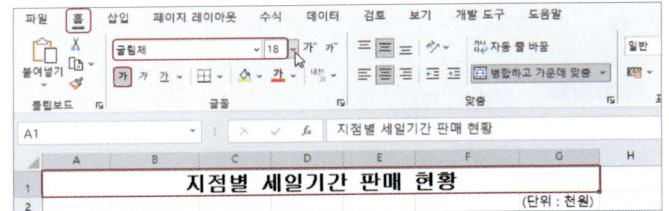

② [A3:G3] 영역을 범위 지정한 후 [홈]-[스타일] 그룹에서 [셀 스타일]을 클릭하여 '테마 셀 스타일'의 '파랑, 강조색 1'을 선택한 후 [맞춤] 그룹에서 [가운데 맞춤](을)을 클릭한다.

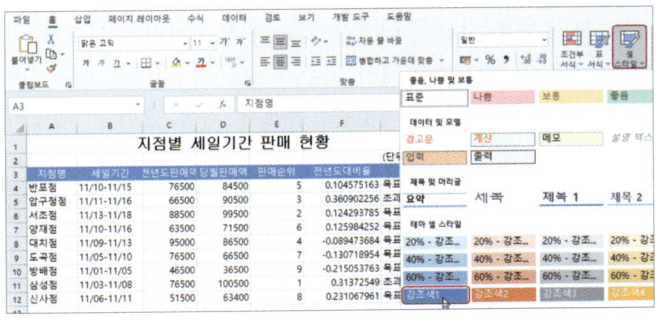

③ [C4:C12] 영역을 범위 지정한 후 [홈]-[표시 형식] 그룹에서 [쉼표 스타일](,)을 클릭한다.

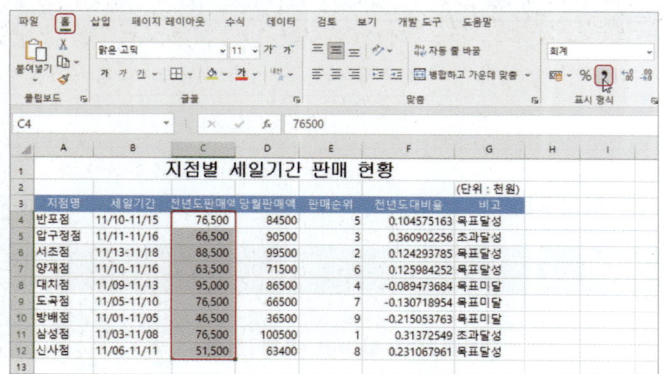

④ [F4:F12] 영역을 범위 지정한 후 [홈]-[표시 형식] 그룹에서 [백분율 스타일](%)을 클릭한다.

⑤ [D4:D12] 영역을 범위 지정한 후 마우스 오른쪽 버튼을 눌러 [셀 서식]을 클릭 [표시 형식] 탭에서 '사용자 지정'을 선택하고 #,##0원을 입력하고 [확인]을 클릭한다.

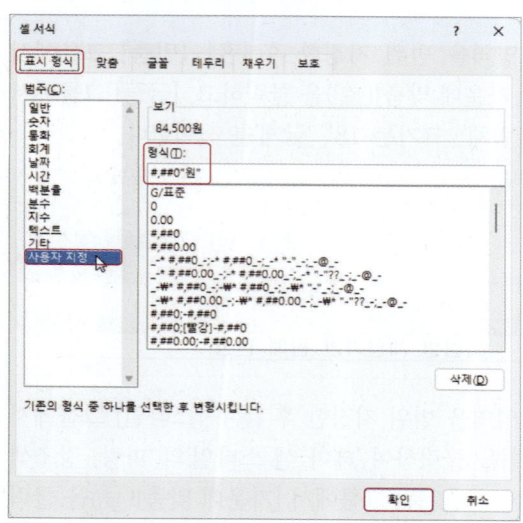

⑥ [F5] 셀에서 마우스 오른쪽 버튼을 눌러 [메모 삽입]을 클릭하여 기존 사용자 이름을 지우고 **우수지점**을 입력한다.

⑦ 메모 상자 경계라인에서 마우스 오른쪽 버튼을 눌러 [메모 서식]을 클릭하여 [맞춤] 탭에서 '자동 크기'를 체크하고 [확인]을 클릭한다.

⑧ [F5] 셀에서 마우스 오른쪽 버튼을 눌러 [메모 표시/숨기기]를 클릭한다.

⑨ [A3:G12] 영역을 범위 지정한 후 [홈]-[글꼴] 그룹에서 [테두리](▦ ˅) 도구의 [모든 테두리](⊞)를 클릭한다.

3 고급 필터

정답

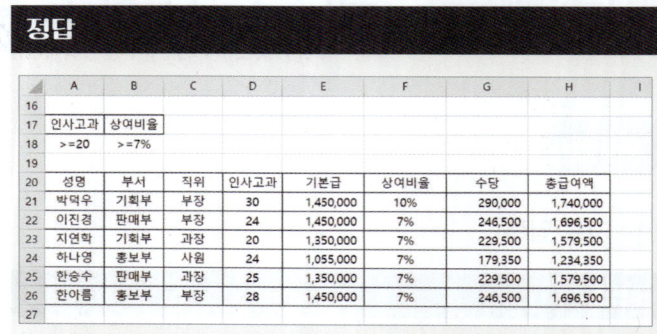

① [A17:B18] 영역에 다음과 같이 조건을 입력한다.

	A	B	C
16			
17	인사고과	상여비율	
18	>=20	>=7%	
19			

② [A3:H15] 영역을 범위 지정한 후 [데이터]-[정렬 및 필터] 그룹의 [고급]을 클릭하여 다음 그림과 같이 지정하고 [확인]을 클릭한다.

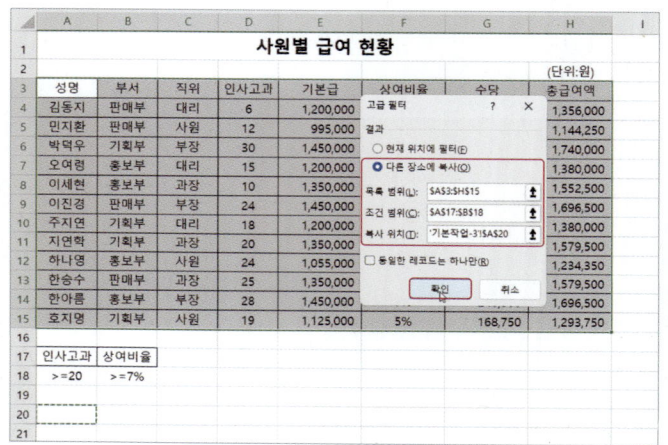

- 결과 : '다른 장소에 복사'
- 목록 범위 : **[A3:H15]**
- 조건 범위 : **[A17:B18]**
- 복사 위치 : **[A20]**

문제2 계산작업

1 80점대[B11:E11]

정답

	A	B	C	D	E
1	[표1]	모의고사 평가			
2	수험번호	언어	수리탐구	선택과목	외국어
3	M030101	84	88	85	78
4	M030102	85	54	68	59
5	M030103	75	82	64	70
6	M030104	88	83	89	90
7	M030105	결시	55	54	60
8	M030106	65	44	결시	결시
9	M030107	90	75	68	85
10	M030108	76	82	84	83
11	80점대	3명	4명	3명	2명

[B11] 셀에 =COUNTIFS(B3:B10,">=80",B3:B10,"<90")&"명"를 입력하고 [E11] 셀까지 수식을 복사한다.

2 결과[I3:I11]

정답

	G	H	I	J
1	[표2]	자유형 50m 기록		
2	선수명	기록(초)	결과	
3	김종명	25.6		
4	박상용	23.4	결승진출	
5	노광만	24.7		
6	조도희	22.9	결승진출	
7	민철주	23.7	결승진출	
8	이대희	25.1		
9	김형록	22.5	결승진출	
10	주도희	20.5	결승진출	
11	김도원	24.8		

[I3] 셀에 =IF(SMALL($H$3:$H$11,5)>=H3,"결승진출","")를 입력하고 [I11] 셀까지 수식을 복사한다.

3 직업[D15:D20]

정답

	A	B	C	D	E	F	G
13	[표3]	회원현황					
14	연번	이름	직업코드	직업		<조건표>	
15	1	김민정	5-40	회사원		코드	직업
16	2	김수경	1-80	학생		1	학생
17	3	김영정	3-90	공무원		2	군인
18	4	김영한	2-70	군인		3	공무원
19	5	남시정	4-50	교사		4	교사
20	6	민형곤	5-60	회사원		5	회사원

[D15] 셀에 =VLOOKUP(VALUE(LEFT(C15,1)),$F$16:$G$20,2,0)를 입력하고 [D20] 셀까지 수식을 복사한다.

4 날 수 계산[C24:C30]

정답

	A	B	C	D
22	[표4]	고객정보		
23	성명	생년월일	날 수 계산	
24	강용구	2000-03-15	8,795	
25	김길준	1999-12-25	8,876	
26	김구호	2002-02-02	8,106	
27	하창명	2003-03-03	7,712	
28	민구연	1998-12-12	9,254	
29	이상희	2001-01-01	8,503	
30	오정민	1999-11-11	8,920	

[C24] 셀에 =DAYS(TODAY(),B24)를 입력하고 [C30]셀까지 수식을 복사한다.

5 초과근무누적합계[I24:I30]

정답

	F	G	H	I	J
22	[표5]	총무팀 근무시간현황			
23	이름	근무시간	초과근무시간	초과근무누적합계	
24	이형철	200	25		
25	안두훈	100	12	보통	
26	임정환	130	30	보통	
27	강소연	150	45	과다	
28	한가람	79	34	과다	
29	안동철	180	10	경고	
30	한마음	150	15	경고	
31					

[I24] 셀에 =IF(SUM($H$24:H24)>=150,"경고",IF(SUM($H$24:H24)>=100,"과다",IF(SUM($H$24:H24)>=30,"보통",""))) 입력하고 [I30] 셀까지 수식을 복사한다.

> **함수 설명**
>
> ❶ $H$24:H24 : [$H$24:H24] 영역은 수식을 복사했을 때 [H24:H25], [H24:H26], [H24:H27], …으로 시작은 [H24] 셀부터 시작하여 영역을 지정
> ❷ SUM(❶) : ❶의 합계를 구함
>
> ❶ =IF(❷>=150,"경고",IF(❷>=100,"과다",IF(❷>=30,"보통",""))) : ❷의 값이 150 이상이면 '경고', 100 이상이면 '과다', 30 이상이면 '보통', 그 외는 공백으로 표시

문제3 분석작업

1 시나리오

정답

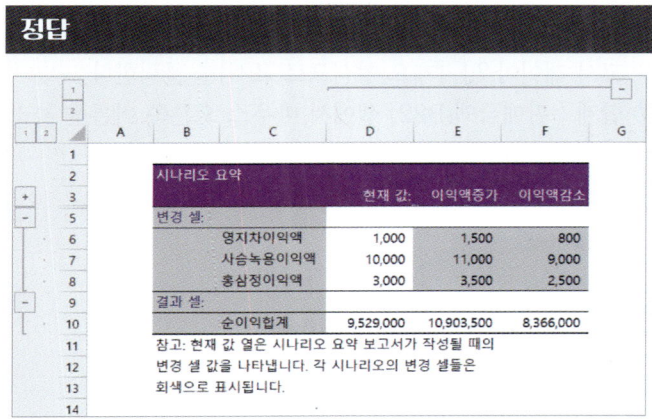

① [B18] 셀을 클릭하고 '이름 상자'에 **영지차이익액**을 입력하고 Enter 를 누른다.

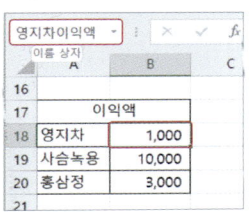

② 같은 방법으로 [B19] 셀은 **사슴녹용이익액**, [B20] 셀은 **홍삼정이익액**, [G15] 셀은 **순이익합계**로 이름을 정의한다.
③ [B18:B20] 영역을 범위 지정한 후 [데이터]-[예측] 그룹의 [가상 분석]-[시나리오 관리자]를 클릭한다.
④ [시나리오 관리자]에서 [추가]를 클릭한다.
⑤ [시나리오 추가]에서 '시나리오 이름'은 **이익액증가**를 입력하고, '변경 셀'은 [B18:B20] 영역을 지정한 후 [확인]을 클릭한다.

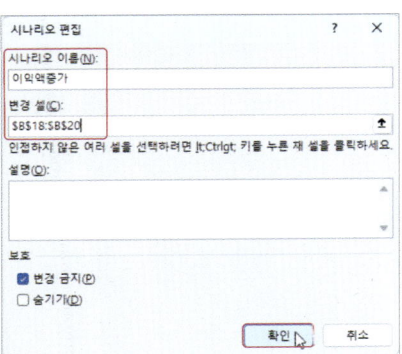

⑥ [시나리오 값]에서 '영지차이익액'에 1500, '사슴녹용이익액'에 11000, '홍삼정이익액'에 3500을 입력한 후 [추가]를 클릭한다.

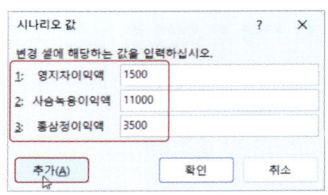

⑦ [시나리오 추가]에서 '시나리오 이름'은 **이익액감소**를 입력하고, '변경 셀'은 [B18:B20] 영역을 지정한 후 [확인]을 클릭한다.
⑧ [시나리오 값]에서 '영지차이익액'에 800, '사슴녹용이익액'에 9000, '홍삼정이익액'에 2500을 입력한 후 [확인]을 클릭한다.
⑨ [시나리오 관리자]에서 [요약]을 클릭하고, [시나리오 요약]에서 '결과 셀'에 [G15] 셀을 지정하고 [확인]을 클릭한다.

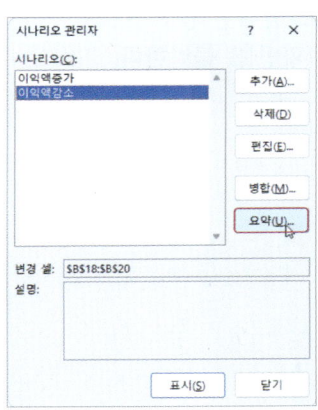
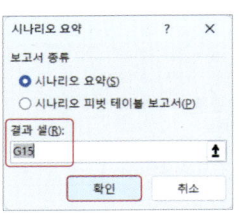

2 피벗 테이블

정답

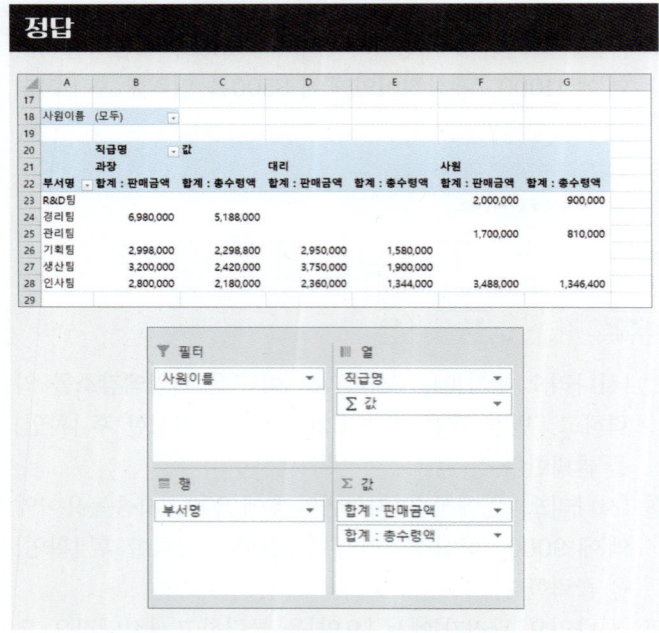

① 데이터 안쪽에 커서를 두고 [삽입]-[표] 그룹의 [피벗 테이블](📊)을 클릭한다.
② [피벗 테이블 만들기]에서 '표/범위'는 [A3:H14], '기존 워크시트' [A20]을 지정하고 [확인]을 클릭한다.

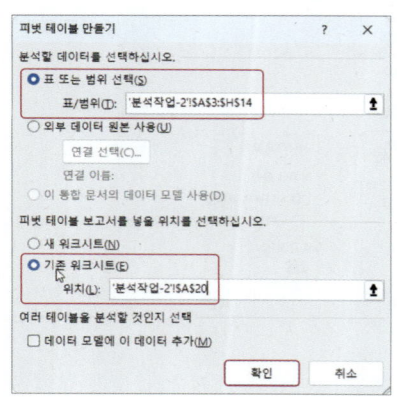

③ 다음 그림과 같이 '사원이름' 필드는 '필터', '부서명' 필드는 '행', '직급명' 필드는 '열', '판매금액', '총수령액' 필드는 '값'으로 드래그한다.

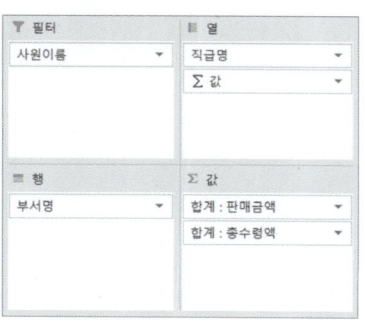

④ [피벗 테이블 분석]-[피벗 테이블] 그룹에서 [옵션]을 클릭한다.
⑤ [요약 및 필터] 탭에서 '행 총합계 표시'와 '열 총합계 표시' 체크를 해제하고 [확인]을 클릭한다.
⑥ 피벗 테이블을 선택하고 [디자인]-[레이아웃] 그룹의 [보고서 레이아웃]-[개요 형식으로 표시]를 클릭한다.
⑦ 합계 : 판매금액[B22] 셀에서 마우스 오른쪽 버튼을 눌러 [값 필드 설정]을 클릭한다.

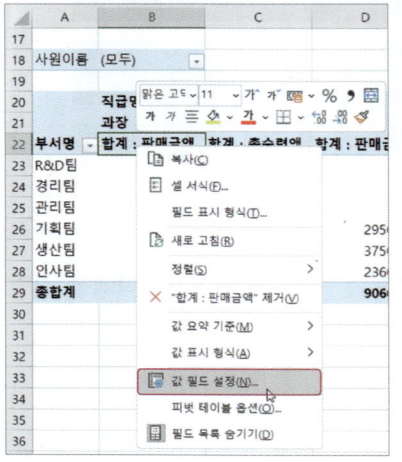

⑧ [값 필드 설정]에서 [표시 형식]을 클릭한 후 [셀 서식]에서 '숫자'를 선택한 후 '1000 단위 구분 기호(,) 사용'을 체크하고 [확인] 클릭한다.
⑨ 같은 방법으로 합계 : 총수령액[C22] 셀도 '1000 단위 구분 기호'를 표시한다.

문제4 기타작업

1 매크로

정답

	A	B	C	D	E	F	G
1		1인가구주의 연령별 거주기간					
2						(단위 : %)	
3	연령구분	1년	2년	3년	4년	합계	
4	10대	69.8	18.3	3.6	1.9	93.6	
5	20대	52.2	28.9	8.1	4.5	93.7	
6	30대	38.4	28.1	10.4	8.3	85.2	
7	40대	29.9	21.7	10.3	8.7	70.6	
8	50대	17.4	14.6	8.2	7.9	48.1	
9	60대	7.9	7.6	4.6	5.1	25.2	
10							
11		합계			서식		
12							
13							

① [개발 도구]-[코드] 그룹의 [매크로 기록](🔴)을 클릭한다.
② [매크로 기록]에서 '매크로 이름'은 **합계**를 입력하고 [확인]을 클릭한다.
③ [F4] 셀에 =SUM(B4:E4)를 입력하고 채우기 핸들을 이용하여 [F9] 셀까지 수식을 복사한다.
④ [개발 도구]-[코드] 그룹의 [기록 중지](□)를 클릭한다.
⑤ [삽입]-[일러스트레이션] 그룹의 [도형]-[사각형]의 '직사각형'(□)을 클릭하여 [B11:C12] 영역에 Alt를 누른 채 드래그하여 그린다.
⑥ '직사각형'(□) 도형에 **합계**를 입력한 후, '합계' 도형의 경계라인에서 마우스 오른쪽 버튼을 눌러 [매크로 지정]을 클릭한다.

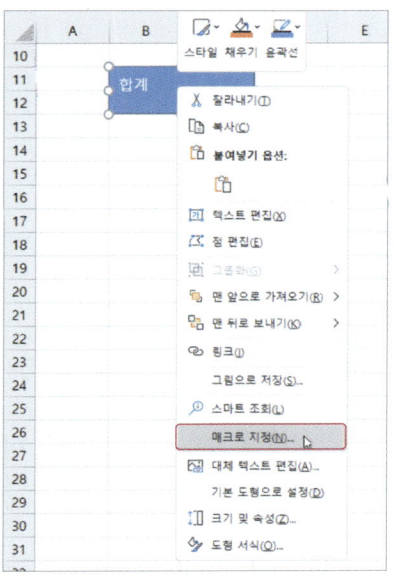

⑦ [매크로 지정]에서 '합계'를 선택하고 [확인]을 클릭한다.
⑧ [개발 도구]-[코드] 그룹의 [매크로 기록](🔴)을 클릭한다.
⑨ [매크로 기록]에서 '매크로 이름'은 **서식**을 입력하고 [확인]을 클릭한다.
⑩ [A3:F3] 영역을 범위 지정한 후 [홈]-[글꼴] 그룹에서 채우기 색은 '표준 색 - 자주', 글꼴 색은 '표준 색 - 노랑'을 선택한다.

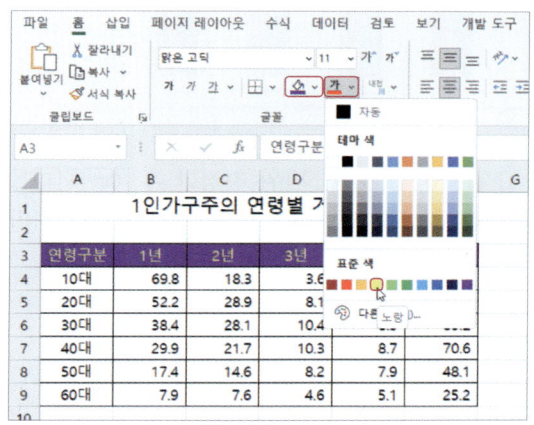

⑪ [개발 도구]-[코드] 그룹의 [기록 중지](□)를 클릭한다.
⑫ [개발 도구]-[컨트롤] 그룹의 [삽입]-[양식 컨트롤]의 '단추'(□)를 클릭하여 [E11:F12] 영역에 Alt를 누른 채 드래그하여 그린다.

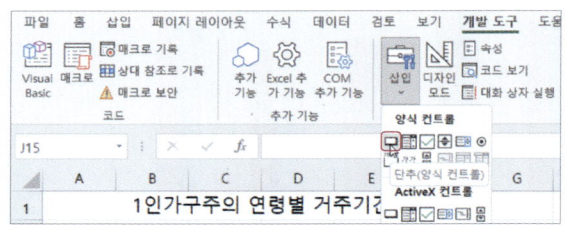

⑬ [매크로 지정]에서 '서식'을 선택한 후 '단추1'의 텍스트를 지우고 **서식**을 입력한다.

2 차트

정답

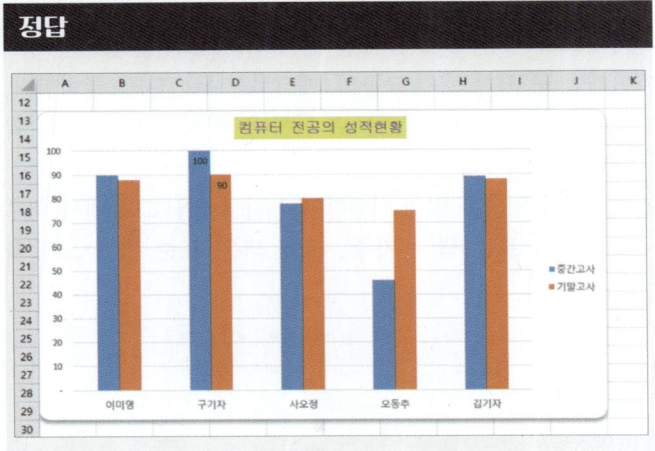

① [F3:F5], [F7:F8], [F10]을 범위 지정한 후 Ctrl+C를 눌러 복사한 후 차트를 선택하고, Ctrl+V를 눌러 기말고사 데이터를 추가한다.

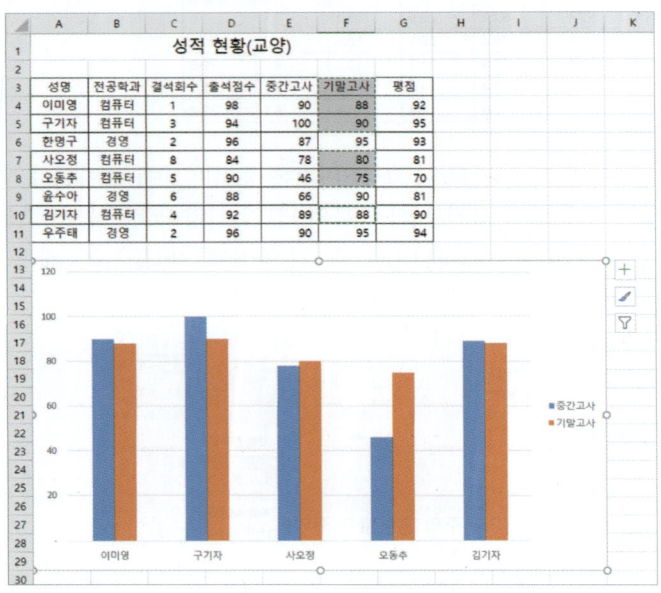

② 차트를 선택한 후 [차트 요소](⊞)에서 '차트 제목'을 체크한 후 **컴퓨터 전공의 성적현황**을 입력한다.

③ 차트 제목을 선택한 후 [홈]-[글꼴] 그룹에서 글꼴은 '굴림체', [글꼴 색](가▾) 도구를 클릭하여 '표준색 – 자주', [채우기 색](◆▾) 도구를 클릭하여 '표준색 – 노랑'을 선택한다.

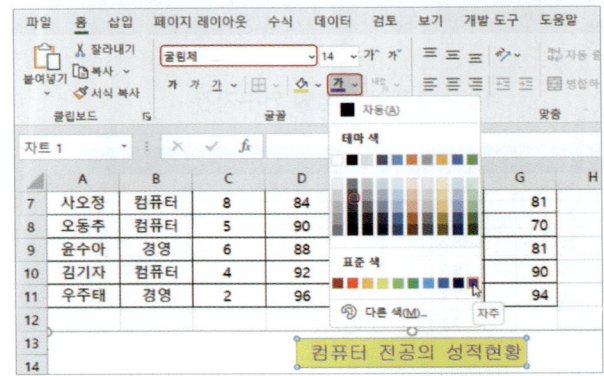

④ '중간고사'의 '구기자' 요소를 천천히 2번 클릭한 후 [차트 요소](⊞)에서 [데이터 레이블]-[안쪽 끝에]를 클릭한다.

⑤ '기말고사'의 '구기자' 요소를 천천히 2번 클릭한 후 [차트 요소](⊞)에서 [데이터 레이블]-[안쪽 끝에]를 클릭한다.

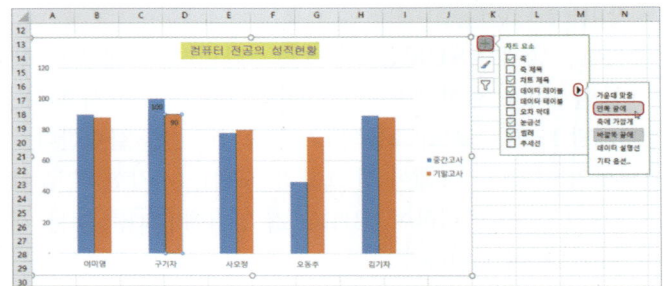

⑥ 세로(값) 축에서 마우스 오른쪽 버튼을 눌러 [축 서식]을 클릭한 후 '축 옵션'의 '최대값'은 100, 단위 '기본'에 10을 입력한다.

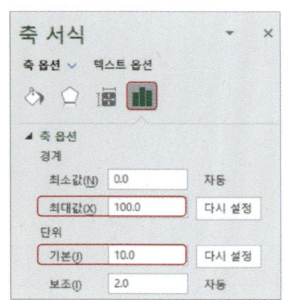

⑦ 차트 영역을 선택한 후 [차트 영역 서식]-[차트 옵션]-[채우기 및 선]에서 '테두리'의 '둥근 모서리'를 체크한다.

⑧ [효과]에서 '그림자'의 '미리 설정'을 클릭하여 '오프셋: 아래쪽'을 선택한다.

실전 모의고사 13회

작업파일 : '26컴활2급(기출)₩실전모의고사'에서 '실전모의고사13회' 파일을 열어 작업하세요.

문제1 기본작업(20점) 주어진 시트에서 다음 과정을 수행하고 저장하시오.

1 '기본작업-1' 시트에 다음의 자료를 주어진 대로 입력하시오. (5점)

	A	B	C	D	E	F	G
1	상공홈쇼핑 5월 판매현황						
2							
3	구분	판매코드	상품명	판매가격	판매수량	방송횟수	
4	간편식품	KP-210	수제영양밥	28000	3500	3회	
5	간편식품	KP-313	명가갈비탕	33000	2700	6회	
6	신선식품	SS-110	한돈생삼겹	45000	1500	3회	
7	신선식품	SS-121	진도활전복	50000	1000	4회	
8	건강식품	KK-412	홍삼엑기스	65000	1100	5회	
9	건강식품	KK-432	ABC주스	55000	1250	2회	
10							

2 '기본작업-2' 시트에 대하여 다음의 지시사항을 처리하시오. (각 2점)

① [A1:H1] 영역은 '병합하고 가운데 맞춤', 글꼴은 '궁서', 크기는 '18', 글꼴 스타일 '굵게', 밑줄은 '실선'으로 지정하시오.
② [A3:A4], [B3:B4], [C3:F3], [G3:G4], [H3:H4] 영역은 '병합하고 가운데 맞춤'을 지정하고, [A3:H4] 영역은 셀 스타일은 '녹색, 강조색6'을 지정하시오.
③ [A1] 셀의 제목 앞뒤에 특수문자 "♠"을 삽입하시오.
④ [H5:H14] 영역은 사용자 지정 표시 형식을 이용하여 천 단위 구분 기호와 숫자 뒤에 "원"을 [표시 예]와 같이 표시하시오. [표시 예 : 15200 → 15,200원, 0 → 0원]
⑤ [A3:H14] 영역은 '모든 테두리'(⊞)를 적용한 후 '굵은 바깥쪽 테두리'(▣)를 적용하여 표시하시오.

3 '기본작업-3' 시트에 대하여 다음의 지시사항을 처리하시오. (5점)

'상공주식회사 4월 급여명세표' 표에서 직급이 '과장'이거나 지급액이 3,500,000 미만인 데이터를 고급 필터를 사용하여 검색하시오.
▶ 고급 필터 조건은 [A20:C22] 범위 내에 알맞게 입력하시오.
▶ 고급 필터 결과 복사 위치는 동일 시트의 [A25] 셀에서 시작하시오.

문제2 계산작업(40점) '계산작업' 시트에서 다음 과정을 수행하고 저장하시오.

1 [표1]에서 서류[D3:D11]가 85점 이상이고, 시험[E3:E11]이 80점 이상인 합격자수[E12]를 계산하시오. (8점)

- ▶ 계산된 합격자수 뒤에는 "명"을 포함하여 표시 [표시 예 : 2명]
- ▶ AVERAGEIFS, COUNTIFS, SUMIFS 함수 중 알맞은 함수와 & 연산자 사용

2 [표2]에서 주민등록번호[I3:I12]의 8번째 숫자가 홀수이면 "남자", 짝수이면 "여자"로 성별[J3:J12]에 표시하시오. (8점)

- ▶ IF, MID, MOD 함수 사용

3 [표3]의 출석[B16:E24] 영역에서 수강자별로 "O"의 개수가 1개면 "25%", 2개면 "50%", 3개면 "75%", 4개면 "100%"로 출석률[F16:F24]에 표시하시오. (8점)

- ▶ CHOOSE, COUNTA 함수 사용

4 [표4]에서 분류[H16:H24]와 생산일자[I16:I24]를 이용하여 제품코드[J16:J24]를 표시하시오. (8점)

- ▶ 분류는 모두 대문자로 변환하고, 생산일자는 월만 추출하여 표시
- ▶ 표시 예 : 분류가 "com"이고, 생산일자가 2025-12-31인 경우 "COM-12"로 표시
- ▶ UPPER, MONTH 함수와 & 연산자 사용

5 [표5]에서 평균[D28:D35]와 등급표[B38:E39]를 참조하여 등급[E28:E35]을 계산하시오. (8점)

- ▶ 순위는 등급이 가장 높은 사람이 1위
- ▶ VLOOKUP, HLOOKUP, RANK.EQ, LARGE 함수 중 알맞은 함수들을 선택하여 사용

문제3 분석작업(20점) 주어진 시트에서 다음 과정을 수행하고 저장하시오.

1 '분석작업-1' 시트에 대하여 다음의 지시사항을 처리하시오. (10점)

'급여명세서' 표의 직책은 '행', 팀명은 '열'로 처리하고, '값'에 실수령액의 평균을 계산하는 [피벗 테이블]을 작성하시오.
- ▶ 피벗 테이블의 보고서는 동일 시트의 [A20] 셀에서 시작하시오.
- ▶ 피벗 테이블 보고서는 행의 총합계만 설정하시오.
- ▶ 값 영역의 표시 형식은 '값 필드 설정'의 '셀 서식' 대화상자에서 '숫자' 범주의 '1000 단위 구분 기호 사용'을 이용하여 지정하시오.
- ▶ '인사팀'과 '재무팀'만 표시되도록 하시오.

2 '분석작업-2' 시트에 대하여 다음의 지시사항을 처리하시오. (10점)

'정기적금' 표의 월불입액[B3]은 이자율[B4]와 목표기간[B5]을 이용하여 계산한 것이다. [데이터 표] 기능을 이용하여 목표기간(년)의 변동에 따른 월불입액의 변화를 [E4:E10] 영역에 계산하시오.

문제4 기타작업(20점) 주어진 시트에서 다음 과정을 수행하고 저장하시오.

1 '매크로작업' 시트의 [표]에서 다음과 같은 기능을 수행하는 매크로를 현재 통합 문서에 작성하고 실행하시오. (각 5점)

① [F4:F10] 영역에 프로그램별 시청률의 평균을 계산하는 매크로를 생성하여 실행하시오.
- ▶ 매크로 이름 : 평균
- ▶ AVERAGE 함수 사용
- ▶ [개발 도구] → [삽입] → [양식 컨트롤]의 '단추'(□)를 동일 시트의 [B12:C13] 영역에 생성하고, 텍스트를 "평균"으로 입력한 후 단추를 클릭할 때 '평균' 매크로가 실행되도록 설정하시오.

② [A3:F3] 영역에 글꼴 색은 '표준 색 – 노랑', 채우기 색 '표준 색 – 빨강'으로 적용하는 매크로를 생성하여 실행하시오.
- ▶ 매크로 이름 : 서식
- ▶ [도형] → [블록 화살표]의 '화살표: 오각형'(▷) 을 동일 시트의 [E12:F13] 영역에 생성하고, 텍스트를 "서식"으로 입력한 후 도형을 클릭할 때 '서식' 매크로가 실행되도록 설정하시오.
- ※ 셀 포인터의 위치에 상관없이 현재 통합 문서에서 매크로가 실행되어야 정답으로 인정됨

2 '차트작업' 시트의 차트에서 다음 지시사항에 따라 아래 〈그림〉과 같이 차트를 수정하시오. (각 2점)

※ 차트는 반드시 문제에서 제공한 차트를 사용하여야 하며, 신규로 작성 시 0점 처리됨
① '판매단가' 계열이 제거되도록 데이터 범위를 수정하시오.
② 차트 종류를 '묶은 세로 막대형'으로 변경하시오.
③ 세로(값) 축의 최소값은 500, 최대값은 1,500, 기본 단위는 200으로 지정하시오.
④ 각 계열의 'TV' 요소에만 데이터 레이블 '값'을 표시하고, 레이블의 위치를 '바깥쪽 끝에'로 지정하시오.
⑤ 차트 영역에 그림자는 '안쪽: 가운데', 테두리 스타일은 '둥근 모서리'로 지정하시오.

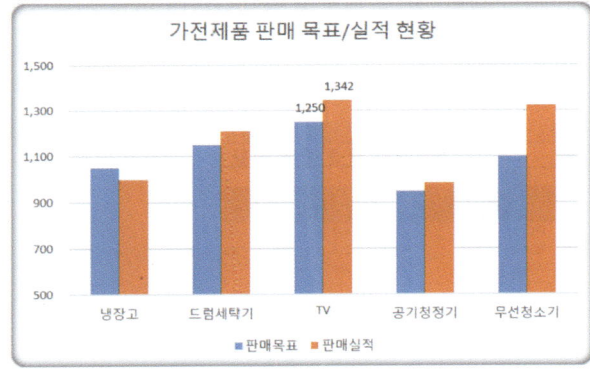

정답 & 해설 실전 모의고사 13회

문제1 기본작업

1 자료 입력

정답

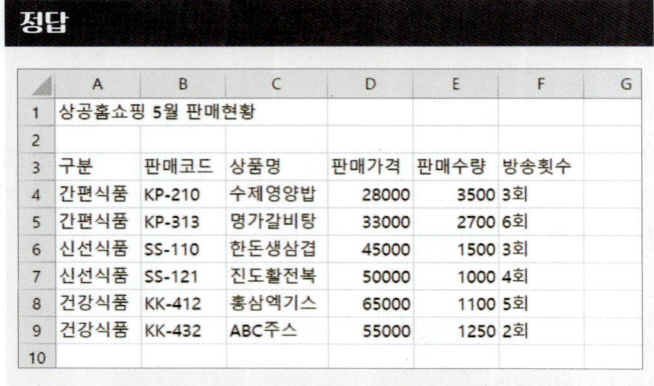

[A3:F9] 셀까지 문제를 보고 오타 없이 작성한다.

2 서식 지정

정답

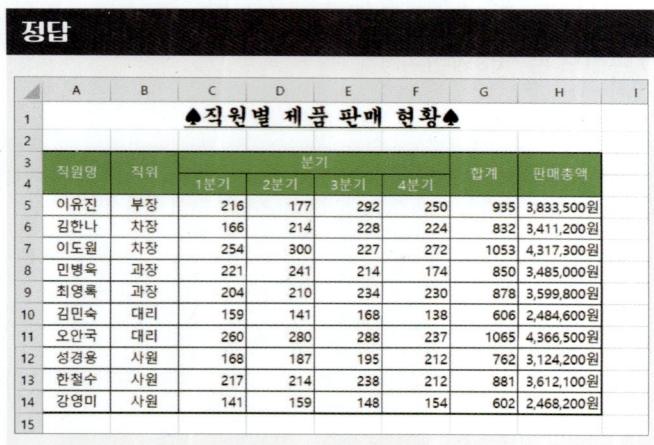

① [A1:H1] 영역을 범위 지정한 후 [홈]-[맞춤] 그룹에서 [병합하고 가운데 맞춤](圖)을 클릭한 후, [홈]-[글꼴] 그룹에서 '궁서', 크기는 '18', '굵게', '밑줄'을 지정한다.

② [A3:A4], [B3:B4], [C3:F3], [G3:G4], [H3:H4] 영역을 범위 지정한 후 [홈]-[맞춤] 그룹에서 [병합하고 가운데 맞춤](圖)을 클릭한다.

③ [A3:H4] 영역을 범위 지정한 후 [홈]-[스타일] 그룹의 '셀 스타일'에서 '녹색, 강조색6'(강조색6)을 선택한다.

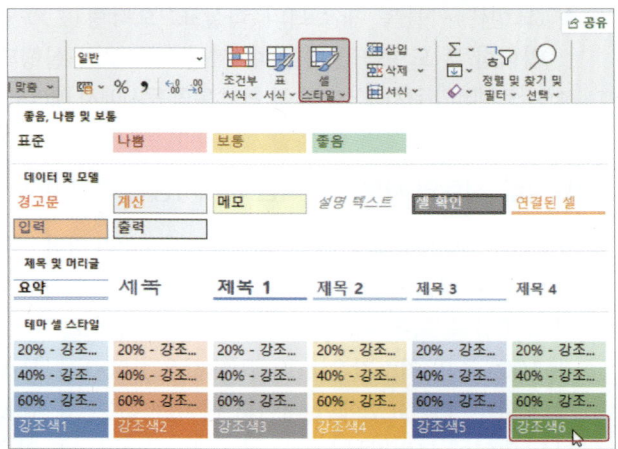

④ [A1] 셀의 '직' 앞에서 더블클릭하여 한글 자음 ㅁ을 입력한 후 [한자]를 눌러 아래쪽의 [보기 변경(田)]을 눌러 '♠'를 선택하고 같은 방법으로 '황' 뒤에도 '♠'를 입력한다.

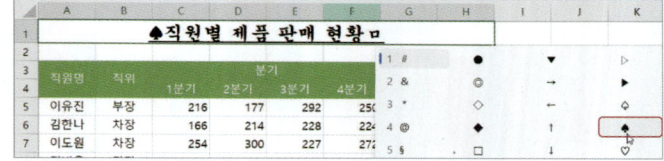

170 실전 모의고사

⑤ [H5:H14] 영역을 범위 지정한 후 Ctrl+1을 눌러 '사용자 지정'에 #,##0"원"를 입력하고 [확인]을 클릭한다.

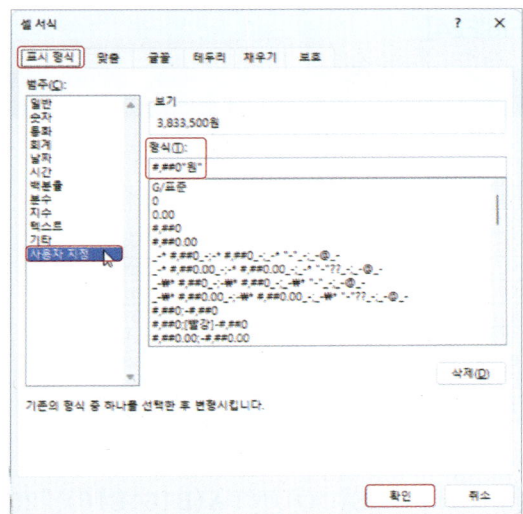

⑥ [A3:H14] 영역을 범위 지정한 후 [홈]-[글꼴] 그룹에서 [테두리](⊞▼) 도구의 [모든 테두리](⊞)를 클릭한 후 다시 한 번 [굵은 바깥쪽 테두리](⊡)를 클릭한다.

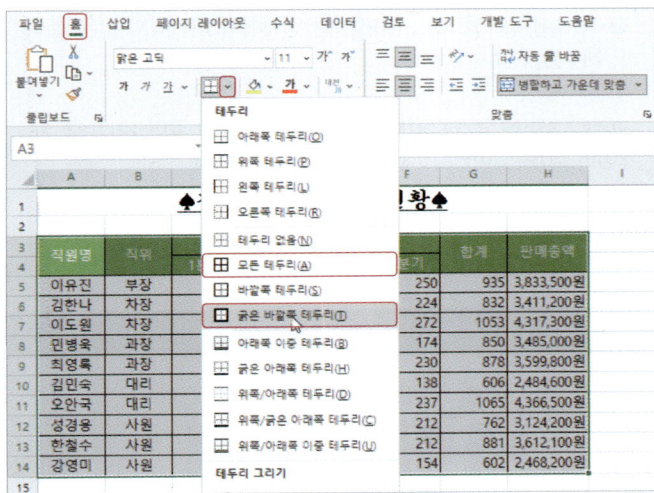

3 고급 필터

정답

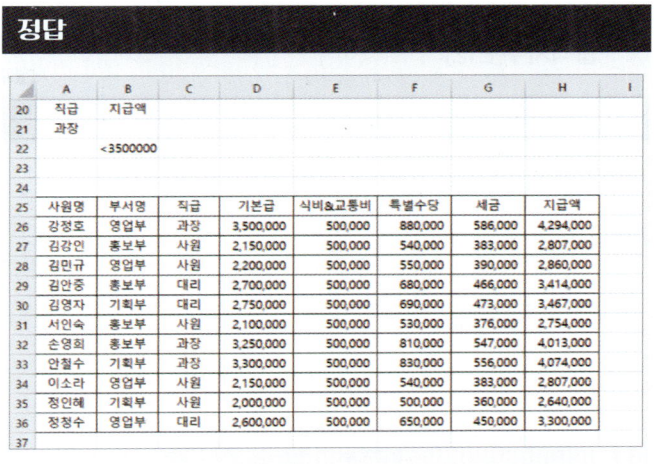

① [A20:B22] 영역에 다음과 같이 조건을 입력한다.

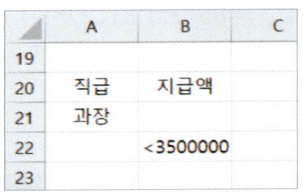

② [데이터]-[정렬 및 필터] 그룹에서 [고급](🔽)을 클릭하여 다음과 같이 지정하고 [확인]을 클릭한다.

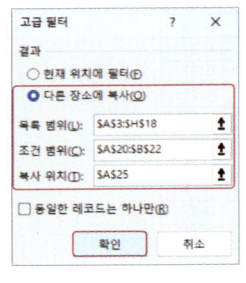

- 결과 : 다른 장소에 복사
- 목록 범위 : [A3:H18]
- 조건 범위 : [A20:B22]
- 복사 위치 : [A25]

문제2 계산작업

1 합격자수[E12]

정답

	A	B	C	D	E	F
1	[표1]	신입사원 채용결과				
2	응시번호	이름	성별	서류	시험	
3	25A101	박영덕	남	86	70	
4	25A102	주민경	여	94	78	
5	25A103	태진형	남	91	86	
6	25A104	최민수	남	76	75	
7	25A105	김평주	여	68	73	
8	25A106	한서라	여	97	99	
9	25A107	이국선	남	58	54	
10	25A108	민기영	남	92	82	
11	25A109	박소연	여	93	87	
12		합격자수			4명	
13						

[E12] 셀에 =COUNTIFS(D3:D11,">=85",E3:E11,">=80")&"명"를 입력한다.

2 성별[J3:J12]

정답

	G	H	I	J	K
1	[표2]	회원 현황			
2	회원명	가입년도	주민등록번호	성별	
3	이민영	2018년	990218-2******	여자	
4	도홍진	2016년	010802-3******	남자	
5	박수진	2019년	011115-4******	여자	
6	최만수	2018년	980723-1******	남자	
7	조용덕	2017년	991225-1******	남자	
8	김태훈	2016년	021222-3******	남자	
9	편송주	2018년	010123-3******	남자	
10	곽나래	2019년	001015-4******	여자	
11	송주혜	2017년	931214-2******	여자	
12	황소민	2018년	970922-2******	여자	
13					

[J3] 셀에 =IF(MOD(MID(I3,8,1),2)=1,"남자","여자")를 입력하고 [J12] 셀까지 수식을 복사한다.

함수 설명

❶ MID(I3,8,1) : [I3] 셀의 8번째부터 시작하여 1글자를 추출함
❷ MOD(❶,2) : ❶의 값을 2로 나눈 나머지를 구함

=IF(❷=1,"남자","여자") : ❷의 값이 '1'이면 '남자', 그 외는 '여자'로 표시

3 출석률[F16:F24]

정답

	A	B	C	D	E	F
14	[표3]	출석현황				
15	수강자명	1주차	2주차	3주차	4주차	출석률
16	이후정	O	O	O	O	100%
17	백천경		O	O	O	75%
18	민경배	O	O	O	O	100%
19	김태하		O	O	O	75%
20	이사랑	O		O	O	75%
21	곽난영	O	O	O	O	100%
22	장채리	O	O	O	O	100%
23	봉전미	O		O		50%
24	김선호	O	O	O	O	100%
25						

[F16] 셀에 =CHOOSE(COUNTA(B16:E16),"25%","50%","75%","100%")를 입력하고 [F24] 셀까지 수식을 복사한다.

함수 설명

❶ COUNTA(B16:E16) : [B16:E16] 영역에서 비어있지 않은 셀의 개수를 구함

=CHOOSE(❶,"25%","50%","75%","100%") : ❶의 값이 1이면 '25%', 2이면 '50%', 3이면 '75%', 4이면 '100%'로 표시

4 제품코드[J16:J24]

정답

	H	I	J
14	[표4]	제품 생산 현황	
15	분류	생산일자	제품코드
16	com	2024-11-06	COM-11
17	mou	2024-11-06	MOU-11
18	key	2024-11-06	KEY-11
19	com	2024-12-05	COM-12
20	mou	2024-12-05	MOU-12
21	key	2024-12-05	KEY-12
22	com	2025-01-03	COM-1
23	mou	2025-01-03	MOU-1
24	key	2025-01-03	KEY-1
25			

[J16] 셀에 =UPPER(H16)&"-"&MONTH(I16)를 입력하고 [J24] 셀까지 수식을 복사한다.

함수 설명

❶ UPPER(H16) : [H16] 셀을 모두 대문자로 표시
❷ MONTH(I16) : [I16] 셀에서 월만 추출함

5 등급[E28:E35]

정답

	A	B	C	D	E	F
26	[표5]	3학년 성적결과				
27	성명	중간고사	기말고사	평균	등급	
28	김미정	85	90	87.5	B	
29	서진수	65	65	65	D	
30	박주영	70	95	82.5	C	
31	원영현	90	80	85	B	
32	오선영	60	75	67.5	D	
33	최온미	95	85	90	A	
34	박진희	70	85	77.5	C	
35	오은경	85	95	90	A	
36						
37	<등급표>					
38	순위	1	3	5	7	
39	등급	A	B	C	D	
40						

[E28] 셀에 =HLOOKUP(RANK.EQ(D28,$D$28:$D$35), $B$38:$E$39,2)를 입력하고 [E35] 셀까지 수식을 복사한다.

함수 설명

❶ RANK.EQ(D28,$D$28:$D$35) : [D28] 셀 값을 [D28:D35] 영역에서 순위를 구함

=HLOOKUP(❶,$B$38:$E$39,2) : ❶의 값을 [B38:E39] 영역의 첫 번째 행에서 찾아 같은 열의 2번째 행에서 값을 추출함

문제3 분석작업

1 피벗 테이블

정답

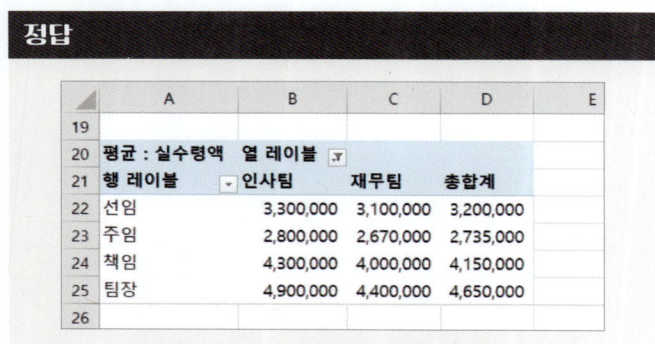

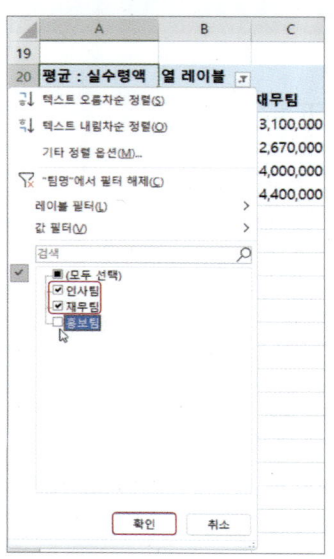

① [A3:H15] 영역을 범위 지정한 후 [삽입]-[표] 그룹에서 [피벗 테이블](圖)을 클릭하여 '기존 워크시트'에 [A20] 셀을 선택하고 [확인]을 클릭한다.
② 다음과 같이 필드를 드래그하여 배치한다.

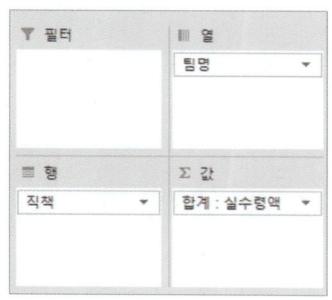

③ '합계 : 실수령액' [A20] 셀에서 마우스 오른쪽 버튼을 눌러 [값 요약 기준]-[평균]을 선택한다.
④ [디자인]-[레이아웃] 그룹의 [총합계]-[행의 총합계만 설정]을 클릭한다.
⑤ '평균 : 실수령액' [A20] 셀에서 마우스 오른쪽 버튼을 눌러 [값 필드 설정]을 클릭한 후 [표시 형식]을 클릭한다.
⑥ [셀 서식]의 숫자에서 '1000 단위 구분 기호 사용'을 체크하고 [확인]을 클릭하고 [값 필드 설정]에서 [확인]을 클릭한다.
⑦ [B20] 셀의 목록 단추(▼)를 클릭하여 '(모두 선택)'의 체크를 해제한 후 '인사팀', '재무팀'만 선택하고 [확인]을 클릭한다.

2 데이터 표

정답

	A	B	C	D	E	F
1	정기적금					
2	적립목표금액	₩ 40,000,000			월불입액	
3	월불입액	₩ 804,318		기간(년)	₩ 804,318	
4	이자율(년)	1.8%		1년	₩ 3,305,923	
5	목표기간(년)	4		2년	₩ 1,638,096	
6				3년	₩ 1,082,214	
7				4년	₩ 804,318	
8				5년	₩ 637,616	
9				6년	₩ 526,512	
10				7년	₩ 447,177	
11						

① [E3] 셀에 =B3을 입력한다.
② [D3:E10] 영역을 범위 지정한 후 [데이터]-[예측] 그룹의 [가상 분석]-[데이터 표]를 클릭한다.
③ [데이터 테이블]에서 '열 입력 셀'은 [B5]를 지정한 후 [확인]을 클릭한다.

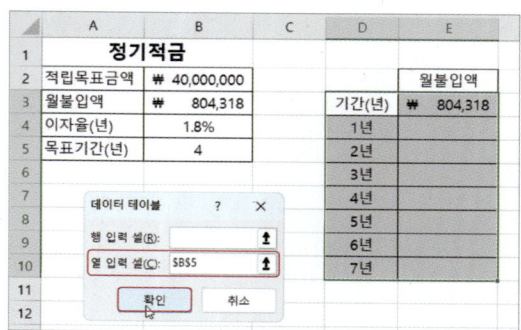

문제4 기타작업

1 매크로

정답

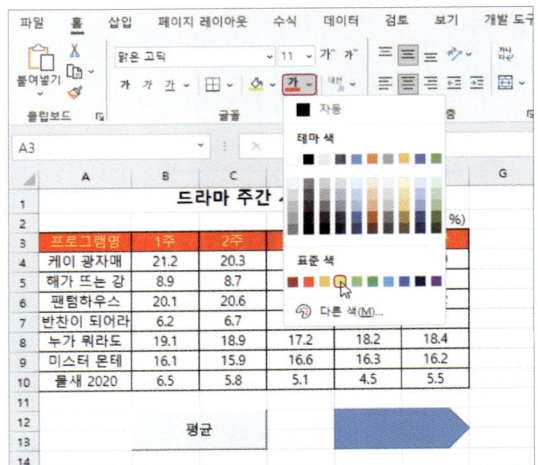

① [개발 도구]-[컨트롤] 그룹의 [삽입]-[단추(양식 컨트롤)](□)을 클릭한다.
② 마우스 포인터가 '+'로 바뀌면 [B12:C13] 영역에 드래그하면 [매크로 지정] 대화상자가 나타난다.
③ [매크로 지정]에서 '매크로 이름'은 **평균**을 입력하고 [기록]을 클릭한다.

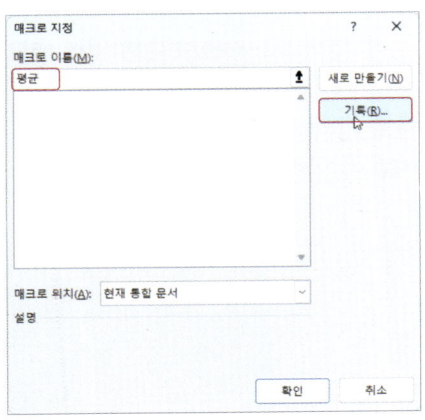

④ [매크로 기록]에 자동으로 '평균'이 매크로 이름에 표시되면 [확인]을 클릭한다.
⑤ [F4] 셀에 **=AVERAGE(B4:E4)**를 입력하고 [F10] 셀까지 수식을 복사한다.
⑥ 임의의 셀을 클릭한 후 매크로 기록을 종료하기 위해 [개발 도구]-[코드] 그룹의 [기록 중지](□)를 클릭한다.
⑦ 단추에 텍스트를 수정하기 위해서 단추에서 마우스 오른쪽 버튼을 눌러 [텍스트 편집]을 클릭한다.
⑧ 단추에 입력된 '단추 1'을 지우고 **평균**을 입력한다.
⑨ [삽입]-[일러스트레이션] 그룹에서 [도형]-[블록 화살표]의 '화살표: 오각형'(▷)을 클릭한다.
⑩ 마우스 포인터가 '+'로 바뀌면 [E12:F13] 영역에 드래그한다.
⑪ '화살표: 오각형'(▷) 도형에서 마우스 오른쪽 버튼을 눌러 [매크로 지정]을 클릭한다.
⑫ [매크로 지정]의 '매크로 이름'에 **서식**을 입력하고 [기록]을 클릭한다.
⑬ [매크로 기록]에 자동으로 '서식'이 매크로 이름에 표시되면 [확인]을 클릭한다.
⑭ [A3:F3] 영역을 범위 지정한 후 [홈]-[글꼴] 그룹의 [채우기 색](◇▾) 도구를 클릭하여 '표준 색 - 빨강', [글꼴 색](가▾) 도구를 클릭하여 '표준 색 - 노랑'을 선택한다.
⑮ 매크로 기록을 종료하기 위해 [개발 도구]-[코드] 그룹의 [기록 중지](□)를 클릭한다.
⑯ '화살표: 오각형'(▷) 도형에서 마우스 오른쪽 버튼을 눌러 [텍스트 편집]을 클릭하여 **서식**을 입력한다.

2 차트

정답

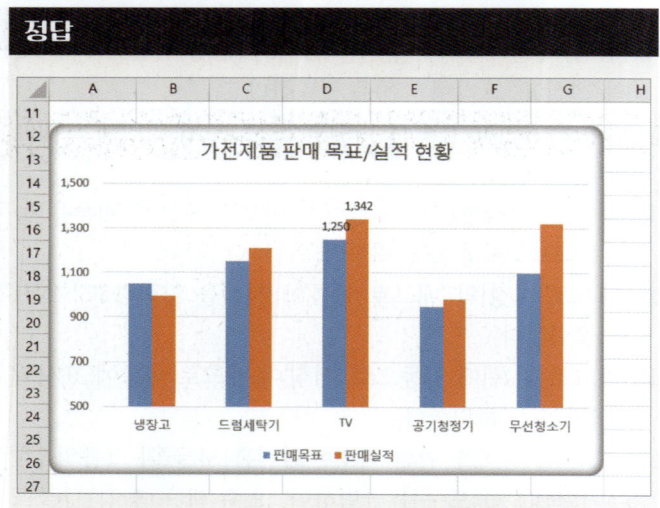

① '판매단가' 계열을 선택한 후 마우스 오른쪽 버튼을 눌러 [삭제]를 클릭한다.

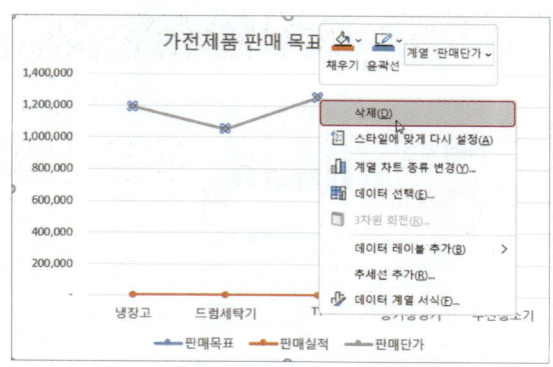

② 차트에서 마우스 오른쪽 버튼을 눌러 [차트 종류 변경]을 클릭한 후 '세로 막대형'에서 '묶은 세로 막대형'을 선택하고 [확인]을 클릭한다.

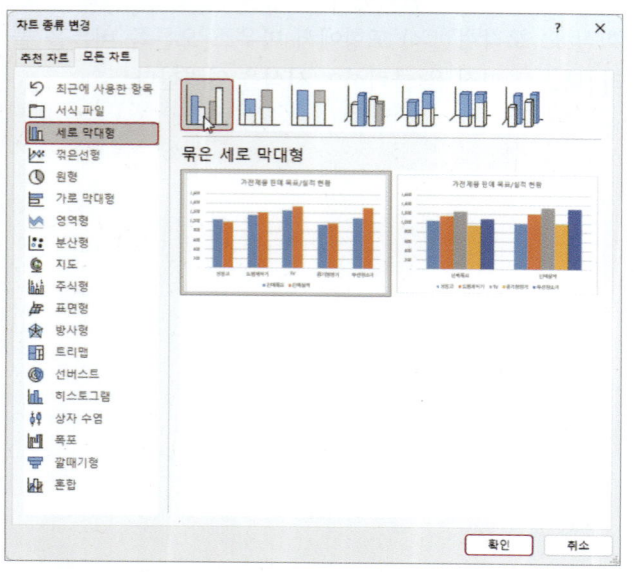

③ 세로(값) 축에서 마우스 오른쪽 버튼을 눌러 [축 서식]을 클릭한 후 [축 옵션]에서 '최소값'은 500, '최대값'은 1500, 단위 '기본'은 200을 입력한다.

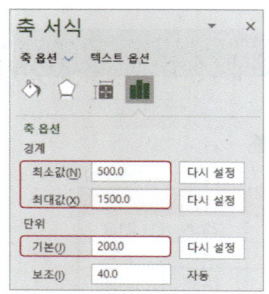

④ '판매목표'의 'TV' 요소를 천천히 2번 클릭한 후 [차트 요소](⊞)-[데이터 레이블]-[바깥쪽 끝에]를 선택한다.

⑤ '판매실적'의 'TV' 요소를 천천히 2번 클릭한 후 [차트 요소](⊞)-[데이터 레이블]-[바깥쪽 끝에]를 선택한다.

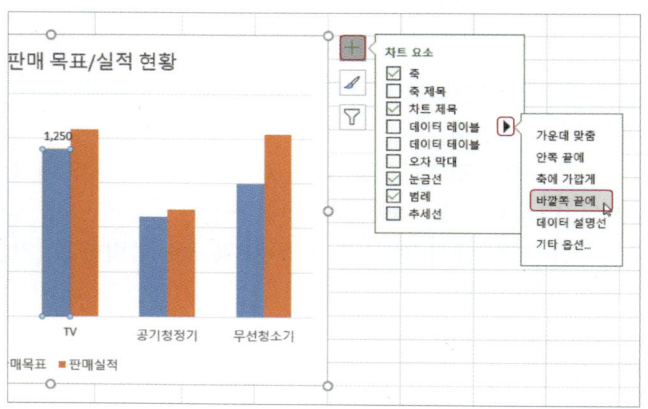

⑥ 차트를 선택한 후 [차트 영역 서식]의 [효과]에서 '그림자'의 [미리 설정]을 클릭하여 '안쪽: 가운데'를 선택한다.

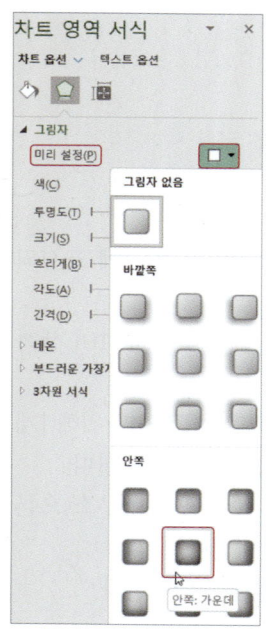

⑦ 차트를 선택한 후 [차트 영역 서식]의 [채우기 및 선]에서 '테두리'의 '둥근 모서리'를 체크한다.

실전 모의고사 14회

작업파일 : '26컴활2급(기출)₩실전모의고사'에서 '실전모의고사14회' 파일을 열어 작업하세요.

문제1   기본작업(20점)   주어진 시트에서 다음 과정을 수행하고 저장하시오.

1 '기본작업-1' 시트에 다음의 자료를 주어진 대로 입력하시오. (5점)

	A	B	C	D	E	F	G
1	상공전문학원 모집현황						
2							
3	과목코드	계열	과정	세부과정	모집인원	수강료	
4	BL-002	건축	실내건축	인테리어디자인	20	250000	
5	BL-008	건축	건축	건축디자인	16	290000	
6	GH-009	글로벌호텔외식	관광식음료	커피바리스타	15	280000	
7	GH-102	글로벌호텔외식	호텔조리	호텔외식조리	18	320000	
8	MD-321	미디어디자인	시각디자인	웹콘텐츠디자인	22	310000	
9	MD-504	미디어디자인	컴퓨터산업디자인	3D제품디자인	24	370000	
10	VA-732	뷰티예술	미용	피부미용	25	360000	
11							

2 '기본작업-2' 시트에 대하여 다음의 지시사항을 처리하시오. (각 2점)

① [A1:I1] 영역은 '병합하고 가운데 맞춤', 글꼴은 '굴림체', 크기는 '16', 글꼴 스타일 '굵게'로 지정하시오.
② [A3:A4], [B3:B4], [C3:C4], [D3:D4], [E3:I3] 영역은 '병합하고 가운데 맞춤'을, [A3:I4] 영역은 글꼴 색은 '표준 색 – 자주', 채우기 색 '표준 색 – 주황'으로 지정하시오.
③ [G14] 셀에 "최고 고객 포인트"라는 메모를 삽입한 후 항상 표시되도록 지정하고, 메모 서식에서 맞춤 '자동 크기'를 지정하시오.
④ [I5:I14] 영역은 사용자 지정 표시 형식을 이용하여 문자 뒤에 "예정"을 [표시 예]와 같이 표시하시오. [표시 예 : 3월3일 → 3월3일 예정]
⑤ [A3:I14] 영역은 '모든 테두리'(⊞)를 적용하시오.

3 '기본작업-3' 시트에 대하여 다음의 지시사항을 처리하시오. (5점)

[A2:A15] 영역의 데이터를 텍스트 나누기를 실행하여 나타내시오.
▶ 데이터는 공백으로 구분되어 있음
▶ '지원부서' 열은 제외할 것

문제2 계산작업(40점) '계산작업' 시트에서 다음 과정을 수행하고 저장하시오.

1 [표1]에서 점수[B3:B11]를 기준으로 순위를 구하여 1위는 "A", 2~3위는 "B", 4~7위는 "C", 나머지는 "재시험"을 평가결과[C3:C11]에 표시하시오. (8점)

- ▶ 순위는 점수가 가장 높은 것이 1위
- ▶ IF, RANK.EQ 함수 사용

2 [표2]에서 주민등록번호[I3:I11]의 1, 2번째 문자와 현재년도를 이용하여 나이[H3:H11]를 계산하시오. (8점)

- ▶ 나이는 '현재년도 – 출생년도 – 1900' 로 계산
- ▶ YEAR, TODAY, LEFT 함수 사용

3 [표3]에서 성별[B15:B24]이 "여자"이고, 면접[C15:C24]이 8 이상이면서 시험[D15:D24]이 85 이상인 여자 사원 합격자수를 [D25] 셀에 표시하시오. (8점)

- ▶ SUMIFS, AVERAGEIFS, COUNTIFS 함수 중 알맞은 함수 사용

4 [표4]에서 환자코드[F15:F21]의 1, 2번째 문자와 진료과목표[G24:I25]를 이용하여 진료과목[I15:I21]를 표시하시오. (8점)

- ▶ HLOOKUP, LEFT 함수 사용

5 [표5]에서 평균[E29:E36]이 70점대인 학생수를 [E37] 셀에 계산하시오. (8점)

- ▶ 조건은 [F36:G37] 영역에 입력하시오.
- ▶ 계산된 학생수 뒤에 "명"을 포함하여 표시 [표시 예 : 3명]
- ▶ DSUM, DCOUNT, DAVERAGE 함수 중 알맞은 함수와 & 연산자 사용

문제3 분석작업(20점) 주어진 시트에서 다음 과정을 수행하고 저장하시오.

1 '분석작업-1' 시트에 대하여 다음의 지시사항을 처리하시오. (10점)

'가전제품 판매현황' 표에서 순이익율[I4]이 다음과 같이 변동하는 경우 순이익합계[G24]의 변동 시나리오를 작성하시오.
- ▶ 셀 이름 정의 : [I4] 셀은 '순이익율', [G24] 셀은 '순이익합계'로 정의하시오.
- ▶ 시나리오1 : 시나리오 이름은 '순이익증가', 순이익율은 25%로 설정하시오.
- ▶ 시나리오2 : 시나리오 이름은 '순이익감소', 순이익율은 15%로 설정하시오.
- ▶ 위 시나리오에 의한 '시나리오 요약' 보고서는 '분석작업-1' 시트 바로 앞에 위치시키시오.
- ※ 시나리오 요약 보고서 작성 시 정답과 일치하여야 하며, 오자로 인한 부분점수는 인정하지 않음

2 '분석작업-2' 시트에 대하여 다음의 지시사항을 처리하시오. (10점)

[부분합] 기능을 이용하여 '거래업체별 거래현황' 표에 〈그림〉과 같이 거래업체명별로 '거래금액'과 '할인액'의 합계를 계산한 후 '실지급액'의 평균을 계산하시오.
- ▶ 정렬은 '거래업체명'을 기준으로 내림차순으로 처리하시오.
- ▶ 합계와 평균은 위에 명시된 순서대로 처리하시오.

	A	B	C	D	E
1			거래업체별 거래현황		
2					
3	거래일자	거래업체명	거래금액	할인액	실지급액
4	09월 02일	우리상사	14,360,000	1,720,000	12,640,000
5	09월 13일	우리상사	13,300,000	1,590,000	11,710,000
6	09월 16일	우리상사	15,550,000	1,860,000	13,690,000
7	09월 19일	우리상사	11,990,000	1,430,000	10,560,000
8	09월 25일	우리상사	15,970,000	1,250,000	14,720,000
9		우리상사 평균			12,664,000
10		우리상사 요약	71,170,000	7,850,000	
11	09월 03일	영재상사	12,990,000	1,550,000	11,440,000
12	09월 07일	영재상사	15,000,000	1,800,000	13,200,000
13	09월 12일	영재상사	16,040,000	1,920,000	14,120,000
14	09월 15일	영재상사	13,680,000	1,640,000	12,040,000
15	09월 20일	영재상사	13,000,000	1,560,000	11,440,000
16		영재상사 평균			12,448,000
17		영재상사 요약	70,710,000	8,470,000	
18	09월 01일	미래상사	11,250,000	1,350,000	9,900,000
19	09월 08일	미래상사	12,400,000	1,480,000	10,920,000
20	09월 11일	미래상사	13,950,000	1,670,000	12,280,000
21	09월 14일	미래상사	14,420,000	1,730,000	12,690,000
22	09월 22일	미래상사	14,780,000	1,770,000	13,010,000
23	09월 23일	미래상사	13,580,000	1,100,000	12,480,000
24		미래상사 평균			11,880,000
25		미래상사 요약	80,380,000	9,100,000	
26		전체 평균			12,302,500
27		총합계	222,260,000	25,420,000	
28					

문제4 기타작업(20점) 주어진 시트에서 다음 과정을 수행하고 저장하시오.

1 '매크로작업' 시트에서 다음과 같은 기능을 수행하는 매크로를 현재 통합 문서에 작성하고 실행하시오. (각 5점)

① [E4:E13] 영역에 도서명별 평균을 계산하는 매크로를 생성하여 실행하시오.
- ▶ 매크로 이름 : 평균
- ▶ AVERAGE 함수 사용
- ▶ [개발 도구] → [삽입] → [양식 컨트롤]의 '단추'(□)를 동일 시트의 [B15:C16] 영역에 생성하고, 텍스트를 "평균"으로 입력한 후 단추를 클릭할 때 '평균' 매크로가 실행되도록 설정하시오.

② [B4:E13] 영역에 '쉼표 스타일(,)'을 지정하는 매크로를 생성하여 실행하시오.
- ▶ 매크로 이름 : 쉼표
- ▶ [도형] → [사각형]의 '사각형: 둥근 모서리'(□)를 동일 시트의 [D15:E16] 영역에 생성하고, 텍스트를 "쉼표"로 입력한 후 도형을 클릭할 때 '쉼표' 매크로가 실행되도록 설정하시오.

※ 셀 포인터의 위치에 상관없이 현재 통합 문서에서 매크로가 실행되어야 정답으로 인정됨

2 '차트작업' 시트의 차트에서 다음 지시사항에 따라 아래 〈그림〉과 같이 차트를 수정하시오. (각 2점)

※ 차트는 반드시 문제에서 제공한 차트를 사용하여야 하며, 신규로 작성 시 0점 처리됨
① 차트 종류를 '3차원 원형'으로 변경하시오.
② 차트 제목을 '차트 위'로 삽입한 후 [A1] 셀과 연동되도록 지정하시오.
③ 데이터 계열의 '첫째 조각의 각'을 15도로 지정하시오.
④ 3차원 회전에서 'Y 회전'을 30도로 지정하시오.
⑤ 데이터 계열에 데이터 레이블 '값'을 표시하고, 레이블의 위치를 '바깥쪽 끝에'로 지정하시오.

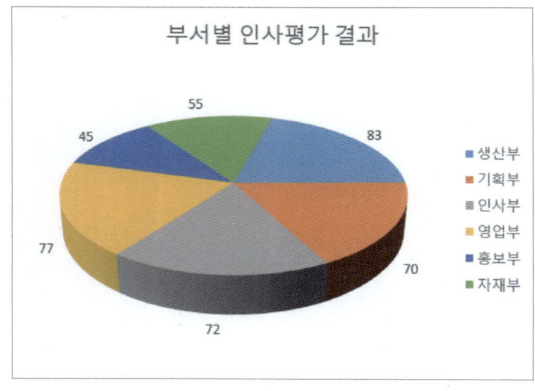

정답 & 해설 실전 모의고사 14회

문제1 기본작업

1 자료 입력

정답

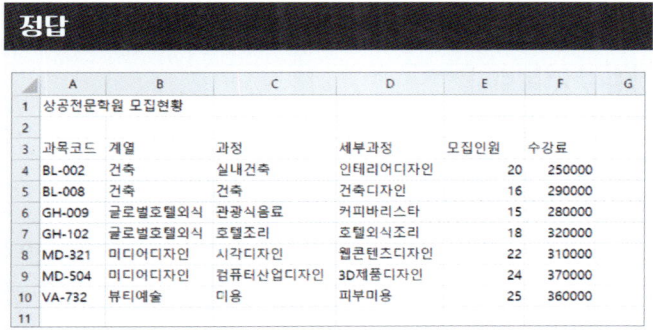

[A3:F10] 셀까지 문제를 보고 오타 없이 작성한다.

2 서식 지정

정답

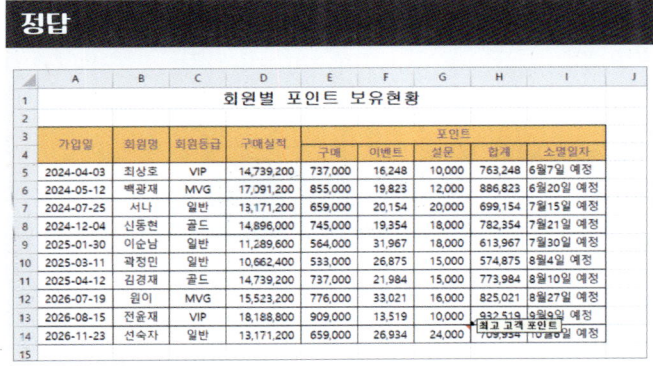

① [A1:I1] 영역을 범위 지정한 후 [홈]-[맞춤] 그룹에서 [병합하고 가운데 맞춤](🔲)을 클릭한 후, [홈]-[글꼴] 그룹에서 '굴림체', 크기는 '16', '굵게'로 지정한다.

② [A3:A4], [B3:B4], [C3:C4], [D3:D4], [E3:I3] 영역을 범위 지정한 후 [홈]-[맞춤] 그룹에서 [병합하고 가운데 맞춤](🔲)을 클릭한다.

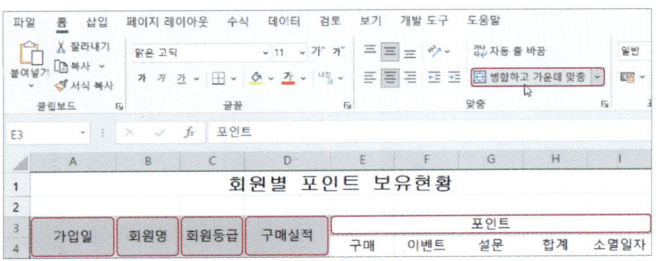

③ [A3:I4] 영역을 범위 지정한 후 [홈]-[글꼴] 그룹에서 [글꼴 색](가▼) 도구를 클릭하여 '표준색 - 자주', [채우기 색](◆▼) 도구를 클릭하여 '표준색 - 주황'을 선택한다.

④ [G14] 셀에서 마우스 오른쪽 버튼을 눌러 [메모 삽입]을 클릭한 후 기존 사용자 이름은 지우고 **최고 고객 포인트**를 입력한다.

⑤ [G14] 셀에서 마우스 오른쪽 버튼을 눌러 [메모 표시/숨기기]를 클릭한 후 메모 상자의 경계라인을 클릭한 후 마우스 오른쪽 버튼을 눌러 [메모 서식]을 클릭한다.

⑥ [메모 서식]의 [맞춤] 탭에서 '자동 크기'를 체크하고 [확인]을 클릭한다.

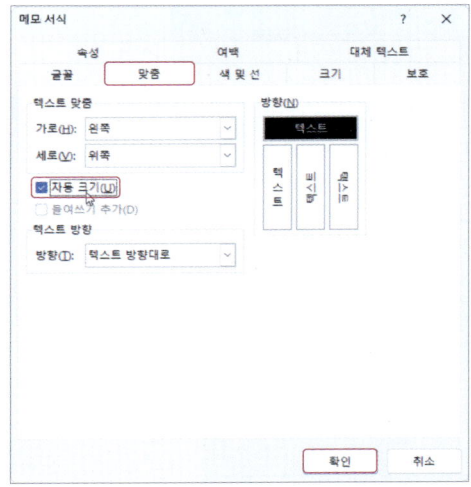

⑨ [I5:I14] 영역을 범위 지정한 후 Ctrl+1을 눌러 [표시 형식] 탭의 '사용자 지정'에 @ **"예정"**을 입력하고 [확인]을 클릭한다.

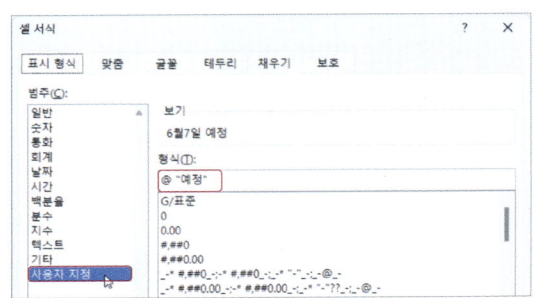

⑩ [A3:I14] 영역을 범위 지정한 후 [홈]-[글꼴] 그룹에서 [테두리](🔲▼) 도구의 [모든 테두리](🔲)를 클릭한다.

3 외부 데이터 가져오기

정답

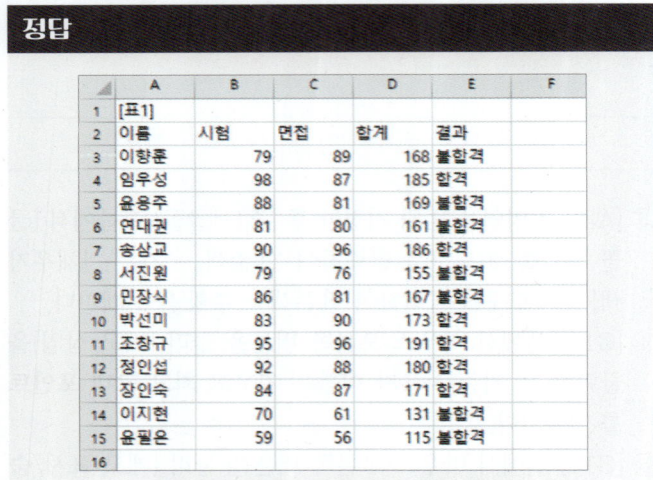

① [A2:A15] 영역을 범위 지정한 후 [데이터]-[데이터 도구]그룹에서 [텍스트 나누기](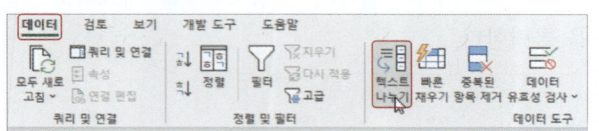)를 클릭한다.

② [텍스트 마법사 – 3단계 중 1단계]에서 '구분 기호로 분리됨'을 선택하고 [다음]을 클릭한다.

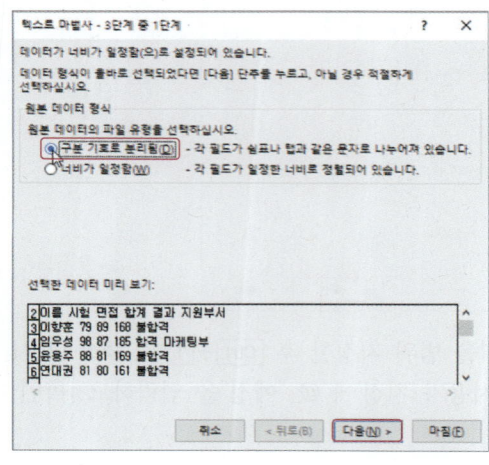

③ [텍스트 마법사 – 3단계 중 2단계]에서 '공백'을 체크하고 [다음]을 클릭한다.

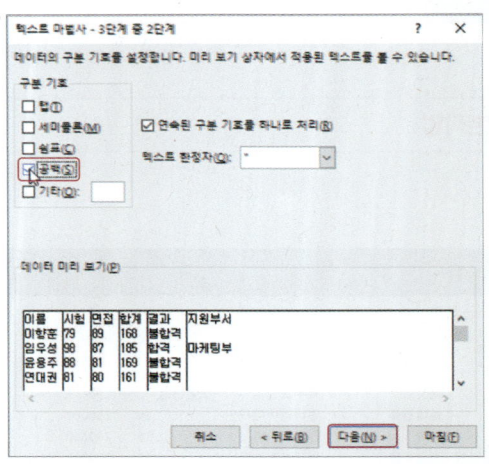

④ [텍스트 마법사 – 3단계 중 3단계]에서 '지원부서'를 선택한 후 '열 가져오지 않음(건너뜀)'을 선택하고 [마침]을 클릭한다.

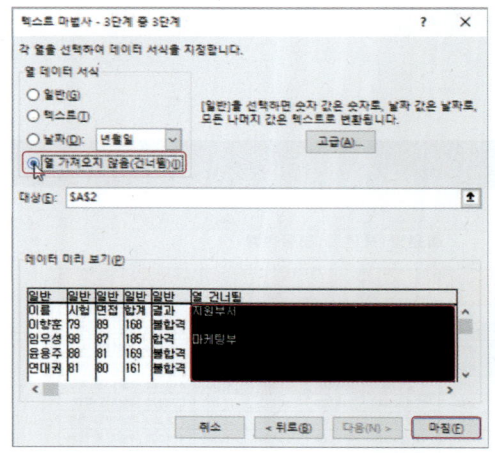

문제2 계산작업

1 평가결과[C3:C11]

정답

	A	B	C	D
1	[표1]	수행평가 결과		
2	학생명	점수	평가결과	
3	최상호	84	C	
4	백광재	57	재시험	
5	서나	95	B	
6	신동현	86	C	
7	이순남	99	A	
8	곽정민	87	B	
9	김경재	62	재시험	
10	원이	75	C	
11	전운재	81	C	
12				

[C3] 셀에 =IF(RANK.EQ(B3,$B$3:$B$11)=1, "A",IF(RANK.EQ(B3,$B$3:$B$11)<=3,"B",IF(RANK.EQ(B3,$B$3:$B$11)<=7,"C","재시험")))를 입력하고 [C11] 셀까지 수식을 복사한다.

함수 설명

❶ RANK.EQ(B3,$B$3:$B$11) : [B3] 셀의 값을 [B3:B11] 영역에서 내림차순으로 순위를 구함

=IF(❶=1,"A",IF(❶<=3,"B",IF(❶<=7,"C","재시험"))) : ❶의 값이 1이면 'A', ❶의 값이 3 이하이면 'B', ❶의 값이 7 이하이면 'C', 나머지는 '재시험'으로 표시

2 나이[H3:H11]

정답

	E	F	G	H	I
1	[표2]		회원관리현황		
2	성명	성별	지역	나이	주민등록번호
3	김경수	남	동탄	32	931016-2******
4	최환석	남	하남	33	920408-2******
5	이재호	남	파주	38	870725-1******
6	김철민	남	오산	40	851211-2******
7	최창진	여	안양	35	900421-1******
8	신현화	여	과천	38	870630-1******
9	김승재	남	시흥	31	940114-2******
10	임재형	남	광명	34	910829-1******
11	김채율	여	수원	36	890933-1******
12					

[H3] 셀에 =YEAR(TODAY())-LEFT(I3,2)-1900를 입력하고 [H11] 셀까지 수식을 복사한다.

기적의 TIP

실습하는 날짜에 따라 결과가 다를 수 있습니다.

함수 설명

❶ TODAY() : 오늘 날짜를 구함
❷ YEAR(❶) : 오늘 날짜의 연도를 구함
❸ LEFT(I3,2) : [I3] 셀에서 왼쪽으로부터 2글자를 추출함

=❷-❸-1900 : 현재년도 - 출생년도 -1900

3 여자 사원 합격자수[D25]

정답

	A	B	C	D	E
13	[표3]	신규직원 채용심사표			
14	응시번호	성별	면접	시험	
15	YG-001	여자	8	89	
16	YG-002	남자	8	80	
17	YG-003	여자	7	95	
18	YG-004	여자	7	87	
19	YG-005	남자	5	70	
20	YG-006	여자	9	88	
21	YG-007	남자	7	65	
22	YG-008	여자	9	85	
23	YG-009	여자	9	83	
24	YG-010	남자	6	93	
25	여자 사원 합격자수			3	
26					

[D25] 셀에 =COUNTIFS(B15:B24,"여자",C15:C24,">=8",D15:D24,">=85")를 입력한다.

4 진료과목[I15:I21]

정답

	F	G	H	I	J
13	[표4]	환자 진료현황			
14	환자코드	성별	담당의사	진료과목	
15	CH3501	남	이인구	소아청소년과	
16	CH9842	남	서병규	소아청소년과	
17	EN6574	남	유명상	이비인후과	
18	DE1703	여	신진성	피부과	
19	EN4156	남	선동일	이비인후과	
20	CH2897	여	조빈	소아청소년과	
21	EN4500	여	박시내	이비인후과	
22					
23	<진료과목표>				
24	진료코드	CH	DE	EN	
25	진료과목	소아청소년과	피부과	이비인후과	
26					

[I15] 셀에 =HLOOKUP(LEFT(F15,2),$G$24:$I$25,2,0)를 입력하고 [I21] 셀까지 수식을 복사한다.

함수 설명

❶ LEFT(F15,2) : [F15] 셀에서 왼쪽에서부터 2글자를 추출함

=HLOOKUP(❶,$G$24:$I$25,2,0) : ❶의 값을 [G24:I25] 영역의 첫 번째 행에서 찾아 같은 열의 2번째 행에서 데이터를 찾아옴

5 평균이 70점대인 학생수[E37]

정답

	A	B	C	D	E	F	G	H
27	[표5]	기말고사 결과표						
28	학생명	국어	영어	수학	평균			
29	유영경	76	81	79	78.7			
30	김세준	85	83	88	85.3			
31	홍태호	91	95	92	92.7			
32	최호중	88	69	82	79.7			
33	안요셉	79	72	69	73.3			
34	박성은	55	56	59	56.7			
35	박한얼	94	92	96	94.0	<조건>		
36	서창호	76	75	72	74.3	평균	평균	
37	평균이 70점대인 학생수				4명	>=70	<80	
38								

① [F36:G37] 영역에 다음과 같이 조건을 입력한다.

	F	G	H
35	<조건>		
36	평균	평균	
37	>=70	<80	
38			

② [E37] 셀에 =DCOUNT(A28:E36,E28,F36:G37)&"명"를 입력한다.

문제3 분석작업

1 시나리오

정답

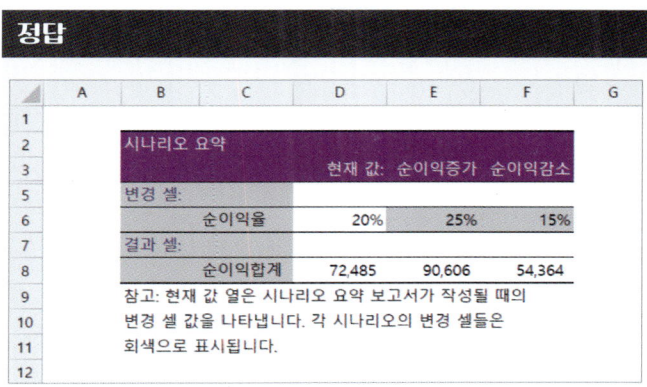

① [I4] 셀을 클릭한 후 '이름 상자'에 **순이익율**을 입력하고 Enter를 누른다.
② [G24] 셀을 클릭한 후 '이름 상자'에 **순이익합계**를 입력하고 Enter를 누른다.
③ [I4] 셀을 클릭한 후 [데이터]-[예측] 그룹에서 [가상 분석]-[시나리오 관리자]를 클릭한다.
④ [시나리오 관리자]에서 [추가]를 클릭한 후, '시나리오 이름'에 **순이익증가**를 입력하고 [확인]을 클릭한다.

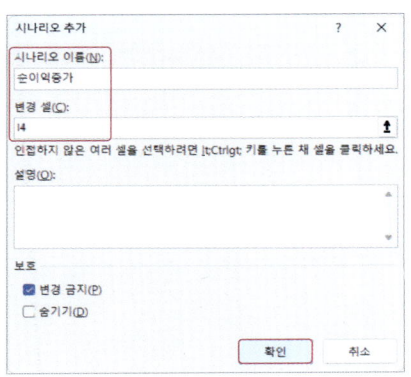

⑤ [시나리오 값]에 25%를 입력하고 [추가]를 클릭한다.

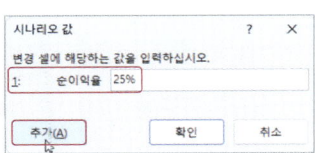

⑥ '시나리오 이름'에 **순이익감소**를 입력하고 [확인]을 클릭하고 '시나리오 값'을 15%를 입력하고 [확인]을 클릭한다.
⑦ [시나리오 관리자]에서 [요약]을 클릭한 후 '결과 셀'에 커서를 두고 [G24] 셀을 클릭하여 지정한 후 [확인]을 클릭한다.

2 부분합

정답

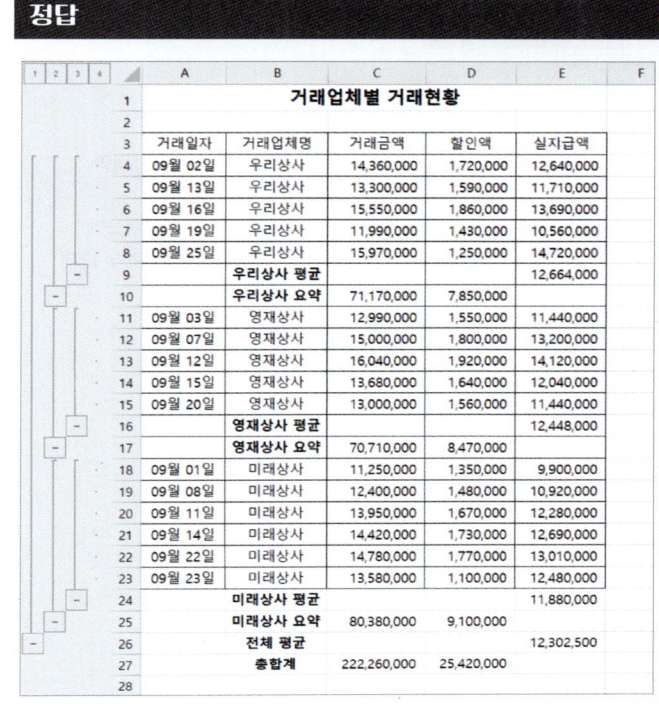

① '거래업체명' [B3] 셀을 클릭한 후 [데이터]-[정렬 및 필터] 그룹에서 [텍스트 내림차순 정렬](↓)을 클릭한다.

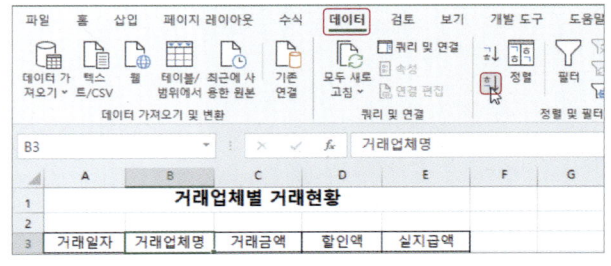

② 데이터 안에 마우스 포인터를 두고, [데이터]-[개요] 그룹의 [부분합](囲)을 클릭한다.
③ 다음과 같이 지정하고 [확인]을 클릭한다.

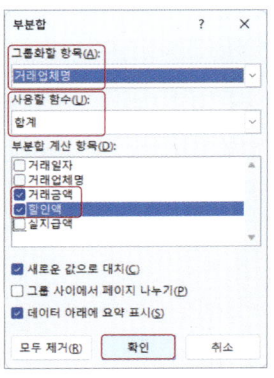

- 그룹화할 항목 : 거래업체명
- 사용할 함수 : 합계
- 부분합 계산 항목 : 거래금액, 할인액

④ 다시 [데이터]-[개요] 그룹의 [부분합](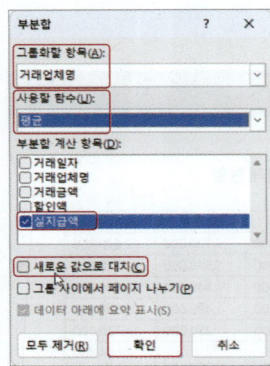)을 클릭하여 다음과 같이 [확인]을 클릭한다.

- 그룹화할 항목 : 거래업체명
- 사용할 함수 : 평균
- 부분합 계산 항목 : 실지급액
- '새로운 값으로 대치' 체크 해제

문제4 기타작업

1 매크로

정답

① [개발 도구]-[컨트롤] 그룹의 [삽입]-[단추(양식 컨트롤)](□)을 클릭한다.
② 마우스 포인터가 '+'로 바뀌면 [B15:C16] 영역에 드래그하면 [매크로 지정] 대화상자가 나타난다.
③ [매크로 지정]에서 '매크로 이름'은 **평균**을 입력하고 [기록]을 클릭한다.
④ [매크로 기록]에 자동으로 '평균'이 매크로 이름에 표시되면 [확인]을 클릭한다.
⑤ [E4] 셀에 =AVERAGE(B4:D4)를 입력하고 [E13] 셀까지 수식을 복사한다.

⑥ 임의의 셀을 클릭한 후 매크로 기록을 종료하기 위해 [개발 도구]-[코드] 그룹의 [기록 중지](□)를 클릭한다.
⑦ 단추에 텍스트를 수정하기 위해서 단추에서 마우스 오른쪽 버튼을 눌러 [텍스트 편집]을 클릭한다.
⑧ 단추에 입력된 '단추 1'을 지우고 **평균**을 입력한다.
⑨ [삽입]-[일러스트레이션] 그룹에서 [도형]-[사각형]의 '사각형: 둥근 모서리'(□)를 클릭한다.
⑩ 마우스 포인터가 '+'로 바뀌면 [D15:E16] 영역에 드래그한다.
⑪ '사각형: 둥근 모서리'(□)도형에서 마우스 오른쪽 버튼을 눌러 [매크로 지정]을 클릭한다.
⑫ [매크로 지정]의 '매크로 이름'에 **쉼표**를 입력하고 [기록]을 클릭한다.
⑬ [매크로 기록]에 자동으로 '쉼표'로 매크로 이름이 표시되면 [확인]을 클릭한다.
⑭ [B4:E13] 영역을 범위 지정한 후 [홈]-[표시 형식] 그룹의 [쉼표 스타일](,)을 클릭한다.

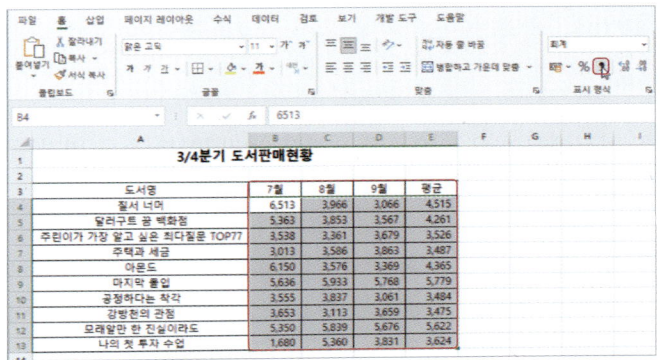

⑮ 매크로 기록을 종료하기 위해 [개발 도구]-[코드] 그룹의 [기록 중지](□)를 클릭한다.
⑯ '사각형: 둥근 모서리'(□) 도형에서 마우스 오른쪽 버튼을 눌러 [텍스트 편집]을 클릭하여 **쉼표**를 입력한다.

2 차트

정답

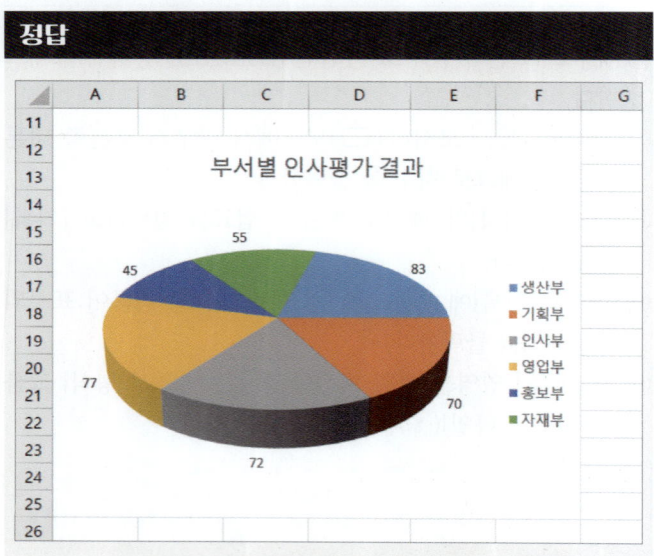

① 차트에서 마우스 오른쪽 버튼을 눌러 [차트 종류 변경]을 클릭한 후, '원형'의 '3차원 원형'을 선택하고 [확인]을 클릭한다.

② 차트를 선택하고 [차트 요소](⊞)-[차트 제목]을 체크한 후 차트 제목이 선택된 상태에서 수식 입력줄에 =을 입력한 후 [A1] 셀을 클릭하고 Enter 를 누른다.

③ 원형 차트의 데이터 계열을 선택한 후 마우스 오른쪽 버튼을 눌러 [데이터 계열 서식]을 선택한다.

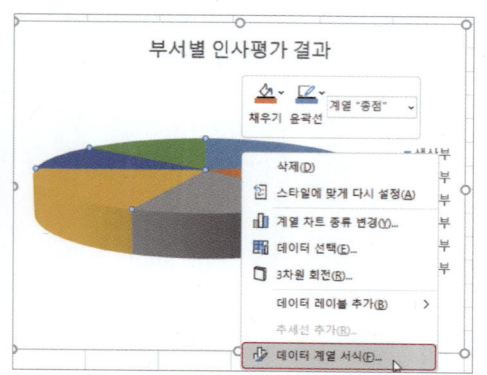

④ [데이터 계열 서식]의 [계열 옵션]에서 '첫째 조각의 각'에 15를 입력한다.

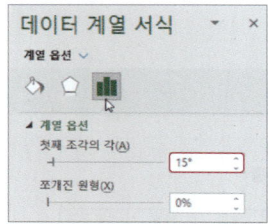

⑤ 차트에서 마우스 오른쪽 버튼을 눌러 [3차원 회전]을 클릭한 후 '3차원 회원'의 'Y 회전'에 30을 입력한다.

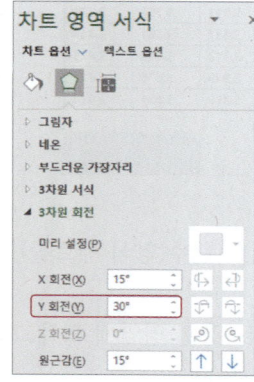

⑥ 차트를 선택한 후 [차트 요소](⊞)-[데이터 레이블]-[바깥쪽 끝에]를 선택한다.

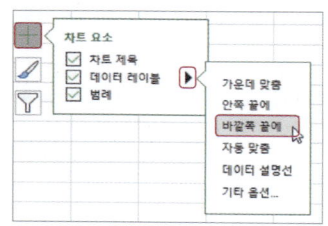

실전 모의고사 15회

작업파일 : '26컴활2급(기출)\실전모의고사'에서 '실전모의고사15회' 파일을 열어 작업하세요.

문제1 기본작업(20점) 주어진 시트에서 다음 과정을 수행하고 저장하시오.

1 '기본작업-1' 시트에 다음의 자료를 주어진 대로 입력하시오. (5점)

	A	B	C	D	E	F	G
1	프랜차이즈 가맹점						
2							
3	매장코드	매장명	지점장	연락처	판매량	총매출액	
4	HGB-04	함지박사거리점	김수인	02)512-4875	880	15850400	
5	BBC-02	방배중앙점	박태호	02)542-9630	750	13505000	
6	LSC-03	이수중앙점	최강자	02)587-4890	1019	18354000	
7	NBO-09	내방역점	나공주	02)465-8740	996	17936000	
8	SDS-08	사당점	공주미	02)348-8889	1102	19842000	
9	NHH-05	남현홈플러스점	전성준	02)313-7410	658	11849000	
10	BBS-07	방배역점	강남우	02)314-9850	532	9587000	
11	SCS-01	서초역점	이태연	02)582-3674	488	8796500	
12	KDS-06	교대역점	황태자	02)567-3580	421	7584000	
13							

2 '기본작업-2' 시트에 대하여 다음의 지시사항을 처리하시오. (각 2점)

① [A1:G1] 영역은 '병합하고 가운데 맞춤', 크기는 '18', 글꼴 스타일 '굵게', 밑줄은 '실선'으로 지정하시오.
② [A4:G4] 영역은 채우기 색을 '표준 색 – 주황', 텍스트 맞춤을 '가로 균등 분할(들여쓰기)'로 지정하시오.
③ [C5:C15], [E5:G15] 영역은 표시 형식을 '회계 표시 형식(₩)'으로 지정하시오.
④ [G3] 셀은 사용자 지정 표시 형식을 이용하여 작성일 [표시 예]와 같이 표시하시오.
   [표시 예 : 2025-03-01 → 25/03/01]
⑤ [A4:G15] 영역은 '모든 테두리'(⊞)를 적용한 후 '굵은 바깥쪽 테두리'(▣)를 적용하여 표시하시오.

3 '기본작업-3' 시트에 대하여 다음의 지시사항을 처리하시오. (5점)

[A4:F20] 영역에 대하여 대출종류가 '주택담보대출'이면서 대출기간(월)이 24 이상인 행 전체에 대해서 글꼴 스타일 '굵게', 글꼴 색은 '표준 색 – 파랑'으로 지정하는 조건부 서식을 작성하시오.
▶ 단, 규칙 유형은 '수식을 사용하여 서식을 지정할 셀 결정'을 사용하고, 한 개의 규칙으로만 작성하시오.

문제2 계산작업(40점) '계산작업' 시트에서 다음 과정을 수행하고 저장하시오.

1 [표1]에서 입사일자[C3:C11]와 현재 날짜를 이용하여 근무기간[D3:D11]을 표시하되, 근무기간이 5년 이상이면 해당 근무기간을, 5년 미만이면 공백으로 표시하시오. (8점)

- ▶ 근무기간 : 현재 날짜의 년도 − 입사일자의 년도
- ▶ 근무기간의 뒤에 "년"을 포함하여 표시 [표시 예 : 8년]
- ▶ IF, YEAR, TODAY 함수와 & 연산자 사용

2 [표2]의 학점[H3:H10]의 표준편차를 [H11] 셀에 계산하시오. (8점)

- ▶ 학점의 표준편차는 소수점 이하 셋째 자리에서 반올림하여 소수점 이하 둘째 자리까지 표시
  [표시 예 : 0.345 → 0.35]
- ▶ ROUND와 STDEV.S 함수 사용

3 [표3]에서 제품명[B15:B23]이 "건조기"인 제품의 판매금액[D15:D23] 평균을 [D24] 셀에 계산하시오. (8점)

- ▶ SUMIF, COUNTIF 함수 사용

4 [표4]에서 성별[G15:G23]이 "여자"이면서 점수[H15:H23]가 70 이상인 합격자수를 [H24] 셀에 계산하시오. (8점)

- ▶ 조건은 [I23:J24] 영역에 입력하시오.
- ▶ 계산된 합격자수 뒤에 "명"을 포함하여 표시 [표시 예 : 3명]
- ▶ DSUM, DAVERAGE, DCOUNT 함수 중 알맞은 함수와 & 연산자 사용

5 [표5]에서 학생코드[A28:A37]와 학과코드표[F35:G37]를 이용하여 학과[D28:D37]를 표시하시오. (8점)

- ▶ 학과코드표의 의미 : 학생코드의 3, 4번째 문자가 "CS"이면 학과는 "인문과학", "PS"이면 "정책과학", "SS"이면 "사회과학"임
- ▶ VLOOKUP, HLOOKUP, LEFT, MID, RIGHT 함수 중 알맞은 함수들을 선택하여 사용

문제3 분석작업(20점) 주어진 시트에서 다음 과정을 수행하고 저장하시오.

1 '분석작업-1' 시트에 대하여 다음의 지시사항을 처리하시오. (10점)

'제품 생산현황' 표의 제품코드는 '필터', '생산일자'는 '행', 생산공장은 '열'로 처리하고, '값'에 생산수량의 합계와 불량수량의 평균을 계산하는 [피벗 테이블]을 작성하시오.

▶ 피벗 테이블 보고서는 동일 시트의 [A25] 셀에서 시작하시오.
▶ 피벗 테이블 보고서는 열의 총합계만 설정하시오.
▶ '생산일자'는 '월' 단위로 그룹을 지정하시오.
▶ 값 영역의 표시 형식은 '값 필드 설정'의 '셀 서식' 대화상자에서 '숫자' 범주의 '1000 단위 구분 기호 사용'을 이용하여 지정하시오.

2 '분석작업-2' 시트에 대하여 다음의 지시사항을 처리하시오. (10점)

[부분합] 기능을 이용하여 '지점별 자동차 판매현황' 표에 〈그림〉과 같이 지점별로 '총판매량'의 최대값을 계산한 후 '전반기판매량', '후반기판매량'의 평균을 계산하시오.

▶ 정렬은 '지점'을 기준으로 오름차순으로 처리하시오.
▶ 부분합에 '연한 파랑, 표 스타일 밝게 6' 서식을 적용하시오.
▶ 최대값과 평균은 위에 명시된 순서대로 처리하시오.

	A	B	C	D	E
1		지점별 자동차 판매현황			
2					
3	사원코드	지점	전반기판매량	후반기판매량	총판매량
4	KI-003	대치	12	15	27
5	KI-004	대치	11	14	25
6	KI-005	대치	4	5	9
7	KI-008	대치	5	4	9
8	KI-011	대치	7	9	16
9		대치 평균	7.8	9.4	
10		대치 최대			27
11	KI-001	사당	8	8	16
12	KI-007	사당	9	8	17
13	KI-010	사당	6	6	12
14	KI-014	사당	5	9	14
15		사당 평균	7	7.75	
16		사당 최대			17
17	KI-002	서초	9	9	18
18	KI-006	서초	8	9	17
19	KI-009	서초	11	10	21
20	KI-012	서초	11	10	21
21	KI-013	서초	6	7	13
22		서초 평균	9	9	
23		서초 최대			21
24		전체 평균	8	8.785714286	
25		전체 최대값			27
26					

문제4 기타작업(20점) 주어진 시트에서 다음 과정을 수행하고 저장하시오.

1 '매크로작업' 시트의 [표]에서 다음과 같은 기능을 수행하는 매크로를 현재 통합 문서에 작성하고 실행하시오. (각 5점)

① [F4:F13] 영역에 총액을 계산하는 매크로를 생성하여 실행하시오.
  - ▶ 매크로 이름 : 총액
  - ▶ 총액 = 진찰료 + 검사비
  - ▶ [개발 도구] → [삽입] → [양식 컨트롤]의 '단추'(□)를 동일 시트의 [B15:C16] 영역에 생성하고, 텍스트를 "총액"으로 입력한 후 단추를 클릭할 때 '총액' 매크로가 실행되도록 설정하시오.

② [A3:F3] 영역에 채우기 색을 '표준 색 – 연한 파랑'으로 지정하는 매크로를 생성하여 실행하시오.
  - ▶ 매크로 이름 : 채우기
  - ▶ [도형] → [기본 도형]의 '사각형: 빗면'(□)을 동일 시트의 [E15:F16] 영역에 생성하고, 텍스트를 "채우기"로 입력한 후 도형을 클릭할 때 '채우기' 매크로가 실행되도록 설정하시오.
  - ※ 셀 포인터의 위치에 상관없이 현재 통합 문서에서 매크로가 실행되어야 정답으로 인정됨

2 '차트작업' 시트의 차트에서 다음 지시사항에 따라 아래 〈그림〉과 같이 차트를 수정하시오. (각 2점)

※ 차트는 반드시 문제에서 제공한 차트를 사용하여야 하며, 신규로 작성 시 0점 처리됨

① '수업일수'와 '중고등학생' 요소가 제거되도록 데이터 범위를 수정하시오.
② '재료비' 계열은 차트 종류를 '표식이 있는 꺾은선형'으로 변경하고, '보조 축'으로 지정하시오.
③ 차트 제목은 '차트 위'로 추가하여 〈그림〉과 같이 입력하시오.
④ 세로(값) 축의 최대값을 500, 기본 단위를 100으로 지정하시오.
⑤ '신청인원' 계열의 '인공지능' 요소에만 데이터 레이블 '값' 표시하고, 레이블의 위치를 '안쪽 끝에'로 지정하시오.

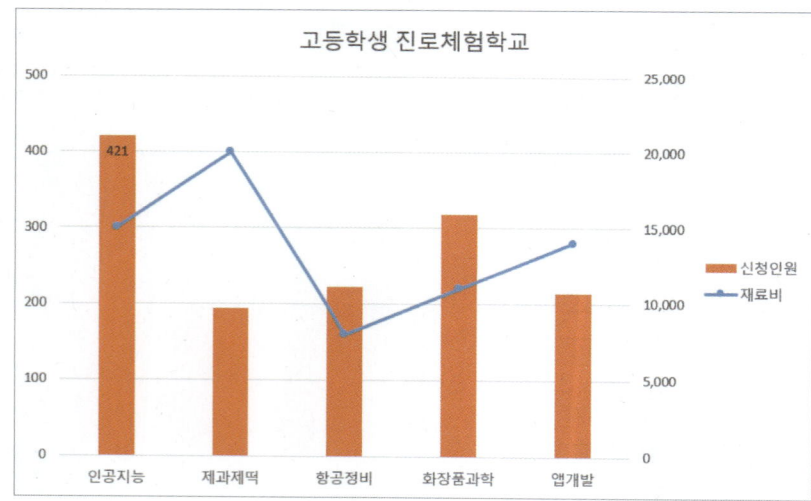

정답 & 해설 실전 모의고사 15회

문제1 기본작업

1 자료 입력

정답

	A	B	C	D	E	F	G
1	프랜차이즈 가맹점						
2							
3	매장코드	매장명	지점장	연락처	판매량	총매출액	
4	HGB-04	함지박사거리점	김수인	02)512-4875	880	15850400	
5	BBC-02	방배중앙점	박태호	02)542-9630	750	13505000	
6	LSC-03	이수중앙점	최강자	02)587-4890	1019	18354000	
7	NBO-09	내방역점	나공주	02)465-8740	996	17936000	
8	SDS-08	사당점	공주미	02)348-8889	1102	19842000	
9	NHH-05	남현홈플러스점	전성준	02)313-7410	658	11849000	
10	BBS-07	방배역점	강남우	02)314-9850	532	9587000	
11	SCS-01	서초역점	이태연	02)582-3674	488	8796500	
12	KDS-06	교대역점	황태자	02)567-3580	421	7584000	
13							

[A3:F12] 셀까지 문제를 보고 오타 없이 작성한다.

2 서식 지정

정답

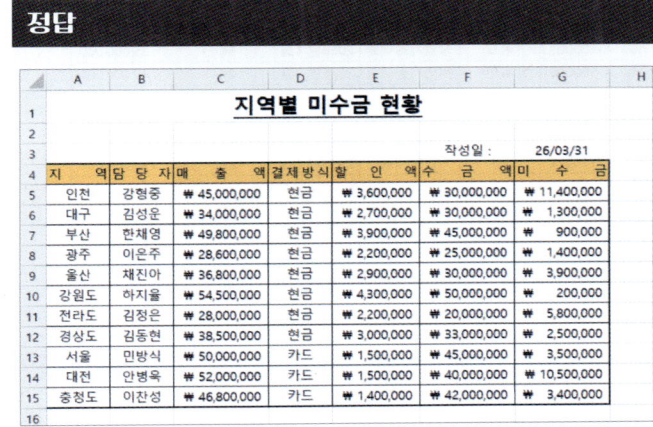

① [A1:G1] 영역을 범위 지정한 후 [홈]-[맞춤] 그룹에서 [병합하고 가운데 맞춤](🔲)을 클릭한 후, [홈]-[글꼴] 그룹에서 크기는 '18', '굵게', '밑줄'을 지정한다.

② [A4:G4] 영역을 범위 지정한 후 Ctrl+1을 눌러 [맞춤] 탭에서 가로 '균등 분할(들여쓰기)'를 선택하고, [채우기] 탭에서 '표준 색 – 주황'을 선택하고 [확인]을 클릭한다.

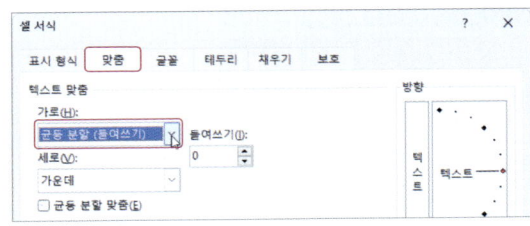

③ [C5:C15], [E5:G15] 영역을 범위 지정한 후 [홈]-[표시 형식] 그룹에서 [회계 표시 형식](🔲)을 클릭한다.

④ [G3] 셀을 클릭한 후 Ctrl+1을 눌러 [표시 형식] 탭의 '사용자 지정'에 YY/MM/DD을 입력하고 [확인]을 클릭한다.

⑤ [A4:G15] 영역을 범위 지정한 후 [홈]-[글꼴] 그룹에서 [테두리](🔲▼) 도구의 [모든 테두리](🔲)를 클릭한 후 다시 한 번 [굵은 바깥쪽 테두리](🔲)를 클릭한다.

3 조건부 서식

정답

	A	B	C	D	E	F
1			상공은행 대출 현황표			
3	고객코드	고객등급	대출종류	대출일자	대출기간(월)	대출금액
4	A-100001	일반	서민지원대출	2026년 1월	48	12,000,000
5	A-100002	골드	주택담보대출	2026년 2월	60	80,000,000
6	A-100003	실버	서민지원대출	2026년 2월	24	50,000,000
7	A-100004	VIP	신용대출	2026년 3월	24	45,000,000
8	A-100005	일반	창업지원대출	2026년 3월	12	60,000,000
9	A-100006	VIP	신용대출	2026년 4월	36	120,000,000
10	A-100007	골드	창업지원대출	2026년 4월	36	35,000,000
11	A-100008	일반	서민지원대출	2026년 4월	24	40,000,000
12	A-100009	실버	창업지원대출	2026년 4월	36	30,000,000
13	A-100010	실버	주택담보대출	2026년 5월	60	100,000,000
14	A-100011	일반	주택담보대출	2026년 5월	48	120,000,000
15	A-100012	VIP	신용대출	2026년 6월	36	150,000,000
16	A-100013	일반	주택담보대출	2026년 6월	24	80,000,000
17	A-100014	일반	서민지원대출	2026년 6월	60	90,000,000
18	A-100015	일반	주택담보대출	2026년 7월	48	130,000,000
19	A-100016	실버	주택담보대출	2026년 7월	12	55,000,000
20	A-100017	실버	서민지원대출	2026년 7월	36	45,000,000

① [A4:F20] 영역을 범위 지정한 후 [홈]-[스타일] 그룹에서 [조건부 서식]-[새 규칙]을 클릭한다.

② '▶ 수식을 사용하여 서식을 지정할 셀 결정'을 선택한 후 =AND($C4="주택담보대출",$E4>=24)를 입력하고 [서식]을 클릭한다.

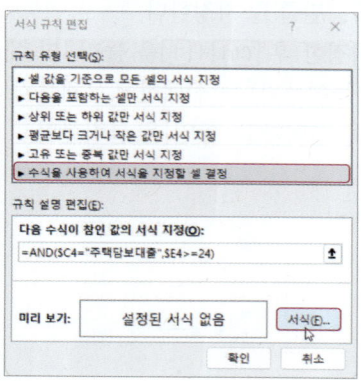

③ [글꼴] 탭에서 '굵게', 글꼴 색은 '표준 색 – 파랑'을 선택하고 [확인]을 클릭한다.

문제2 계산작업

1 근무기간[D3:D11]

정답

	A	B	C	D	E
1	[표1]	사원정보현황			
2	사원코드	부서명	입사일자	근무기간	
3	K-0051	영업부	2019-02-25	6년	
4	K-0052	총무부	2014-03-13	11년	
5	K-0053	홍보부	2018-02-27	7년	
6	K-0054	영업부	2010-04-05	15년	
7	K-0055	홍보부	2013-01-04	12년	
8	K-0056	총무부	2020-03-01	5년	
9	K-0057	영업부	2014-07-17	11년	
10	K-0058	홍보부	2012-08-03	13년	
11	K-0059	영업부	2021-03-09		
12					

[D3] 셀에 =IF(YEAR(TODAY())-YEAR(C3)>=5,YEAR(TODAY())-YEAR(C3)&"년","")를 입력하고 [D11] 셀까지 수식을 복사한다.

> **기적의 TIP**
> 실습하는 년도에 따라 결과는 다르게 표시됩니다.

2 학점표준편차[H11]

정답

	F	G	H	I
1	[표2]	경제학과 성적표		
2	학번	성명	학점	
3	202335241	이용석	3.53	
4	202536574	신태연	2.35	
5	202365483	임태영	4.24	
6	202486329	안철수	3.38	
7	202565540	김성윤	3.78	
8	202506411	한신애	3.99	
9	202360015	성민수	2.84	
10	202416670	한지원	3.36	
11		학점표준편차	0.61	
12				

[H11] 셀에 =ROUND(STDEV.S(H3:H10),2)를 입력한다.

함수 설명
❶ STDEV.S(H3:H10) : [H3:H10] 영역의 표준편차를 구함

=ROUND(❶,2) : 표준편차의 값을 소수 이하 둘째 자리까지 표시

3 건조기 판매금액 평균[D24]

정답

	A	B	C	D	E
13	[표3]	대리점별 판매현황			
14	대리점	제품명	판매량	판매금액	
15	도곡	건조기	48	55,200,000	
16	도곡	세탁기	75	66,750,000	
17	도곡	TV	68	81,600,000	
18	사당	건조기	61	70,150,000	
19	사당	세탁기	85	75,650,000	
20	사당	TV	70	84,000,000	
21	성수	건조기	73	83,950,000	
22	성수	세탁기	86	76,540,000	
23	성수	TV	76	91,200,000	
24		건조기 판매금액 평균		69,766,667	
25					

[D24] 셀에 =SUMIF(B15:B23,"건조기",D15:D23)/COUNTIF(B15:B23,"건조기")를 입력한다.

4 여자 합격자수[H24]

정답

	F	G	H	I	J	K
13	[표4]	운전면허 필기시험				
14	접수번호	성별	점수			
15	2025001	여자	85			
16	2025002	남자	91			
17	2025003	남자	82			
18	2025004	여자	88			
19	2025005	여자	73			
20	2025006	여자	54			
21	2025007	남자	61			
22	2025008	남자	72	<조건>		
23	2025009	남자	65	성별	점수	
24	여자 합격자수		3명	여자	>=70	
25						

① [I23:J24] 영역에 다음과 같이 조건을 입력한다.

	I	J	K
22	<조건>		
23	성별	점수	
24	여자	>=70	
25			

② [H24] 셀에 =DCOUNT(F14:H23,H14,I23:J24)&"명"를 입력한다.

5 학과[D28:D37]

정답

	A	B	C	D	E	F	G	H
26	[표5]	학생정보현황						
27	학생코드	이름	성별	학과				
28	25PS534	윤성철	남자	정책과학				
29	24SS697	한주연	여자	사회과학				
30	25CS920	강상희	남자	인문과학				
31	25PS255	이명희	여자	정책과학				
32	24CS394	김신애	여자	인문과학				
33	25CS246	한상훈	남자	인문과학		<학과코드표>		
34	25SS409	김계현	여자	사회과학		코드	학과	
35	24PS062	최영국	남자	정책과학		CS	인문과학	
36	25SS505	김수빈	여자	사회과학		PS	정책과학	
37	25PS015	이가경	여자	정책과학		SS	사회과학	
38								

[D28] 셀에 =VLOOKUP(MID(A28,3,2),$F$35:$G$37,2,0)를 입력하고 [D37] 셀까지 수식을 복사한다.

함수 설명

❶ MID(A28,3,2) : [A28] 셀에서 3번째부터 시작하여 2글자를 추출함

=VLOOKUP(❶,$F$35:$G$37,2,0) : ❶의 값을 [F35:G37] 영역의 첫 번째 열에서 찾아 2번째 열의 같은 행의 데이터를 찾아옴. 마지막은 0(또는 false)은 정확하게 일치하는 값을 찾음

문제3 분석작업

1 피벗 테이블

정답

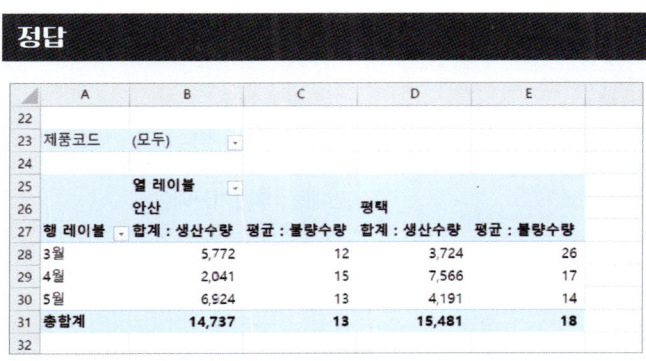

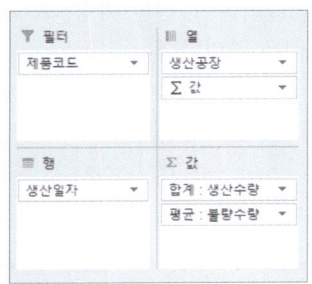

① [A3:G19] 영역을 범위 지정한 후 [삽입]-[표] 그룹에서 [피벗 테이블](🔲)을 클릭하여 '기존 워크시트'에 [A25] 셀을 선택하고 [확인]을 클릭한다.
② 다음과 같이 필드를 드래그하여 배치한다.

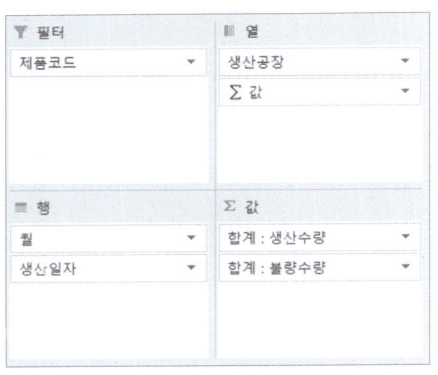

③ '합계 : 불량수량' [C27] 셀에서 마우스 오른쪽 버튼을 눌러 [값 요약 기준]-[평균]을 선택한다.

④ [디자인]-[레이아웃] 그룹의 [총합계]-[열의 총합계만 설정](🔲)을 클릭한다.

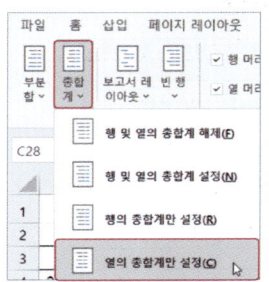

⑤ [A28] 셀에서 마우스 오른쪽 버튼을 눌러 [그룹]을 클릭하여 '일'의 선택을 해제하고 [확인]을 클릭한다.

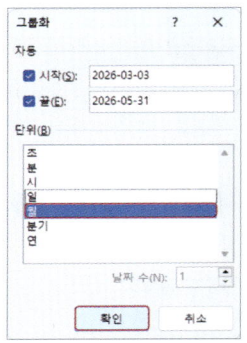

⑥ '합계 : 생산수량' [B27] 셀에서 마우스 오른쪽 버튼을 눌러 [값 필드 설정]을 클릭한 후 [표시 형식]을 클릭한다.
⑦ [셀 서식]의 숫자에서 '1000 단위 구분 기호 사용'을 체크하고 [확인]을 클릭한다.
⑧ 같은 방법으로 '평균 : 불량수량'도 [값 필드 설정]의 [표시 형식]에서 '1000 단위 구분 기호 사용'을 체크한다.

2 부분합

정답

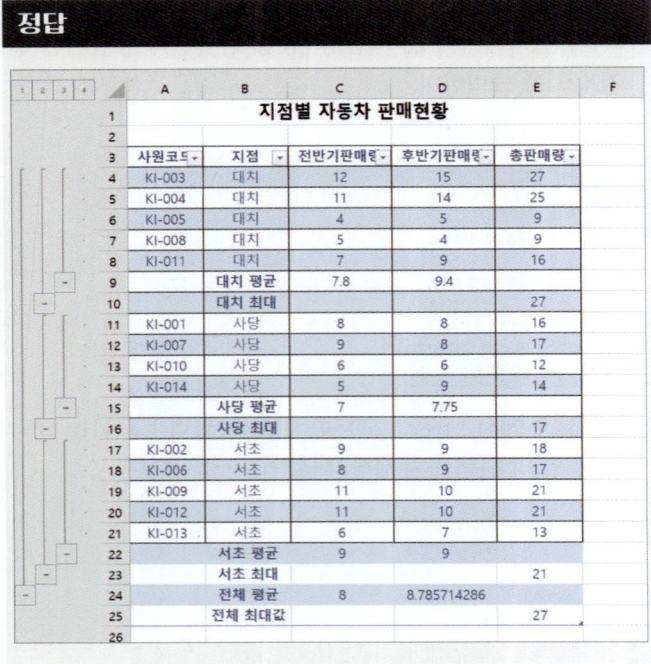

① '지점' [B3] 셀을 클릭한 후 [데이터]-[정렬 및 필터] 그룹에서 [텍스트 오름차순 정렬]을 클릭한다.

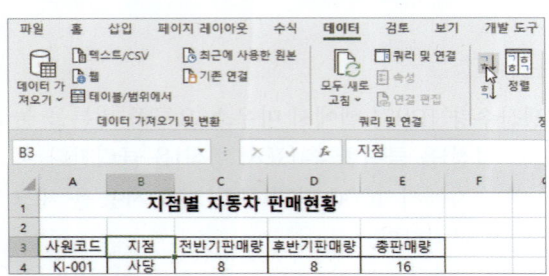

② 데이터 안에 마우스 포인터를 두고, [데이터]- [개요] 그룹의 [부분합]을 클릭한다.

③ 다음과 같이 지정하고 [확인]을 클릭한다.

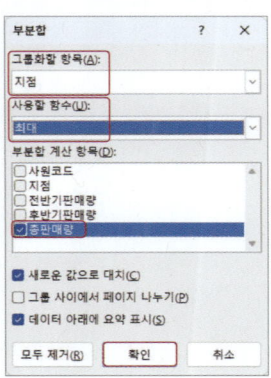

- 그룹화할 항목 : 지점
- 사용할 함수 : 최대
- 부분합 계산 항목 : 총판매량

④ 다시 [데이터]-[개요] 그룹의 [부분합]()을 클릭하여 다음과 같이 [확인]을 클릭한다.

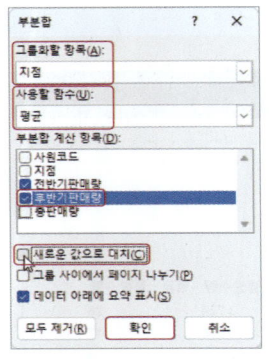

- 그룹화할 항목 : 지점
- 사용할 함수 : 평균
- 부분합 계산 항목 : 전반기 판매량, 후반기판매량
- '새로운 값으로 대치' 체크 해제

⑤ [A3:E25] 영역을 범위 지정한 후 [홈]-[스타일] 그룹에서 [표 서식]을 클릭하여 '연한 파랑, 표 스타일 밝게 6'을 선택하고 [확인]을 클릭한다.

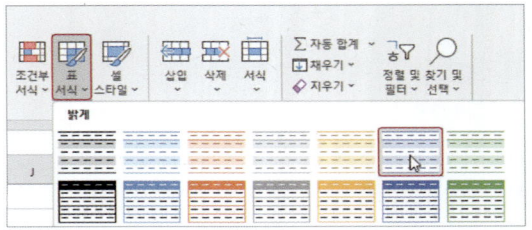

⑥ [표 서식]에서 [확인]을 클릭한다.

문제4 기타작업

1 매크로

정답

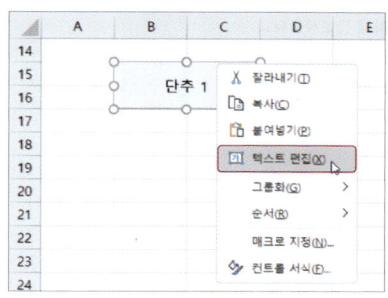

① [개발 도구]-[컨트롤] 그룹의 [삽입]-[단추(양식 컨트롤)](□)을 클릭한다.
② 마우스 포인터가 '+'로 바뀌면 [B15:C16] 영역에 드래그하면 [매크로 지정] 대화상자가 나타난다.
③ [매크로 지정]에서 '매크로 이름'은 **총액**을 입력하고 [기록]을 클릭한다.
④ [매크로 기록]에 자동으로 '총액'이 매크로 이름에 표시되면 [확인]을 클릭한다.
⑤ [F4] 셀에 **=D4+E4**를 입력하고 [F13] 셀까지 수식을 복사한다.

⑥ 임의의 셀을 클릭한 후 매크로 기록을 종료하기 위해 [개발 도구]-[코드] 그룹의 [기록 중지](□)를 클릭한다.

⑦ 단추에 텍스트를 수정하기 위해서 단추에서 마우스 오른쪽 버튼을 눌러 [텍스트 편집]을 클릭한다.

⑧ 단추에 입력된 '단추 1'을 지우고 **총액**을 입력한다.
⑨ [삽입]-[일러스트레이션] 그룹에서 [도형]-[기본 도형]의 '사각형: 빗면'(□)을 클릭한다.
⑩ 마우스 포인터가 '+'로 바뀌면 [E15:F16] 영역에 드래그한다.
⑪ '사각형: 빗면'(□) 도형에서 마우스 오른쪽 버튼을 눌러 [매크로 지정]을 클릭한다.
⑫ [매크로 지정]의 '매크로 이름'에 **채우기**를 입력하고 [기록]을 클릭한다.
⑬ [매크로 기록]에 자동으로 '채우기'로 매크로 이름이 표시되면 [확인]을 클릭한다.
⑭ [A3:F3] 영역을 범위 지정한 후 [홈]-[글꼴] 그룹의 [채우기 색](🎨▼) 도구를 클릭하여 '표준 색 - 연한 파랑'을 선택한다.

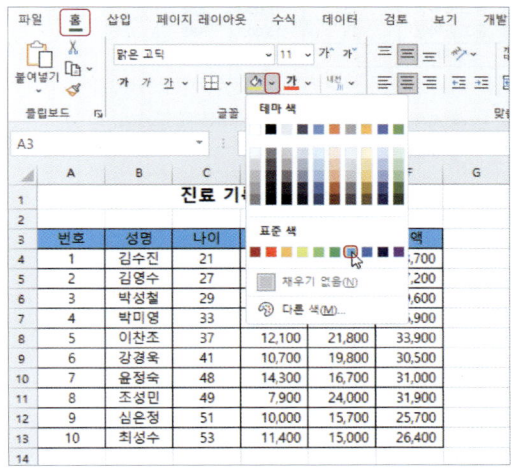

⑮ 매크로 기록을 종료하기 위해 [개발 도구]-[코드] 그룹의 [기록 중지](□)를 클릭한다.
⑯ '사각형: 빗면'(□) 도형에서 마우스 오른쪽 버튼을 눌러 [텍스트 편집]을 클릭하여 **채우기**를 입력한다.

2 차트

정답

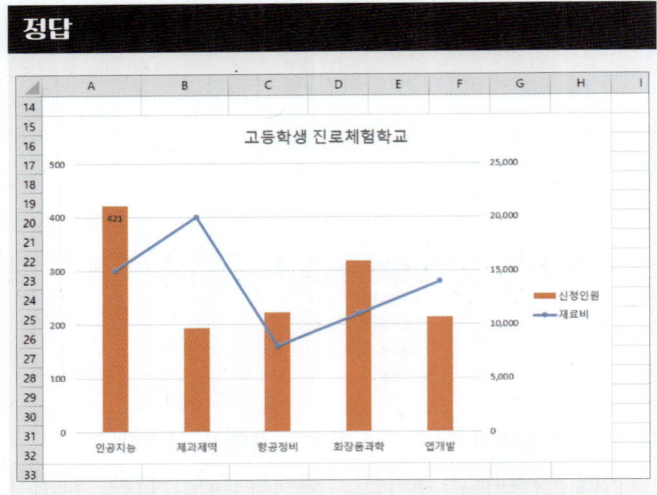

① 차트를 선택한 후 마우스 오른쪽 버튼을 눌러 [데이터 선택]을 클릭한다.
② '차트 데이터 범위'에 입력된 내용을 삭제하고 [A3], [D3:E3], [A6:A9], [D6:E9], [A13], [D13:E13] 영역으로 수정한 후 [확인]을 클릭한다.

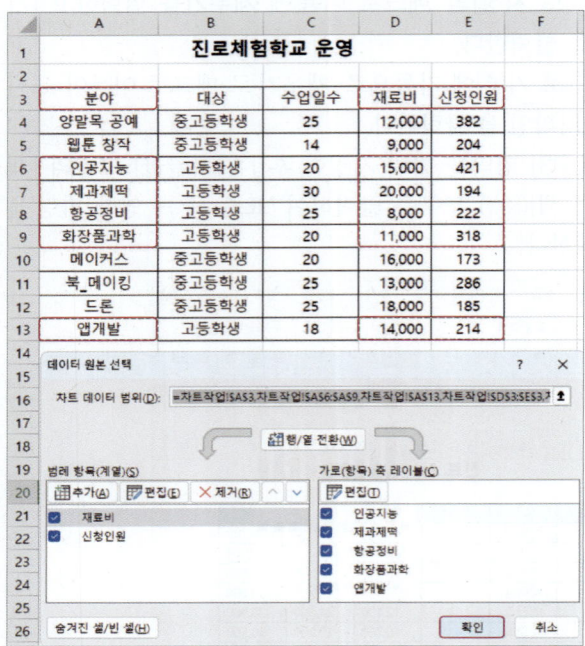

③ 차트에서 마우스 오른쪽 버튼을 눌러 [차트 종류 변경]을 클릭한 후, '재료비' 계열은 '표식이 있는 꺾은선형'의 '보조 축'을 선택하고 [확인]을 클릭한다. ('신청인원' 계열은 '묶은 세로 막대형')

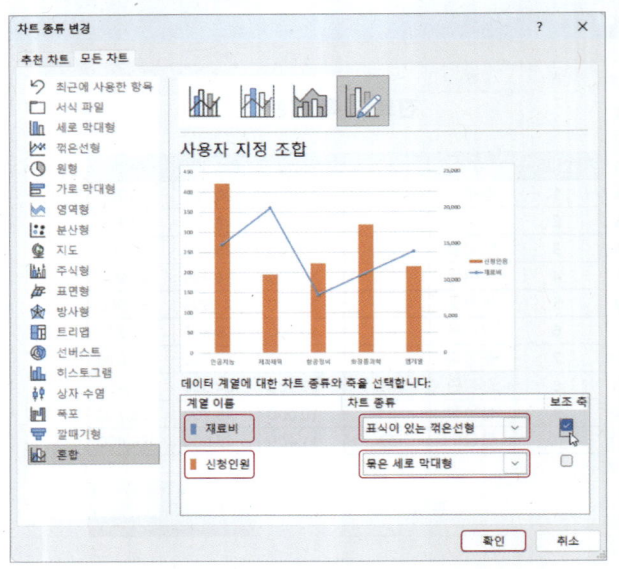

④ 차트를 선택한 후 [차트 요소](⊞)-[차트 제목]을 선택한 후 **고등학생 진로체험학교**를 입력한다.

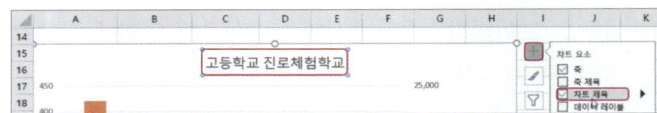

⑤ 세로(값) 축에서 마우스 오른쪽 버튼을 눌러 [축 서식]을 클릭한 후 '축 옵션'에서 '최대값'은 500, 단위 '기본'은 100을 입력한다.

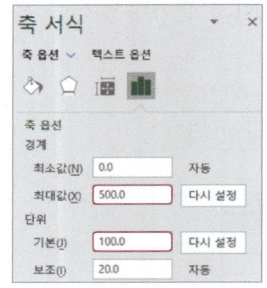

⑥ '신청인원' 계열의 '인공지능'을 천천히 두 번을 클릭하여 하나의 요소만 선택한 후 [차트 요소](⊞)-[데이터 레이블]-[안쪽 끝에]를 선택한다.